第9回	151 転	152 運	153 軽	154 朝	155 昼	156 風	157 押	158 引	159 強	160 弱
161 習	162 勉	163 台	164 始	165 市	166 姉	167 妹	168 味	169 好	第10回	170 心
171 思	172 意	173 急	174 悪	175 兄	176 弟	177 親	178 主	179 注	180 住	181 春
182 夏	183 秋	184 冬	185 寒	186 暑	187 晴	第11回	188 終	189 紙	190 低	191 肉
192 鳥	193 犬	194 洋	195 和	196 服	197 式	198 試	199 験	200 近	201 遠	202 送
203 回	204 用	205 通	206 不	第12回	207 事	208 仕	209 料	210 理	211 有	212 無
213 野	214 黒	215 町	216 村	217 菜	218 区	219 方	220 旅	221 族	222 短	223 知
224 死	225 医	226 者	第13回	227 都	228 京	229 県	230 民	231 同	232 合	233 答
234 家	235 場	236 所	237 世	238 代	239 貸	240 地	241 池	242 洗	243 光	第14回
244 英	245 映	246 歌	247 楽	248	249	250	251 業	252 林	253 森	254 物
255 品	256 建	257 館	258 図				262 作	第15回	263 広	264 私
265 去	266 室	267 屋	268 教	269 研	270 発	271 究	272 着	273 乗	274 計	275 画
276 説	277 院	278 病	279 科	280 度	第16回	281 頭	282 顔	283 声	284 題	285 色
286 漢	287 字	288 写	289 考	290 真	291 集	292 曜	293 進	294 帰	295 別	296 以
297 堂	298 税	299 込	300 申							

Copyright © 2015 by IWASAKI Yoko, KOGA Hiroki

All rights reserved. No part of this book may be reproduced, stored in a retrieval system, or transmitted in any form or by any means, electronic, mechanical, photocopying, recording, or otherwise, without the prior written permission of the publisher.

First edition : JUNE 2015

Cover design : Akihiro Suzuki

Published by KUROSIO PUBLISHERS
3-21-10, Hongo, Bunkyo-ku, Tokyo 113-0033, Japan
Phone: 03-5684-3389 FAX: 03-5684-4762
http://www.9640.jp/

ISBN978-4-87424-666-5
Printed in Japan

ストーリーで覚える漢字300 ワークブック

English, Indonesian, Thai, Vietnamese

Learning 300 Kanji through Stories Workbook
Buku Kerja Belajar 300 Kanji dari Asal-Usulnya
หนังสือแบบฝึกหัด เรียนรู้คันจิ 300 ตัวผ่านเรื่องสนุก
Học 300 chữ Hán qua các mẩu chuyện Sách bài tập

岩崎陽子・古賀裕基[著]

まえがき

　本書は、イラストとストーリーを中心に漢字を覚える『ストーリーで覚える漢字300』のワークブックです。初級漢字300字を「楽に楽しく学ぶ」という理念を共有しています。『ストーリーで覚える漢字300』に引きつづき、ワークブックでも漢字ひとつひとつの概念を用いて、漢字の定着を図り、漢字語の意味の類推を行います。さらに、『ストーリーで覚える漢字300』では補いきれなかった、以下の4つの点にも重点を置きました。

◎ 文脈のなかでの漢字語の理解
◎ 音声を取り入れた、文字（漢字）と発音（音）のマッチング
◎ 運用力を育てる読解活動と産出活動
◎ 日本語能力試験の対策

　そのため、ワークブックでは今までの漢字練習帳には見られない工夫をしました。

◎ 単文・短文ではなく、まとまりのある文を多く入れました。複数の登場人物による会話や一人ひとりの心の声、日記等に、たくさんの漢字（語）が出てきます。文脈のなかでの語の使用を学べます。
◎ 音声がついています。音声を聞きながら、正しい表記を選ぶことで、音と表記の正確なマッチングを図ります。発音の向上も期待されます。
◎ まとまった文章を読む活動が多くあります。文脈の中で語を理解することができます。また、学習者自身について聞く質問では、学んだ語を使って、自分のことを表現することができます。
◎ 日本語能力試験の対策問題をたくさん用意しました。初級漢字300字のなかから、試験に出そうな問題を集中的に解くこともできます。

　このワークブックは、一人で勉強することもできますし、教室で使うこともできます。『ストーリーで覚える漢字300』とこのワークブックの両方を用いることで、学習者が日本語の初級の語の表記と音、用法を学びながら、語の理解を広げ、それぞれの表現の幅を広げることを期待しています。

岩崎陽子・古賀裕基

Audio Files

音声はダウンロードしてください。
The files can be downloaded at
Rekaman suara dapat diunduh dari:
ไฟล์เสียงสามารถดาวน์โหลดได้จาก
Hãy tải giọng đọc từ

http://storykanji.jimdo.com

目次

このワークブックの使い方　iv
Using this workbook　vii
Cara Menggunakan Buku Kerja Ini　x
วิธีใช้หนังสือแบบฝึกหัดเล่มนี้　xiii
Cách sử dụng sách bài tập này　xvi

練習問題
Exercise / Soal Latihan / แบบฝึกหัด / Luyện tập

第 1 回	2	第 9 回	80
第 2 回	9	第 10 回	88
第 3 回	16	第 11 回	96
第 4 回	23	第 12 回	104
第 5 回	41	第 13 回	123
第 6 回	48	第 14 回	129
第 7 回	55	第 15 回	136
第 8 回	62	第 16 回	143

日本語能力試験対策問題
JLPT Practice exercises

第 1 回	7	第 9 回	86
第 2 回	14	第 10 回	94
第 3 回	21	第 11 回	102
第 4 回	28	第 12 回	110
第 5 回	46	第 13 回	127
第 6 回	53	第 14 回	134
第 7 回	60	第 15 回	141
第 8 回	67	第 16 回	148

練習・まとめ問題
Review Exercises / soal rangkuman
แบบฝึกหัดรวมครั้งที่ / Bài tập tổng hợp

第 1 回～第 4 回	30
第 5 回～第 8 回	69
第 9 回～第 12 回	112
第 13 回～第 16 回	150

日本語能力試験対策・まとめ問題
JLPT Practice exercises

第 1 回～第 4 回	37	N5 まとめ問題	160
第 5 回～第 8 回	76	N4 まとめ問題	164
第 9 回～第 12 回	119		
第 13 回～第 16 回	156		

コラム / Column / Kolom / คอลัมน์ / Chuyên mục

1 日本語能力試験（JLPT）で必要な漢字とは？　別冊 p.12
What should I know about kanji for the Japanese Language Proficiency Test (JLPT)?　168
Kanji yang diperlukan Tes Kemampuan Berbahasa Jepang (JLPT)?　169
อักษรคันจิที่จำเป็นสำหรับการสอบวัดระดับภาษาญี่ปุ่น หมายถึง？　170
Những chữ Hán cần thiết trong kỳ thi năng lực tiếng Nhật (JLPT) là gì?　171

2 日本語能力試験（JLPT）の「読み」「書き」問題の出題傾向　別冊 p.13
Potential common questions of "Reading" and "Writing" of the Japanese Language Proficiency Test (JLPT)　172
Kecenderungan soal 'membaca' dan 'menulis' dalam Tes Kemampuan Berbahasa Jepang (JLPT)　173
แนวโน้มข้อสอบการอ่าน และการเขียนในการสอบวัดระดับภาษาญี่ปุ่น (JLPT)　174
Khuynh hướng ra đề của các dạng bài "đọc" "viết" của kỳ thi năng lực tiếng Nhật (JLPT)　175

3 むずかしい読み方　別冊 p.14
Difficult Reading 176 / Cara baca yang sulit 177 / วิธีอ่านที่ยาก 178 / Cách đọc khó 179

4 いつでも漢字を使う？　別冊 p.15
Do you use kanji for everything? 180 / Apakah kanji selalu digunakan? 181
ใช้กันจิตลอดเวลาเลยใช่ไหม？ 182 / Lúc nào cũng sử dụng chữ Hán? 183

5 ものをどう数える？　別冊 p.16
How do you count things? / Bagaimana cara menghitung benda? / นับสิ่งของอย่างไร / Đếm đồ vật như thế nào?　184

このワークブックの使い方

対象
- 『ストーリーで覚える漢字300』で学んでいる方
- 『ストーリーで覚える漢字300』を持っていなくても、初級漢字300字を学んでいる方
- 日本語能力試験(JLPT)のN4、N5のために漢字を学びたい方

※自学習、教室使用のどちらにも対応しています。

特長

①字の概念を扱う

　読み、書きを問う問題集は多くありますが、本ワークブックでは字の概念を問う問題を取り入れています。無数にある漢字を概念で整理することで記憶を促進します。読み方が分からない字でも意味を類推する力につながります。

②漢字学習で聴解も扱う

　本ワークブックでは、漢字学習に聴解を取り入れています。そのことにより、実際の音(発音)と文字の結び付きを強化します。これは、よりよい発音にも結び付きます。

③自分のことを書き表す

　4回ごとのまとめ問題では、産出問題があります。学んだ漢字(語)を用いて、自分のことを書くことができます。

④日本語能力試験対策が充実

　本ワークブックでは、日本語能力試験(JLPT)の対策ができるよう、練習問題をたくさん用意しました。問題のレベルが「N4」、「N5」と明示されていますので、自分に合う問題だけ選んで解くこともできます。

構成

　300の漢字を第1回から第16回に分けて提出しています。提出順序は、『ストーリーで覚える漢字300』の通りです。第1回～第8回で学ぶ150字はN5レベルの約100字をカバーしています。第16回まで学ぶと、N4レベルの300字をカバーしたことになります。[注1]
　各回、練習問題と能力試験用の対策問題に分けて出題しています。構成は以下の通りです。

◆各回の練習問題（第1回～第16回）
　[概念] イラストから漢字を連想したり、概念ごとに漢字のグループ化をしたりします。
　[字形] 正しい字形を選びます。
　[読み] 漢字で書かれた語の正しい読み方を考えます。
　[聴解・書き] 音声を聞いて、音に合った字を選んだり書いたりします。
　[読解] まとまった文章を読み、内容を理解し、質問に答えます。

◆各回の日本語能力試験（N5、N4）の対策問題（第1回～第16回）
　　［読み］4つの選択肢から正しい読み方を選ぶ（13問）
　　［書き］4つの選択肢から正しい書き方を選ぶ（13問）
　　○第1回～第8回：N4、N5対策
　　○第9回～第16回：N4対策

そして、4回ごとに、まとめ問題があります。また、能力試験の模擬問題があります。

◆4回分 練習・まとめ問題
　（第1-4回、第5-8回、第9-12回、第13-16回）
　　○各回の練習問題と同様に、概念、字形、読み、聴解、書き、読解問題があります。
　　○自分のことを書く産出（作文）問題もあります。

◆4回分 日本語能力試験対策・まとめ問題
　（第1-4回、第5-8回、第9-12回、第13-16回）
　　［読み］4つの選択肢から正しい読み方を選ぶ（26問）
　　［書き］4つの選択肢から正しい書き方を選ぶ（26問）

◆日本語能力試験Ｎ５、Ｎ４の模擬問題
　　○N5の問題だけを扱った模擬問題（52問）
　　○N4の問題だけを扱った模擬問題（52問）

その他、コラムとして、日本語能力試験対策のヒント、漢字の豆知識を紹介しています。

◆コラム
　　コラム１：日本語能力試験（JLPT）で必要な漢字とは？
　　コラム２：日本語能力試験（JLPT）の「読み」「書き」問題の出題傾向
　　コラム３：むずかしい読み方
　　コラム４：いつでも漢字を使う？
　　コラム５：ものをどう数える？

［注1］
日本語能力試験（JLPT）のN5、N4の出題基準は公開されていません。ですが、N5は、旧日本語能力試験の4級に相当、N4は3級に相当するとされています。本ワークブックでの級表示は、すべて旧日本語能力試験の4級と3級の出題基準（国際交流基金・日本国際教育支援協会（2006）『日本語能力試験出題基準［改訂版］』凡人社）に基づいています。

ワークブックを用いる前に

①本文中の語彙、文型のレベルの扱い

　本文中の語彙と文型は、基本的に初級のもの[注2]を使っています。初級語彙でないものには、アステリスクマーク(*)をつけ、対訳を入れています。ただし、『ストーリーで覚える漢字300』の語彙リストに載っている語については、そちらに対訳が載っているため、本ワークブックには訳を載せていません。

②モジュール式に(どの回からでも)勉強できるか

　モジュール式にもお使いいただけます。しかし、前の回までに出てきた漢字は、既習とみなし、ルビを振っていません。

③ルビの扱い

　ルビは、以下のような基準で使用しています。
○既出漢字・・・漢字表記、ルビ無し
○未出漢字・・・ひらがな表記
○既出漢字と未出漢字が混ざる語・・・すべて漢字表記、未出漢字部分のみルビ有

　しかし例外があります。「お土産(おみやげ)」のような語は、「土」「産」の漢字が二つ並んで初めて「みやげ」と読むことができます。この場合、たとえば「産」の字が未出字でも、その部分だけルビをふることができません。このような特殊読みの語の場合は、未出字にルビがないことがあります。特殊読みをする語には、すべて※マークをつけました。※マークがある場合、その語は読み方が難しいとお考えください。

④チャレンジ問題

　上述したように、既出の字は漢字表記にしているので、ワークブックの初めはひらがな表記が多く、回を追うごとに、漢字の使用度が上がります。ですが、自然な表記に慣れていただくために、早いうちから漢字表記の多い文章も、練習問題として掲載しました。「チャレンジ問題」のマークがある問題がそれです。「チャレンジ問題」では、自然な漢字使用度で文章を作成しました。未出の漢字にはルビをふっていますので読むのには困りません。未出の漢字にも目を向け、目を慣らしてみましょう。

⑤音声

　音声は **http://storykanji.jimdo.com** からダウンロードしてください。

⑥自学習の方へ

　4回ごとの「練習・まとめ問題」では、産出(作文)問題があります。クラス使用の方は、指導者にチェックをしてもらえますが、自学習の方は、それができません。産出問題には、すべて解答例を入れましたので、それを参考にしながら、自分のことを書いてみましょう。

[注2]
　初級語彙・文型は、旧日本語能力試験の4級と3級の出題基準(国際交流基金・日本国際教育支援協会(2006))と『みんなの日本語　初級』(第2版)を参考にしています。

Using this workbook

Target users
- Kanji learners using "*Stoorii de oboeru kanji 300 (Learning 300 Kanji through Stories)*"
- Learners of three hundred beginners' level kanji without using "*Stoorii de oboeru kanji 300 (Learning 300 Kanji through Stories)*"
- Those who wish to learn kanji to prepare for N4 and/or N5 of the Japanese Proficiency Test (JLPT)

※ This workbook can be used both for self-study and for in-class settings.

Features

① Theory of character concept used

This workbook includes exercise questions tied to the concept of each character, which is different from many other exercise books which often focus on the reading and the writing of kanji. Countless kanji organized and arranged based on their concept will help you memorize them, and it will also strengthen your ability to derive their meaning whose reading you might not know.

② Listening exercises applied in kanji learning

This workbook utilizes listening exercises for kanji learning. This will help you grasp a stronger bonding of the character and its actual sound (pronunciation), which will improve your pronunciation.

③ Writing about the learner himself

There is a creative task in the four Review Exercises. You write about yourself using the kanji and/or the words with kanji which you have learned.

④ Enhanced preparation for the Japanese Language Proficiency Test

This workbook has numerous exercises to well prepare you for the JLPT. You may choose and use exercises only which are suitable for you by noting the "N4" or "N5" labelled on each question.

Structures

Three hundred kanji are divided and introduced in Lesson 1 to Lesson 16. The order of introducing the kanji is the same as that of "*Stoorii de oboeru kanji 300 (Learning 300 Kanji through Stories)*". The first one hundred and fifty kanji, which are learned in Lesson 1 to Lesson 8, include approximately one hundred kanji from N5 level. Three hundred kanji will have been learned when you finish all sixteen lessons. (See Note 1)

> ◆ Exercise questions of each lesson (Lesson 1 to Lesson 16)
> [Concept] Associating the appropriate kanji with the illustrations and classifying kanji into groups based on its concept.
> [Shape] Choosing the appropriate shape of the kanji
> [Reading] Determining the appropriate reading of the words which are written with kanji
> [Listening/Writing] Choosing or writing the appropriate kanji which corresponds to the sound
> [Reading Comprehension] Reading and understanding passages and answering questions on them

◆ **Preparatory exercise questions for N5/N4 of the Japanese Language Proficiency Test (JLPT) in each lesson (Lesson 1 to Lesson 16)**

[Reading] Choosing the correct reading of kanji from four choices (thirteen questions)
[Writing] Choosing the correct writing of kanji from four choices (thirteen questions)
○ Lesson 1 to Lesson 8: Targeting N4 and N5
○ Lesson 9 to Lesson 16: Targeting N4

There are Review Exercises after every four lessons as well as a partial simulated Japanese Language Proficiency Test.

◆ **Four Review Exercise Sections (Lesson 1 to Lesson 4, Lesson 5 to Lesson 8, Lesson 9 to Lesson 12, Lesson 13 to Lesson 16)**

○ These include exercise questions on kanji concepts, shapes, reading, listening, writing and reading comprehension, which are also seen in the exercise questions of each lesson.
○ There is also a composition task where you write about yourself.

◆ **Four Review Exercise Sections of the JLPT preparatory exercises (Lesson 1 to Lesson 4, Lesson 5 to Lesson 8, Lesson 9 to Lesson 12, Lesson 13 to Lesson 16)**

[Reading] Choosing the correct reading from four choices (twenty-six questions)
[Writing] Choosing the correct writing from four choices (twenty-six questions)

◆ **Simulated Japanese Language Proficiency Test of N5 and N4**

○ Simulated test which covers N5 questions only (fifty-two questions)
○ Simulated test which covers N4 questions only (fifty-two questions)

In addition, you will find some tips in preparing for the Japanese Language Proficiency Test and interesting kanji trivia in the following columns.

◆ **Column**

Column1 : What should I know about kanji for the Japanese Language Proficiency Test (JLPT)?

Column2 : Potential common questions of "Reading" and "Writing" of the Japanese Language Proficiency Test (JLPT)

Column3 : Difficult Reading

Column4 : Do you use kanji for everything?

Column5 : How do you count things?

[Note 1]

The guideline of N5 and N4 of the Japanese Language Proficiency Test (JLPT) is not made publicly available. It is, however, considered that N5 is equivalent to Level 4 of the old Japanese Language Proficiency Test and that N4 to its Level 3. The indicator of the levels used in this workbook are based on the guideline of Level 4 and Level 3 of the old Japanese Language Proficiency Test.

Prior to using the workbook

① **Levels of vocabulary and grammar used in this workbook**

　The vocabulary and the grammar used in this workbook are from the beginners' level [Note 2]. Those beyond the beginners' level are marked with an asterisk (*) with their translation added. The words, however, which are included in the vocabulary list of "*Stoorii de oboeru kanji 300 (Learning 300 Kanji through Stories)*" do not have their translation added in this workbook.

② **Can you start with any lesson in this workbook?**

　Yes, you can, although the kanji which are introduced and used in the previous lessons are treated as "learned kanji" and no reading is provided below it.

③ **Kanji Readings written below the kanji**

　We apply the guideline below regarding the kanji reading written below the kanji.
○ **Kanji previously introduced and used** … Written with kanji and no kanji reading added below
○ **Kanji yet to be introduced or used**…Written with hiragana
○ **Words written combined with kanji previously introduced and kanji yet to be introduced**…
　Written with kanji and its reading added only for the kanji yet to be introduced

　There are some exceptions to this such as for words like " お土産（おみやげ）". The reading " みやげ " is applied only because the kanji " 土 " and " 産 " are written together in this order. In this case, even if only the kanji " 産 " is not yet introduced, it will be inappropriate if you add the reading only to this kanji. Words of a special reading like this may not have its reading written below it even if the kanji used is not yet introduced. Instead, all the words of a special reading are marked with " ※ ", which will inform you that the reading of the word is special/difficult.

④ **Exercises for Challenge** チャレンジ

　As stated above, only kanji previously introduced are used in the remaining lessons. You will find many words written with hiragana in the earlier lessons of the workbook and more and more kanji used as lessons progress. However, passages with many words written with kanji are also introduced in exercises at an early stage to allow you to become familiar with a more natural text. Those exercises have an icon added to show that it is an "Exercise for Challenge". Kanji usage in the text is natural in the "Exercises for Challenge" and the kanji yet to be introduced has its reading given, which will help you read the text. We hope you will pay special attention to this to help you become more familiar with them.

⑤ **Audio Files**

　The files can be downloaded at **http://storykanji.jimdo.com**

⑥ **For those who self-study**

　There is a composition task in the Review Exercises. While those who are using this workbook in class can have your writing checked by your teacher, those who self-study cannot. Since answer keys are always provided to this kind of task, you are strongly advised to refer to them and write about yourselves.

[Note 2]

　The vocabulary and the grammar for beginners' level used in this workbook are chosen with reference to the guideline of Level 4 and Level 3 of the old Japanese Language Proficiency Test and "Minna no Nihongo Beginners" (second edition).

Cara Menggunakan Buku Kerja Ini

Sasaran

・Orang yang belajar dengan menggunakan buku "Belajar 300 Kanji dari Asal-Usulnya"
・Orang yang mempelajari 300 huruf Kanji tanpa memiliki buku "Belajar 300 Kanji dari Asal-Usulnya".
・Orang yang ingin belajar Kanji untuk Tes Kemampuan Berbahasa Jepang N4 dan N5.
※ Cocok untuk yang belajar mandiri dan juga di dalam kelas.

Kelebihan

① Menggunakan konsep kanji

Banyak kumpulan soal yang berisi tentang cara baca dan cara menulis huruf Kanji, tetapi dalam buku kerja ini dimasukan soal-soal yang berhubungan dengan konsep huruf itu sendiri. Kanji yang jumlahnya tak terhingga bisa diatur berdasarkan konsepnya, sehinga bisa dihapal dengan cepat. Kalaupun ada huruf yang tidak diketahui cara bacanya, kita akan memiliki kemampuan untuk menebak artinya.

② Dengan belajar kanji, menyimak pun dilibatkan

Dalam buku kerja ini, berlajar kanji disertai dengan menyimaknya. Dengan demikian, bunyi (lafal) yang nyata dan bentuk hurufnya saling berkaitan sehingga semakin menguat. Hal ini juga akan menumbuhkan kemampuan pelafalan yang lebih baik lagi.

③ Menulis tentang diri sendiri

Dalam soal rangkuman setiap 4 pelajaran, ada soal-soal yang bersifat produktif. Dengan menggunakan kanji (kosakata) yang telah dipelajari, Anda akan bisa menulis tentang diri sendiri.

④ Dilengkapi dengan latihan Tes Kemampuan Berbahasa Jepang

Dalam buku kerja ini disediakan sejumlah soal latihan agar bisa menjawab soal-soal tes kemampuan berbahasa Jepang (JLPT). Level soal tersebut tandai dengan 「4」 dan 「5」, sehingga Anda bisa mengerjakannya dengan memilih soal-soal yang dianggap sesuai.

Sistematika

Dari 300 kanji yang disajikan ini dipilah ke dalam Pelajaran 1 sampai dengan Pelajaran 16. Urutan penyajiannya sesuai dengan buku "Belajar 300 Kanji dari Asal-Usulnya". Kanji yang dipelajari dari Pelajaran 1 sampai dengan Pelajaran 8 sebanyak 150 huruf di dalamnya ada 100 huruf yang termasuk ke dalam N5.(Catatan 1)

◆ Soal latihan dalam setiap pelajaran (Pel1 ~ Pel16)

[Konsep] Mengasosiasikan kanji dari ilustrasinya, serta mengelompokkannya berdasarkan setiap konsep tersebut.
[Bentuk Huruf] Memilih huruf yang bentuknya benar.
[Membaca] Memikirkan cara baca yang tepat tentang kata yang ditulis dengan kanji.
[Menyimak-Menulis] Mendengarkan bunyi, lalu menulis atau memilih huruf yang sesuai dengan bunyi tersebut.
[Membaca] Membaca teks rangkuman, memahami isinya, lalu menjawab pertanyaannya.

◆ **Latihan soal JLPT pada setiap pelajaran (Pel 1~Pel 16)**

[membaca] Memilih cara baca yang tepat dari 4 buah pilihan (13 soal)

[menulis] Memilih cara menulis yang tepat dari 4 buah pilihan (13 soal)

○ Pel 1~Pel 8: untuk N4 dan N5

○ Pel 9~Pel 16: untuk N4

Selanjutnya, setiap 4 pelajaran ada soal rangkumannya. Selain itu, ada juga model soal latihan JLPT.

◆ **Soal rangkuman dan latihan pada setiap 4 pelajaran (Pel 1-4, Pel 5-8, Pel 9-12, Pel 13-16)**

○ Soal latihan dalam setiap pelajaran sama, yaitu tentang konsep, bentuk huruf, menyimak, menulis, dan membaca.

○ Ada juga soal menulis produktif (mengarang) tentang diri sendiri.

◆ **Soal rangkuman dan latihan JLPT pada setiap 4 pelajaran (Pel 1-4, Pel 5-8, Pel 9-12, Pel 13-16)**

[membaca] memilih cara baca yang tepat dari 4 buah pilihan (26 soal)

[menulis] memilih cara menulis yang tepat dari 4 buah pilihan (26 soal)

◆ **Model soal N4 dan N5 JLPT**

○ Model soal hanya untuk N5 (52 soal)

○ Model soal hanya untuk N4 (52 soal)

Selain itu, di dalam kolom diperkenalkan pula pengetahuan praktis tentang kanji, dan poin penting dalam menjawab soal JLPT.

◆ **Kolom**

Kolom1 : Kanji yang diperlukan Tes Kemampuan Berbahasa Jepang (JLPT)?

Kolom2 : Kecenderungan soal 'membaca' dan 'menulis' dalam Tes Kemampuan Berbahasa Jepang (JLPT)

Kolom3 : Cara baca yang sulit

Kolom4 : Apakah kanji selalu digunakan?

Kolom5 : Bagaimana cara menghitung benda?

[Catatan 1]

Kisi-kisi untuk Tes Kemampuan Berbahasa Jepang (JLPT) N5 dan N4 tidak dipublikasikan. Tetapi, N5 sejajar dengan L4, dan N4 sejajar dengan L3 dalam Tes Kemampuan Berbahasa jepang model lama. Tanda level yang digunakan dalam buku kerja ini mengacu pada kisi-kisi L4 dan L3 Tes Kemampuan Berbahasa Jepang model lama. (The Japan Foundation (2006) "Nihongo Nouryoku Shiken Shutsudai Kijun (revisi), Bonjinsha").

Sebelum menggunakan buku kerja

① Kosakata, pola kalimat dalam teks

Kosakata dan pola kalimat dalam teks di buku ini pada dasarnya menggunakan materi level dasar (catatan 2). Untuk kosakata yang tidak termasuk ke dalam materi tingkat dasar diberi tanda (*), disertai dengan terjemahannya. Hanya saja, untuk kosakata yang dimuat dalam list buku "Belajar 300 Kanji dari Asal-Usulnya" di sana sudah ada terjemahannya, sehingga dalam buku kerja ini tidak dimuat lagi.

② Bisa dimulai dari mana saja

Buku ini bisa dimulai dari mana saja. Tetapi, kanji yang muncul pada pelajaran sebelumnya, dianggap sudah dipelajari dan tidak disinggung kembali.

③ Penggunaan furigana

Penggunaan furigana dalam buku ini mengacu pada beberapa hal berikut.
○ **kanji yang pernah muncul** ⋯ hanya memuat hurufnya saja tanpa disertai furigana.
○ **kanji yang belum pernah muncul**⋯disertai dengan huruf hiragana.
○ **Untuk kata yang mengandung kaji lama dan kanji baru**⋯ ditulis dengan huruf kanji kemudian kanji baru disertai dengan furigana.

Akan tetapi, ada kekecualian. Misalnya untuk kata 'omiyage' (oleh-oleh) ditulis dengan dua kanji yang dideretkan yaitu 「土」 dan 「産」 yang dibaca 'yage'. Untuk hal seperti ini, meskipun huruf 「産」 merupakan kanji baru, tetapi tidak bisa ditulis dengan disertai furigana pada bagian tersebut saja. Karena kanji ini merupakan cara baca khusus. Kanji yang cara bacanya khusus ini ada kalanya tidak disertai dengan furiganaya. Kata-kata yang dianggap khusus ini semuanya disertai dengan tanda ※. Untuk kata yang diberi tanda tersebut anggap saja cara bacanya sulit.

④ Soal Cobalah チャレンジ

Seperti yang sudah dijelaskan di atas, kanji yang pernah muncul disajikan dengan huruf kanji saja, pada bagian awal buku kerja ini banyak digunakan hiragana, kemudian pada pelajaran berikutnya penggunaan kanjinya semakin meningkat. Akan tetapi, agar terbiasa dengan penulisan kanji secara alami, sejak awal sudah dimuat pula soal latihan dalam bentuk teks bacaan yang banyak mengandung tulisan kanjinya. Soal latihan yang ada tanda 'Cobalah' itu yang dimaksud. Dalam soal 'Cobalah' dibuat pula teks dengan menggunakan kanji secara alami. Lihat juga kanji yang belum pernah muncul, sehingga buat mata kita menjadi terbiasa.

⑤ Rekaman

Rekaman suara dapat diunduh dari: http://storykanji.jimdo.com

⑥ Untuk yang belajar mandiri

Dalam latihan dan soal rangkuman setiap 4 pelajaran, ada soal produktif (mengarang). Bagi yang belajarnya di kelas dapat meminta diperiksakan pada instrukturnya, tetapi bagi yang belajar mandiri tidak memungkinkan. Dalam soal produktif ini, karena semua jawabannya sudah ada dalam contoh-contoh yang disajikan, maka Anda pun bisa mengeceknya sendiri dengan melihat contoh tersebut.

[Catatan 2]

Kosakata dan pola kalimat tingkat dasar merujuk pada kisi-kisi L3 dan L4 JLPT model lama dan buku 'Minna no Nihongo (dasar)'.

วิธีใช้หนังสือแบบฝึกหัดเล่มนี้

เหมาะสำหรับ
- ผู้เรียนที่ใช้ตำรา "เรียนรู้คันจิ 300 ตัวผ่านเรื่องสนุก"
- ผู้กำลังเรียนคันจิเบื้องต้น 300 ตัว ที่ไม่ได้ใช้ตำรา "เรียนรู้คันจิ 300 ตัวผ่านเรื่องสนุก"
- ผู้ที่ต้องการเรียนคันจิเพื่อเตรียมสอบวัดระดับภาษาญี่ปุ่น (JLPT) N4 และ N5

※ เหมาะสำหรับทั้งใช้เรียนด้วยตนเอง หรือใช้สอนในห้องเรียน

ลักษณะพิเศษ

① **การทดสอบความหมายหลักของตัวอักษร**

แบบฝึกหัดเล่มนี้ นอกจากแบบฝึกหัดจำนวนมากเกี่ยวกับการอ่านและการเขียนอักษรคันจิ ยังมีแบบฝึกหัดทดสอบความหมายหลักของอักษรคันจิตัวนั้นๆ ทั้งนี้ การจัดระบบอักษรคันจิที่มีจำนวนนับไม่ถ้วนโดยพิจารณาจากความหมายหลัก จะช่วยกระตุ้นให้จำอักษรคันจิได้ง่ายขึ้น นอกจากนี้ ยังนำไปสู่ความสามารถในการเดาความหมายของอักษรคันจิที่ไม่รู้วิธีอ่าน

② **การฟังเพื่อเรียนรู้อักษรคันจิ**

แบบฝึกหัดเล่มนี้ ได้นำการฟังมาเป็นส่วนหนึ่งของการเรียนรู้อักษรคันจิ ซึ่งจะช่วยพัฒนาความสามารถในการเชื่อมโยงระหว่างเสียงอ่านกับตัวอักษร และเป็นการนำไปสู่การออกเสียงที่ดีขึ้นด้วย

③ **การเขียนบรรยายเกี่ยวกับตัวเอง**

ในแบบฝึกหัดรวมทุกๆ 4 บท จะมีแบบฝึกหัดเกี่ยวกับการฝึกใช้อักษรคันจิด้วยตัวเอง ซึ่งผู้เรียนจะสามารถเขียนเรื่องของตนเองโดยใช้อักษรคันจิ (คำศัพท์) ที่ได้เรียนไปแล้ว

④ **แบบฝึกหัดเพื่อการเตรียมสอบวัดระดับภาษาญี่ปุ่น**

แบบฝึกหัดเล่มนี้ อัดแน่นไปด้วยเนื้อหาสำหรับการเตรียมสอบวัดระดับภาษาญี่ปุ่น (JLPT) ซึ่งแต่ละข้อจะระบุระดับ N4 หรือ N5 ไว้ด้วย ผู้เรียนจึงสามารถเลือกทำข้อที่เหมาะสมกับตัวเอง

โครงสร้าง

อักษรคันจิทั้งหมด 300 ตัว แบ่งออกเป็นแบบฝึกหัดทั้งหมด 16 ครั้ง โดยเรียงลำดับตามตำรา "เรียนรู้คันจิ 300 ตัวผ่านเรื่องสนุก" อักษรคันจิ 150 ตัวที่เรียนในครั้งที่ 1-8 ครอบคลุมคันจิระดับ N5 ประมาณ 100 ตัว เมื่อเรียนถึงครั้งที่ 16 จะครอบคลุมคันจิระดับ N4 จำนวน 300 ตัว [เชิงอรรถ 1]

ในแต่ละครั้งแบ่งเป็นแบบฝึกหัดพื้นฐาน และแบบฝึกหัดสำหรับเตรียมสอบวัดระดับภาษาญี่ปุ่น ซึ่งมีโครงสร้างดังต่อไปนี้

◆ **แบบฝึกหัดแต่ละครั้ง (ครั้งที่ 1-16)**

[ความหมายหลัก] ดูภาพและเชื่อมโยงไปยังอักษรคันจิ หรือการจัดกลุ่มอักษรคันจิตามความหมายหลัก

[ตัวอักษร] เลือกตัวอักษรที่ถูกต้อง

[การอ่าน] พิจารณาวิธีอ่านที่ถูกต้องของคำที่เขียนด้วยอักษรคันจิ

[การฟัง การเขียน] ฟัง แล้วเลือกหรือเขียนตัวอักษรที่ตรงกับเสียงที่ได้ยิน

[การอ่านเรื่อง] อ่าน ทำความเข้าใจเรื่อง และตอบคำถาม

◆ แบบฝึกหัดสำหรับเตรียมสอบวัดระดับภาษาญี่ปุ่น (N5, N4) ครั้งที่ 1-16
　　[การอ่าน] เลือกวิธีอ่านที่ถูกต้อง จากตัวเลือกทั้ง 4 (13 ข้อ)
　　[การเขียน] เลือกวิธีเขียนที่ถูกต้อง จากตัวเลือกทั้ง 4 (13 ข้อ)
　　○ ครั้งที่ 1-8 : เนื้อหาเตรียมสอบวัดระดับ N4, N5
　　○ ครั้งที่ 9-16 : เนื้อหาเตรียมสอบวัดระดับ N4

นอกจากนี้ยังมีแบบฝึกหัดรวมทุกๆ 4 ครั้ง และแนวข้อสอบวัดระดับภาษาญี่ปุ่นด้วย

◆ แบบฝึกหัดรวมทุกๆ 4 ครั้ง (ครั้งที่ 1-4, ครั้งที่ 5-8, ครั้งที่ 9-12, ครั้งที่ 13-16)
　　○ มีแบบฝึกหัดเกี่ยวกับความหมายหลัก ตัวอักษร การอ่าน การฟัง การเขียน และการอ่านเรื่อง เช่นเดียวกับทุกครั้ง
　　○ นอกจากนี้ ยังมีแบบฝึกหัดฝึกเขียนเรียงความเกี่ยวกับเรื่องของตัวเอง

◆ แบบฝึกหัดรวมเพื่อเตรียมสอบวัดระดับภาษาญี่ปุ่นทุกๆ 4 ครั้ง
　　(ครั้งที่ 1-4, ครั้งที่ 5-8, ครั้งที่ 9-12, ครั้งที่ 13-16)
　　[การอ่าน] เลือกวิธีอ่านที่ถูกต้อง จากตัวเลือกทั้ง 4 (26 ข้อ)
　　[การเขียน] เลือกวิธีเขียนที่ถูกต้อง จากตัวเลือกทั้ง 4 (26 ข้อ)

◆ แนวข้อสอบวัดระดับภาษาญี่ปุ่น N5, N4
　　○ แนวข้อสอบเฉพาะระดับ N5 (52 ข้อ)
　　○ แนวข้อสอบเฉพาะระดับ N4 (52 ข้อ)

นอกจากนี้ยังคอลัมน์แนะนำเกร็ดความรู้เกี่ยวกับคันจิ หรือข้อแนะนำเกี่ยวกับการเตรียมสอบวัดระดับภาษาญี่ปุ่น

◆ คอลัมน์
　　คอลัมน์ 1 : อักษรคันจิที่จำเป็นสำหรับการสอบวัดระดับภาษาญี่ปุ่น หมายถึง ?
　　คอลัมน์ 2 : แนวโน้มข้อสอบการอ่าน และการเขียนในการสอบวัดระดับภาษาญี่ปุ่น (JLPT)
　　คอลัมน์ 3 : วิธีอ่านที่ยาก
　　คอลัมน์ 4 : ใช้คันจิตลอดเวลาเลยใช่ไหม ?
　　คอลัมน์ 5 : นับสิ่งของอย่างไร

....

[เชิงอรรถ 1]
เกณฑ์การออกข้อสอบวัดระดับภาษาญี่ปุ่น (JLPT) N4 และ N5 ไม่ได้เปิดเผยทั่วไป อย่างไรก็ตามระดับ N 5 สามารถเทียบได้กับระดับ 4 และ ระดับ N 4 สามารถเทียบได้กับระดับ 3 ของการสอบวัดระดับภาษาญี่ปุ่นแบบเก่า แบบฝึกหัดเล่มนี้ระบุระดับการสอบวัดระดับภาษาญี่ปุ่นโดยยึดตามเกณฑ์การออกข้อสอบระดับ 4 และ ระดับ 3 แบบเก่า

ก่อนใช้หนังสือแบบฝึกหัดเล่มนี้

① ระดับของคำศัพท์ และรูปประโยคในหนังสือเล่มนี้

คำศัพท์ และรูปประโยคในหนังสือเล่มนี้ ส่วนใหญ่อยู่ในระดับชั้นต้น [เชิงอรรถ 2]
หากไม่ใช่คำศัพท์ในระดับชั้นต้นจะมีเครื่องหมาย * กำกับพร้อมคำแปล อย่างไรก็ตาม หากเป็นคำศัพท์ที่ปรากฏอยู่ในตำรา
"เรียนรู้คันจิ 300 ตัวผ่านเรื่องสนุก" จะมีคำแปลอยู่ในนั้นแล้ว ในแบบฝึกหัดเล่มนี้จึงไม่มีคำแปลให้

② เลือกเรียนครั้งไหนก็ได้

สามารถเลือกเรียนครั้งไหนก็ได้ แต่อักษรคันจิที่เคยปรากฏแล้วในครั้งก่อนๆ
จะถือว่าได้เรียนไปแล้วจึงไม่มีอักษรฮิระงะนะกำกับ

③ การกำกับด้วยอักษรฮิระงะนะ

การกำกับด้วยอักษรฮิระงะนะ มีเกณฑ์ดังต่อไปนี้
- **คำที่เคยปรากฏแล้ว** : เขียนด้วยอักษรคันจิ ไม่มีอักษรฮิระงะนะกำกับ
- **คำที่ยังไม่เคยปรากฏ** : เขียนด้วยอักษรฮิระงะนะ
- **คำที่มีการผสมทั้งอักษรคันจิที่เคยปรากฏ และยังไม่เคยปรากฏ** :

  เขียนด้วยอักษรคันจิ โดยกำกับด้วยอักษรฮิระงะนะเฉพาะคันจิที่ยังไม่เคยปรากฏ
อย่างไรก็ตาม มีข้อยกเว้นเช่นกัน เช่นคำว่า「お土産（おみやげ）」มีวิธีอ่านที่พิเศษออกไป
โดยอักษรคันจิ「土」และ「産」เมื่อเขียนต่อกันจะอ่านว่า「みやげ」ในกรณีนี้
ถึงแม้「産」จะเป็นอักษรคันจิที่ไม่เคยปรากฏมาก่อน แต่ไม่สามารถใส่อักษรฮิระงะนะกำกับได้ ในกรณีเช่นนี้
แม้จะเป็นอักษรคันจิที่ไม่เคยปรากฏมาก่อน ก็ไม่มีอักษรฮิระงะนะกำกับ
คำที่มีวิธีอ่านพิเศษเหล่านี้จะระบุด้วยเครื่องหมาย * กรณีที่พบเครื่องหมาย * โปรดเข้าใจว่าเป็นคำที่มีวิธีอ่านที่ยาก

④ แบบฝึกหัดท้าทาย チャレンジ

ตามที่ได้กล่าวไปแล้ว คำที่เคยปรากฏจึงจะเขียนด้วยอักษรคันจิ
ดังนั้นในช่วงต้นของหนังสือเล่มนี้จึงพบคำที่เขียนด้วยอักษรฮิระงะนะอยู่เป็นจำนวนมาก
จากนั้นอักษรคันจิจะค่อยๆ เพิ่มจำนวนมากขึ้นในครั้งต่อๆ ไป อย่างไรก็ตาม เพื่อให้ผู้เรียนคุ้นเคยกับการเขียนที่เป็นธรรมชาติ
จึงได้ใส่แบบฝึกหัดซึ่งประกอบด้วยประโยคที่มีอักษรคันจิผสมอยู่เป็นจำนวนมาก ตั้งแต่ช่วงแรกๆ

⑤ ไฟล์เสียง

ไฟล์เสียงสามารถดาวน์โหลดได้จาก **http://storykanji.jimdo.com**

⑥ สำหรับผู้ที่เรียนด้วยตนเอง

ในแบบฝึกหัดรวมทุกๆ 4 ครั้ง มีแบบฝึกหัดฝึกเขียนเรียงความ หากใช้หนังสือเล่มนี้ในชั้นเรียน สามารถให้ผู้สอนตรวจแก้ให้ได้
แต่สำหรับผู้ที่เรียนด้วยตนเอง ไม่สามารถทำเช่นนั้นได้ อย่างไรก็ตาม แบบฝึกหัดนี้ได้ใส่ตัวอย่างคำตอบไว้ด้วยแล้ว
ผู้ที่เรียนด้วยตนเองสามารถใช้อ้างอิงในการฝึกเขียนเรื่องราวเกี่ยวกับตัวเอง

....

[เชิงอรรถ 2]
คำศัพท์ และรูปประโยคระดับชั้นต้น อ้างอิงจากเกณฑ์การออกข้อสอบวัดระดับภาษาญี่ปุ่นระดับ 4 และระดับ 3 แบบเก่า
และตำรา "มินนะ โนะ นิฮงโกะ" ชั้นต้น

Cách sử dụng sách bài tập này

Đối tượng
- Người đã học theo sách 『ストーリーで覚える漢字300』 ("Học 300 chữ Hán qua các mẩu chuyện")
- Người đã học 300 chữ Hán sơ cấp, dù không theo sách 『ストーリーで覚える漢字 300』 ("Học 300 chữ Hán qua các mẩu chuyện")
- Người muốn học chữ Hán để thi năng lực tiếng Nhật (JLPT) cấp độ N4, N5

※ Có thể dùng để tự học cũng như học với giáo viên

Đặc trưng

① **Nắm bắt khái niệm của chữ**

Có rất nhiều sách bài tập yêu cầu cách đọc, cách viết, song trong sách bài tập này chúng tôi đưa vào các bài tập hỏi về khái niệm của chữ. Việc sắp xếp một cách có hệ thống theo khái niệm sẽ giúp ta nhớ được chữ Hán vốn có rất nhiều. Và cũng giúp tăng khả năng suy đoán ý nghĩa ngay cả với chữ ta không biết cách đọc.

② **Tăng khả năng nghe hiểu bằng việc học chữ Hán**

Sách bài tập này đưa cả phần nghe hiểu vào trong phần học chữ Hán. Qua đó, tăng cường sự kết nối giữa âm (phát âm) với chữ. Điều này cũng giúp phát âm tốt hơn.

③ **Viết về bản thân**

Trong phần bài tập tổng kết sau mỗi 4 bài sẽ có bài tập làm văn. Người học có thể sử dụng chữ Hán (từ ngữ) đã học để viết về bản thân mình.

④ **Nhiều đối sách với kỳ thi năng lực**

Sách bài tập này có nhiều bài luyện tập để người học có thể đáp ứng được kỳ thi năng lực tiếng Nhật (JLPT). Độ khó của bài tập được ghi rõ là "N4", "N5" nên người học cũng có thể chỉ chọn làm những bài tập phù hợp với mình.

Cấu trúc

300 chữ Hán được chia ra từ bài 1 đến bài 16. Trình tự xuất hiện giống như trong 『ストーリーで覚える漢字300』 ("Học 300 chữ Hán qua các mẩu chuyện"). 150 chữ Hán học từ bài 1 đến bài 8 sẽ bao gồm cả 100 chữ Hán tương ứng với cấp độ N5. Nếu học đến bài 16 thì sẽ bao gồm 300 chữ Hán tương ứng với cấp độ N4. (Chú ý 1)

Mỗi bài sẽ bao gồm phần bài luyện tập và phần bài luyện thi năng lực. Cấu trúc sẽ như sau.

◆ **Bài luyện tập trong mỗi bài (từ bài 1 đến bài 16)**

[Khái niệm] Liên tưởng chữ Hán từ hình minh họa, phân nhóm chữ Hán theo từng khái niệm.
[Dạng chữ] Chọn đúng dạng chữ.
[Cách đọc] Chọn cách đọc đúng của từ được viết bằng chữ Hán.
[Nghe hiểu, cách viết] Nghe giọng đọc, chọn hoặc viết chữ tương ứng.
[Đọc hiểu] Đọc trọn vẹn một đoâm đọc, hiểu nội dung để trả lời câu hỏi.

◆ **Bài luyện thi năng lực tiếng Nhật (N5, N4) trong mỗi bài (từ bài 1 đến bài 16)**

[Cách đọc] Chọn cách đọc đúng từ 4 phương án lựa chọn (13 câu)
[Cách viết] Chọn cách viết đúng từ 4 phương án lựa chọn (13 câu)
○ Từ bài 1 đến bài 8: dành cho N4, N5
○ Từ bài 9 đến bài 16: dành cho N4

Và cứ sau mỗi 4 bài sẽ có bài tập tổng hợp. Ngoài ra, còn có bài thi thử năng lực tiếng Nhật.

◆ **Phần bài tập tổng hợp sau mỗi 4 bài**
(Bài 1 đến 4, bài 5 đến 8, bài 9 đến 12, bài 13 đến 16)

○ Cũng có phần bài tập khái niệm, dạng chữ, cách đọc, nghe hiểu, cách viết, đọc hiểu giống như phần bài luyện tập sau mỗi bài.
○ Có cả bài tập viết về bản thân (tập làm văn).

◆ **Bài luyện thi năng lực tiếng Nhật, bài tập tổng hợp sau mỗi 4 bài**
(Bài 1 đến 4, bài 5 đến 8, bài 9 đến 12, bài 13 đến 16)

[Cách đọc] Chọn cách đọc đúng từ 4 phương án lựa chọn (26 câu)
[Cách viết] Chọn cách viết đúng từ 4 phương án lựa chọn (26 câu)

◆ **Bài thi thử năng lực tiếng Nhật N5, N4**
○ Bài thi thử chỉ có các câu hỏi cấp độ N5 (52 câu)
○ Bài thi thử chỉ có các câu hỏi cấp độ N4 (52 câu)

Ngoài ra, còn có các chuyên mục giới thiệu gợi ý giải bài thi năng lực tiếng Nhật, các kiến thức bổ trợ về chữ Hán.

◆ **Chuyên mục**

Chuyên mục 1 : Những chữ Hán cần thiết trong kỳ thi năng lực tiếng Nhật (JLPT) là gì?

Chuyên mục 2 : Khuynh hướng ra đề của các dạng bài "đọc" "viết" của kỳ thi năng lực tiếng Nhật (JLPT)

Chuyên mục 3 : Cách đọc khó

Chuyên mục 4 : Lúc nào cũng sử dụng chữ Hán?

Chuyên mục 5 : Đếm đồ vật như thế nào?

....

[Chú ý 1]
Tiêu chí ra đề thi năng lực tiếng Nhật (JLPT) cấp độ N5, N4 không được công khai. Tuy nhiên, người ta thường coi N5 tương đương với cấp độ 4, N4 tương đương với cấp độ 3 trong kỳ thi năng lực tiếng Nhật cũ. Tất cả các ký hiệu cấp độ trong sách bài tập này đều dựa trên tiêu chí ra đề của cấp độ 4 và cấp độ 3 trong kỳ thi năng lực tiếng Nhật cũ.

Trước khi sử dụng sách

① **Trình độ từ vựng, mẫu câu trong sách**

Từ vựng và mẫu câu trong sách này cơ bản là ở trình độ sơ cấp (Chú ý 2). Từ nào không phải là từ vựng sơ cấp sẽ được đánh dấu hoa thị (*) và có kèm dịch nghĩa. Tuy nhiên, các từ thuộc danh sách từ vựng của 『ストーリーで覚える漢字300』 ("Học 300 chữ Hán qua các mẩu chuyện"), vì đã được dịch nghĩa tại đó rồi nên sẽ không được dịch trong sách này.

② **Có học riêng biệt từng bài được không?**

Có thể sử dụng riêng biệt từng bài. Tuy nhiên, những chữ Hán xuất hiện cho đến bài trước đó được mặc định là đã học qua nên không được phiên âm cách đọc.

③ **Phiên âm cách đọc**

Phiêm âm cách đọc được sử dụng theo những tiêu chuẩn như sau:
○ Chữ Hán đã xuất hiện: viết bằng chữ Hán, không có phiên âm cách đọc
○ Chữ Hán chưa xuất hiện: viết bằng Hiragana
○ Từ có cả chữ Hán đã xuất hiện lẫn chữ Hán chưa xuất hiện: tất cả viết bằng chữ Hán và chỉ phiên âm cách đọc đối với phần chữ Hán chưa xuất hiện

Tuy nhiên, vẫn có ngoại lệ. Chẳng hạn như 「お土産（おみやげ）」 thì chỉ khi có hai chữ 「土」 và 「産」 xếp cạnh nhau mới đọc là 「みやげ」. Trường hợp này, giả sử 「産」 là chữ chưa xuất hiện đi chăng nữa thì cũng không thể chỉ phiên âm cách đọc của riêng phần này. Với những từ có cách đọc đặc biệt như vậy, có thể sẽ không có phiên âm cách đọc cả đối với chữ chưa xuất hiện. Tất cả từ có cách đọc đặc biệt đều được đánh dấu ※. Khi có dấu ※ thì hãy hiểu rằng từ đó có cách đọc khó.

④ **Bài tập thử sức** チャレンジ

Như đã nói ở trên, vì những chữ đã xuất hiện sẽ được viết bằng chữ Hán nên ở đầu sách thì nhiều chữ viết bằng Hiragana nhưng theo từng bài, tần số sử dụng chữ Hán sẽ tăng lên. Tuy nhiên, để người học quen với lối viết tự nhiên, chúng tôi đã đưa những bài luyện tập là những câu nhiều chữ Hán vào từ rất sớm. Đó chính là những bài tập có ký hiệu "Bài tập thử sức". Các câu trong "Bài tập thử sức" này có mức độ sử dụng chữ Hán tự nhiên. Chữ Hán chưa xuất hiện thì có phiên âm cách đọc nên người học sẽ không gặp khó khăn khi đọc. Hãy để mắt đến cả những chữ Hán chưa xuất hiện này cho quen mắt.

⑤ **Giọng đọc**

Hãy tải giọng đọc từ **http://storykanji.jimdo.com**

⑥ **Đối với người tự học**

Ở phần "Bài tập tổng hợp" sau mỗi 4 bài có bài tập tự viết (tập làm văn). Với người học trên lớp thì có thể nhờ giáo viên hướng dẫn kiểm tra giúp, nhưng với người tự học thì không làm vậy được. Tất cả các bài tập tự viết này đều có bài mẫu nên hãy tham khảo để viết về bản thân.

....

[Chú ý 2]

Từ vựng và mẫu câu sơ cấp được tham khảo từ các tiêu chuẩn ra đề thi cấp độ 3 và cấp độ 4 của kỳ thi năng lực tiếng Nhật cũ cùng với giáo trình "Minna no nihongo shoho – Sơ cấp".

☐ **練習問題** [第1回～第16回]
　　れんしゅうもんだい
Exercise / Soal Latihan / แบบฝึกหัด / Luyện tập

☐ **練習問題・まとめ問題**
　　れんしゅうもんだい
[第1～4回] [第5～8回] [第9～12回] [第13～16回]
Review Exercises / soal rangkuman
แบบฝึกหัดรวมครั้งที่ / Bài tập tổng hợp

☐ **日本語能力試験対策問題** [第1回～第16回]
　　にほんごのうりょくしけんたいさくもんだい
JLPT Practice exercises

☐ **日本語能力試験対策問題・まとめ問題**
　　にほんごのうりょくしけんたいさくもんだい
[第1～4回] [第5～8回] [第9～12回] [第13～16回]
[N5] [N4]

第1回

練習問題 — Exercise / Soal Latihan / แบบฝึกหัด / Luyện tập

1 絵を見て、（　）に漢字を書きましょう。

① こうえんに（　）の こが います。

② （　）の 人が（　）人 います。

③ （　んぼ）が みえます。

④ （　）の したで（　）みます。

⑤ きょうは（　）がつ（　）日です。（　）よう日です。

Please look at the illustrations and write the appropriate kanji in each bracket.

Tulislah huruf kanji pada （　）dengan melihat gambar!

จงดูภาพและเขียนตัวอักษรคันจิลงใน（　）

Xem tranh và viết chữ Hán vào（　）.

---

2 ☐の漢字を①〜③のグループに分けましょう。

① 数字 (number/angka/ตัวเลข/số, chữ số)　（　　　　　　　）

② 自然 (nature/alam/ธรรมชาติ/tự nhiên, thiên nhiên)　（　　　　　　　）

③ 顔 (face/wajah/ใบหน้า/mặt)　（　　　　　　　）

| 一 | 山 | 二 | 川 | 口 | 三 | 田 | 目 | 木 |

Please divide the kanji in the box below into Group ① to Group ③.

Pilahlah huruf kanji dalam kotak ke dalam grup ①〜③!

จงแบ่งกลุ่มตัวอักษรคันจิใน ☐ ตามกลุ่มที่กำหนดให้ ①〜③

Phân loại các chữ Hán trong ☐ vào các nhóm từ ①〜③.

---

3 次のことばの意味を考えて、a.〜d.のなかから選びましょう。

① 長男　（　）

② 人形　（　）

③ 出口　（　）

④ 円安　（　）

a. weak yen／yen melemah／ค่าเงินเยนอ่อนตัว／đồng Yên thấp

b. eldest/elder son／anak laki-laki tertua／ลูกชายคนโต／trưởng nam

c. doll／boneka／ตุ๊กตา／búp bê

d. exit／pintu keluar／ทางออก／cửa ra

Please choose the most appropriate definition from the box for the following words.

Pikirkan arti kosakata berikut dengan memilih a.〜d.!

จงพิจารณาความหมายของคำศัพท์ต่อไปนี้ และเลือกคำตอบที่เหมาะสมจาก a.〜d.

Chọn từ a.〜d. ý nghĩa của các từ dưới đây.

[4] 1.～4.のなかで、いちばんいいものを選びましょう。

① かわ （ ）　1. 川　2. 川　3. 川　4. 川
② ひと （ ）　1. 八　2. 入　3. ヘ　4. 人
③ やま （ ）　1. 山　2. 山　3. 山　4. 屮

[5] ＿＿＿の読み方を書きましょう。難しいときは、本冊 p.50-54 を見ましょう。

[一] ① 一人で *おおさかへ いきます。
② 三がつ ※一日に 山へ いきます。
③ きょう 一日だけ がっこうを やすみました。
④ けさ バナナを 一本 たべました。

[二] ⑤ りんごを 二つ ください。
⑥ 二月 二日に ともだちと あそびます。

[三] ⑦ 三月 三日に きょうとへ いきました。
⑧ にほんごを 三年 べんきょうしました。

[山] ⑨ わたしの まちに 山が あります。
⑩ 富士山は 日本で 一ばん たかい 山です。

[川] ⑪ きれいな 川で あそびました。
⑫ ナイル川は せかいで 一ばん ながいです。

[目] ⑬ 目上の 人に ていねいに はなします。
⑭ 日本へ きた 目的は なんですか。

[口] ⑮ あの 女の 人は 口が おおきいです。
⑯ びじゅつかんの 入口は どちらですか。
⑰ わたしの くにの 人口は おおいです。

[人] ⑱ 田中さんは おもしろい 人です。
⑲ たんじょうびに 人形を もらいました。
⑳ がっこうに 日本人の ともだちが います。

[木] ㉑ にわに 木が あります。
㉒ 木よう日に パーティが あります。

[休] ㉓ にちようびは がっこうが <u>休</u>みです. _____

㉔ こんどの <u>休日</u>は うちで *ゆっくりします. _____

*ゆっくりする／to relax／bersantai／พักผ่อนสบายๆ／nghỉ ngơi

[本] ㉕ <u>山本</u>せんせいに かんじを ならいます. _____

㉖ この かんじの <u>本</u>に かんじが 300 あります. _____

[体] ㉗ たくさん うんどうしましたから <u>体</u>が いたいです. _____

㉘ さいきん <u>体重</u>が ふえました. _____

[力] ㉙ 山田さんは <u>力</u>が あります. _____

㉚ わかいですから <u>体力</u>が あります. _____

[男] ㉛ こうえんに <u>男</u>の 人が 三人 います. _____

㉜ あちらの <u>男性</u>は 山田さんの おとうさんです. _____

㉝ ホアンさんは <u>長男</u>です. _____

[女] ㉞ あちらの <u>女性</u>は どなたですか. _____

㉟ あの <u>女</u>の人は 鈴木さんです. _____

[安] ㊱ この みせは いつも <u>安</u>いです. _____

㊲ かさが ありますから あめでも <u>安心</u>です. _____

6 [A] _____のことばを漢字で書きましょう.

① やまださんの <u>彼</u>じょは きれいです. _____ 彼

② <u>しなのがわ</u>は <u>日本</u>で いちばん ながいです. _____

③ あの <u>め</u>の おおきい <u>ひと</u>が 鈴木さんです. _____ _____

④ ニュースを きいて <u>あん</u>心しました. _____心

[B] _____のことばを漢字とひらがなで書きましょう.

⑤ トイレは みぎから <u>ひとつめ</u>の ドアです. _____

⑥ ロロさんは きのう がっこうを <u>やすみました</u>. _____

⑦ この やおやは やさいが <u>やすい</u>です. _____

Please rewrite the underlined portion with kanji.
Tulislah huruf kanji dari kosakata yang digaris bawahi!
จงเขียนคำศัพท์ที่ขีดเส้นใต้เป็นอักษรคันจิ
Viết chữ Hán những từ có gạch chân.

Please rewrite the underlined portion with kanji and hiragana.
Tulislah huruf kanji dan hiragana dari kosakata yang digaris bawahi!
จงเขียนคำศัพท์ที่ขีดเส้นใต้เป็นอักษรคันจิ และฮิระงะนะ
Viết những từ có gạch chân sang chữ Hán và chữ Hiragana.

7 音声を聞いて適当な漢字を（　）から選んで○を書きましょう。

1 [A] ①本だなに　本が　（二さつ・三さつ）　あります。

②（人・女）の　かおには　（目・口）が　二つ　あります。

③あの　（女・男）の　人の　なまえは　鈴木さんです。

④えきの　（東田・東口）に　人が　たくさん　います。

2 [B] 〈トムさんと　ホアンさんが　だいがくで　はなしています〉

トム　　：ホアンさん、おはよう。もう、朝ご飯食べましたか。

ホアン：はい、もう食べました。バナナを a.（二本・三本）食べました。

トム　　：そうですか。ぼくは、りんごを b.（一つ・三つ）食べました。

トム　　：明日、山田さんと c.（川・山）へ行きます。

　　　　ホアンさんもいっしょに行きませんか。

ホアン：いいですね。いつ、どこで会いますか。

トム　　：一時に駅の d.（東口・東目）で会いましょう。

ホアン：わかりました。

ホアン：トムさん、あの e.（女性・男性）はだれですか。

トム　　：あの女の人は鈴木さんです。山田さんの f.（彼女・彼人）です。

ホアン：えっ、あの人が山田さんの*ガールフレンドですか。きれいな人

　　　　ですね。

3 8 音声を聞いて（　）に漢字を書きましょう。

①なつやすみに　（　　　）さんと　いっしょに　富士山に　のぼります。

②山田さんは　（　　　）の　人です。いつも　げんきです。

　　すいえいが　じょうずで　（　　　　）が　あります。

③わたしの　まちは　（　　全な）　まちです。

④わたしの　まちに　（　　　）や　川などが　あります。

⑤あの　やおやの　*定休日は　（　　　）よう日です。

⑥やおやの　おじさんは　とても　いい（　　　）です。

9 トムさんの日記を読んで、①～③の質問に答えましょう。

> **4がつ 12 にち　にちようび**
>
> 　きょう　ともだちの　ホアンさんと　山へ　いきました。山の　うえに　木が　ありました。わたしたちは　その　木の　したで　休みました。山の　うえから　まちが　みえました。田んぼも　みえました。それから　きれいな　川も　みえました。うちへ　かえる　とき　ホアンさんと　*コンビニで　チョコレートを　かいました。あまり　安くなかったですが　おいしかったです。

① 山の　うえに　なにが　ありましたか。　＿＿＿＿＿＿＿＿＿＿＿＿

② 山の　うえから　なにが　みえましたか。
　　　　　　　　　　　　＿＿＿＿＿＿＿＿＿＿＿＿＿＿＿＿＿＿

③ チョコレートは　安かったですか。　＿＿＿＿＿＿＿＿＿＿＿＿

Please read Tom's diary and answer questions ① to ③.

Bacalah buku harian Tom, lalu jawablah pertanyaan ①~③!

จงอ่านบันทึกประจำวันของทอม แล้วตอบคำถามข้อ ①~③

Đọc nhật ký của Tom và trả lời câu hỏi từ ①~③.

*コンビニ／convenience store (Often shortened as written here.)／Mini-market (sering disingkat)／ร้านสะดวกซื้อ (มักเรียกย่อๆ เช่นนี้)／cửa hàng tiện lợi (thường gọi tắt như vậy)

日本語能力試験対策 第1回 JLPT Practice exercises

よみ／reading／membaca／การอ่าน／Đọc

もんだい1 ＿＿＿の ことばは どう よみますか。1・2・3・4から いちばん いい ものを ひとつ えらんで ください。

How do you read the underlined words? Choose the best one from 1, 2, 3 or 4.

Bagaimana cara membaca huruf yang diragis bawahi? Pilihlah salah satu jawaban yang tepat dari 1, 2, 3, atau 4!

คำที่ขีดเส้นใต้ต่อไปนี้อ่านว่าอะไร จงเลือกคำตอบที่ถูกต้องจาก 1, 2, 3, 4

Chọn trong 1, 2, 3, 4 cách đọc đúng nhất chữ Hán có gạch chân.

N5

① <u>三がつ</u>に タイへ あそびに いきます。
　1 みがつ　　2 みっがつ　　3 さんがつ　　4 さがつ

② わたしの まちに ゆうめいな <u>山</u>が あります。
　1 やま　　2 かわ　　3 き　　4 うみ

③ ちちと <u>川</u>へ いきました。
　1 やま　　2 かわ　　3 うみ　　4 うち

④ あの おんなの ひとは <u>目</u>が おおきいです。
　1 かお　　2 め　　3 みみ　　4 くち

⑤ あの おとこの ひとは <u>口</u>が おおきいです。
　1 かお　　2 め　　3 みみ　　4 くち

⑥ <u>木</u>ようびに いっしょに しょくじを しませんか。
　1 かようび　　2 もくようび　　3 すいようび　　4 きようび

⑦ ドアの ちかくに いる <u>男</u>の ひとは たなかさんです。
　1 おとこ　　2 おんな　　3 かれ　　4 おとうと

⑧ こちらの ぼうしは あちらの ぼうし より <u>安い</u>です。
　1 たかい　　2 やすい　　3 おおきい　　4 うすい

⑨ きょねん <u>一人</u>で きょうとへ いきました。
　1 いちにん　　2 ひとり　　3 いちひと　　4 ふたり

⑩ わたしは あにが <u>二人</u> います。
　1 ふたり　　2 ひとり　　3 ににん　　4 ふたつ

⑪ あたらしい <u>本</u>を かいました。
　1 まん　　2 き　　3 はん　　4 ほん

◆◇◆◇◆◇◆◇◆◇◆◇◆◇◆◇◆◇

N4

⑫ かのじょは <u>体</u>が じょうぶです。
　1 からだ　　2 からた　　3 かだら　　4 かたら

⑬ にほんの <u>人口</u>は ちゅうごくより すくないです。
　1 にんこう　　2 じんぐち　　3 じんこう　　4 じんくち

かき／writing／menulis／การเขียน／Viết

もんだい2 ＿＿＿の ことばは どう かきますか。1・2・3・4から いちばん いい ものを ひとつ えらんで ください。

How do you write the underlined words? Choose the best one from 1, 2, 3 or 4.

Bagaimana menulis kata yang digaris bawahi? Pilihlah salah satu jawaban yang tepat dari 1, 2, 3, atau 4!

คำที่ขีดเส้นใต้ต่อไปนี้เขียนอย่างไร จงเลือกคำตอบที่ถูกต้องจาก 1, 2, 3, 4

Chọn trong 1, 2, 3, 4 cách viết đúng nhất chữ Hán có gạch chân.

N5

[1] らいげつ ともだちと やまに のぼります。
　　1 山　　　　2 山　　　　3 山　　　　4 山

[2] ほんを さんさつ かいました。
　　1 三　　　　2 川　　　　3 二　　　　4 一

[3] あの ひとを しって いますか。
　　1 入　　　　2 大　　　　3 く　　　　4 人

[4] としょかんで ほんを かりました。
　　1 木　　　　2 ホ　　　　3 木　　　　4 本

[5] あの おとこの ひとは たなかさんです。
　　1 男　　　　2 男　　　　3 另　　　　4 男

[6] この とけいは とても やすいです。
　　1 女い　　　2 安い　　　3 安い　　　4 安い

[7] あの おんなの ひとは だれですか。
　　1 女　　　　2 安　　　　3 男　　　　4 力

[8] にちようび ぎんこうは やすみです。
　　1 休み　　　2 体み　　　3 本み　　　4 体み

[9] たなかさんは めが おおきいです。
　　1 目　　　　2 口　　　　3 頭　　　　4 耳

[10] こどもが ふたり います。
　　1 三人　　　2 二人　　　3 一人　　　4 三入

[11] すみませんが たまごを ひとつ とって ください。
　　1 一つ　　　2 人つ　　　3 日とつ　　4 二つ

◆◇◆◇◆◇◆◇◆◇◆◇◆◇◆◇◆

N4

[12] かれは からだが じょうぶです。
　　1 休　　　　2 本　　　　3 体　　　　4 体

[13] たなかさんは とても ちからが あります。
　　1 チ　　　　2 力　　　　3 刀　　　　4 男

第2回

練習問題

Exercise / Soal Latihan / แบบฝึกหัด / Luyện tập

1 絵を見て、(　　) に漢字を書きましょう。

Please look at the illustrations and write the appropriate kanji in each bracket.

Tulislah huruf kanji pada (　) dengan melihat gambar!

จงดูภาพและเขียนตัวอักษรคันจิลงใน(　)

Xem tranh và viết chữ Hán vào (　).

①

②

③

④

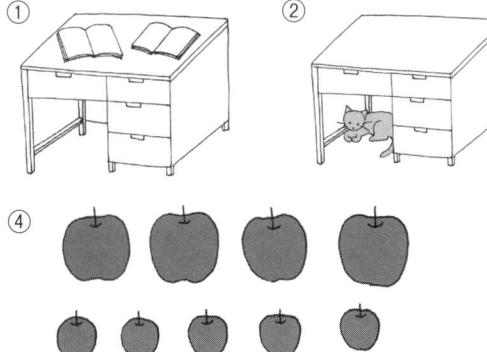

①つくえの　(　　)に　本が　二さつ　あります。

②つくえの　(　　)に　ねこが　います。

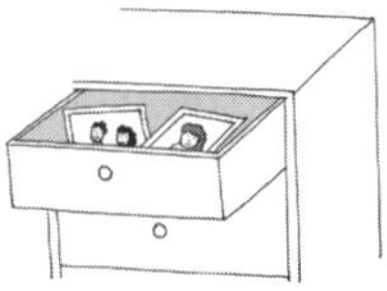

③ひき出しの　(　　)に　しゃしんが　あります。

④大きい　りんごが　a.(　　つ)　あります。

小さい　りんごが　b.(　　つ)　あります。

ぜんぶで　c.(　　つ)　あります。

⑤

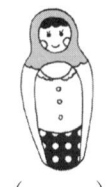

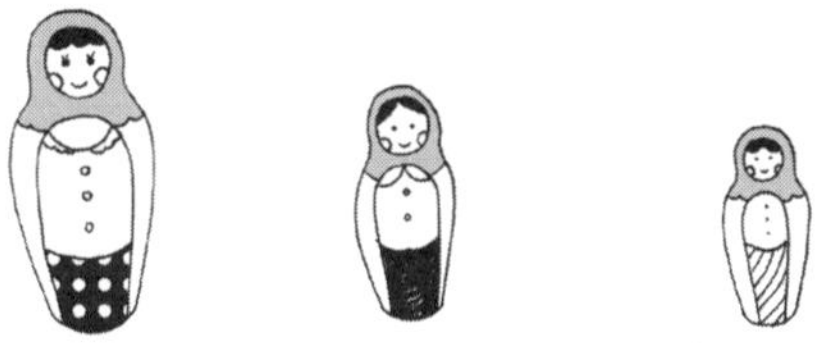

a.(　　)　　中　　b.(　　)

⑥

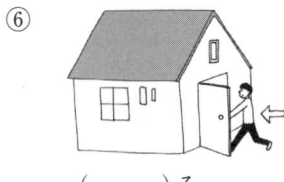

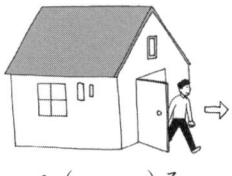

a.(　　)る

b.(　　)る

2 [　　] の漢字を①～③のグループに分けましょう。同じ漢字を二回使う場合もあります。

Please divide the kanji in the box below into Group ① to Group ③. There are some kanji which can belong to more than one group.

Pilahlah huruf kanji dalam kotak ke dalam grup ①~③ ! Kanji yang sama bisa juga digunakan 2 kali.

จงแบ่งกลุ่มตัวอักษรคันจิใน [　　] ตามกลุ่มที่กำหนดให้ ①～③

อักษรคันจิตัวเดียวกันอาจแบ่งได้มากกว่า 1 กลุ่ม

Phân loại các chữ Hán trong [　　] vào các nhóm từ ①~③. Cũng có trường hợp một chữ Hán sử dụng 2 lần.

①数字 (number/angka/ตัวเลข/số, chữ số)　(　　　　　　　　)

②サイズ (size/ukuran/ขนาด/cỡ)　(　　　　　　　　)

③位置 (location/posisi/ตำแหน่ง/vị trí)　(　　　　　　　　)

五	中	十	大	上	七	小	下	八	六	九

3 次のことばの意味を考えて、a.～d.のなかから選びましょう。

① 途中（ ）
② 大勢（ ）
③ 少年（ ）
④ 輸出（ ）

a. export／ekspor／การส่งออก／xuất khẩu
b. boy／young man／pemuda／เด็กผู้ชาย／thiếu niên, cậu bé
c. many people／banyak orang／คนจำนวนมาก／nhiều người
d. on the way, in the middle of (doing something)／di tengah perjalanan/proses／ระหว่างทาง ระหว่าง...(กำลังทำอะไรบางอย่าง)／giữa đường, giữa chừng

4 1.～4.のなかで、いちばんいいものを選びましょう。

① すくない（ ） 1. 小 2. 尐 3. 少 4. 丷
② がっこう（ ） 1. 学 2. 孚 3. 学 4. 学
③ きゅう （ ） 1. て 2. 九 3. 丸 4. 久

5 ＿＿＿の読み方を書きましょう。難しいときは、本冊 p.57-62 を見ましょう。

[上] ① つくえの 上に じしょが あります。　＿＿＿＿＿
　　② *ぶっかが 上がると せいかつが たいへんです。　＿＿＿＿＿
　　③ 鈴木さんは うたが *上手です。　＿＿＿＿＿

[下] ④ いすの 下に いぬが います。　＿＿＿＿＿
　　⑤ くすりを のんだら ねつが 下がりました。　＿＿＿＿＿
　　⑥ すみませんが、もう いちど いって 下さい。　＿＿＿＿＿
　　⑦ トムさんは りょうりが *下手です。　＿＿＿＿＿

[大] ⑧ 四がつから さくら大学へ かよいます。　＿＿＿＿＿
　　⑨ 大学に 大きい *さくらの 木が あります。　＿＿＿＿＿
　　⑩ 子どもは 500えん、大人は 3000えんです。　＿＿＿＿＿

[少] ⑪ もう 少し ゆっくり はなして 下さい。　＿＿＿＿＿
　　⑫ この まちに がいこく人は 少ない です。　＿＿＿＿＿
　　⑬ 多少 じかんが かかりますが…。　＿＿＿＿＿

[入] ⑭ きっさてんに 入って コーヒーでも のみましょう。　＿＿＿＿＿
　　⑮ 入口は どちらですか。　＿＿＿＿＿
　　⑯ さいふに おかねを 入れます。　＿＿＿＿＿

[出] ⑰ 山田さんの おにいさんは きょねん 大学を 出ました。　＿＿＿＿＿

⑱ レポートは 木よう日までに 出して 下さい。 ＿＿＿＿＿

⑲ 出口は あちらです。 ＿＿＿＿＿

[学] ⑳ さくら大学は ゆうめいな 大学です。 ＿＿＿＿＿

㉑ わたしの 学校は 九じからです。 ＿＿＿＿＿

[四] ㉒ この りんごを 四つ ください。 ＿＿＿＿＿

㉓ きょうだいが 四人 います。 ＿＿＿＿＿

㉔ おとうとは まだ 四さいです。 ＿＿＿＿＿

㉕ 四月は さくらが きれいです。 ＿＿＿＿＿

[八] ㉖ *おにぎりを 八つ つくりました。 ＿＿＿＿＿

㉗ 八月は とても あついです。 ＿＿＿＿＿

㉘ ※八日に 山田さんの うちへ いきます。 ＿＿＿＿＿

[十] ㉙ きょうは 十月 十日です。 ＿＿＿＿＿

㉚ こんげつの ※二十日は 休みです。 ＿＿＿＿＿

㉛ トムさんは ※二十歳です。 ＿＿＿＿＿

㉜ いま 十時 十分です。 ＿＿＿＿＿

㉝ あしたは 十分に 休んで 下さい。 ＿＿＿＿＿

[古] ㉞ ロロさんは せんげつ 中古車を かいました。 ＿＿＿＿＿

㉟ ロロさんが せんげつ かった くるまは 古いです。 ＿＿＿＿＿

*おにぎり／rice ball／onigiri(nasi kepal)／ข้าวปั้น／cơm nắm

6 [A] ＿＿＿のことばを漢字で書きましょう。

① ロベルトさんの かばんの なかに サッカーの ざっしが あります。

＿＿＿＿＿

② 日本では ちゅうがくから だいがくまで えいごを べんきょうします。

＿＿＿＿＿ ＿＿＿＿＿

[B] ＿＿＿のことばを漢字とひらがなで書きましょう。

③ きんじょの やおやで りんごを やっつ かいました。

＿＿＿＿＿

4 7 音声を聞いて適当な漢字を（ ）から選んで○を書きましょう。

① (小供・子供) は たばこを かう ことが できません。

② たくさん たべましたから、(太り・大り) ました。

③ つくえの (上・下) に 本が あります。

④ りんごを (六つ・八つ) かいました。

8 音声を聞いて（ ）に漢字を書きましょう。

5 ① ホアン：トムさん、あれを みて 下さい。木の（   ）に とりが
　　　　　　いますよ。
　　　トム　：あっ、ほんとうですね。（   ）て かわいいですね。

6 ② パク　：すみません、びじゅつかんの なかに ここから 入る ことが
　　　　　　できますか。
　　　女の人：いいえ、こちらは（   ）です。（   ）は あちらですよ。
　　　パク　：あっ、そうですか。どうも ありがとう ございます。

7 ③ ロベルト：しつれいですが、*部長は a.(   ) 何人いらっしゃいますか。
　　　山田部長：子どもは b.(   ) いますよ。
　　　ロベルト：えっ、おおいですね。
　　　山田部長：はい。c.(   ) が三人と女の子が二人います。にぎやかで、
　　　　　　　たのしいですよ。こんど、家へあそびに来て下さい。
　　　山田部長：上から二番目の息子は、さくら d.(   ) の学生です。
　　　ロベルト：日本の大学は、何月からですか。
　　　山田部長：e.(   ) 月からです。
　　　ロベルト：わたしの国は九月からです。
　　　山田部長：へえ、日本とちがいますね。

8 ④ 山田部長：ロベルトさん、*出張のじゅんびは終わりましたか。
　　　ロベルト：はい。会議のじゅんびは終わりました。
　　　　　　　でも、新しい（   ）着と、くつ（   ）を買わなければなりません。

*部長／department chief/head／kepala bagian／หัวหน้าฝ่าย／trưởng phòng

*出張／business trip／dinas luar／การเดินทางไปทำธุรกิจ／đi công tác

9　次の文を読んで、①～⑥の質問に答えましょう。

〈トムさんの話〉

　四月に日本の大学に入りました。学校は九時からです。あさ七時半に起きます。それから、シャワーをあびて、八時にご飯をたべます。八時半に家を出て、学校へいきます。わたしの大学は小さい山の上にあります。家から大学まで、歩いて二十分かかります。少し遠いですから、自転車を買いたいです。安くて、大きい自転車がほしいです。古くてもいいです。友だちのロロさんは、車が好きです。先月中古車を買いました。古いですが、*すてきな車です。いつか一緒に*ドライブしたいです。

Please read the following passage and answer questions ① to ⑥.
Bacalah teks berikut, lalu jawablah pertanyaan ①～⑥!
จงอ่านเนื้อเรื่องต่อไปนี้ และตอบคำถามข้อ ①～⑥
Đọc đoạn văn dưới đây và trả lời các câu hỏi từ ①～⑥.

*すてきな／nice/ good-looking／bagus／สวยเก๋／tuyệt vời

*ドライブする／to go for a ride／mengendarai／ขับรถเล่น／lái xe đi chơi xa

①トムさんは、何月に大学に入りましたか。＿＿＿＿＿＿＿＿

②トムさんは、いつも何時に起きますか。＿＿＿＿＿＿＿＿

③トムさんの学校は何時からですか。＿＿＿＿＿＿＿＿

④トムさんの家から大学までどのくらいかかりますか。
＿＿＿＿＿＿＿＿

⑤トムさんは、どんな自転車がほしいですか。＿＿＿＿＿＿＿＿

⑥ロロさんは、どんな車を買いましたか。＿＿＿＿＿＿＿＿

10　トムさんの日記を読んで、①～②の質問に答えましょう。

Please read Tom's diary and answer questions ① and ②.
Bacalah buku harian Tom, lalu jawablah pertanyaan ①～②!
จงอ่านบันทึกประจำวันของทอม แล้วตอบคำถามข้อ ①～②
Đọc nhật ký của Tom và trả lời câu hỏi từ ①～②.

> 4がつ30にち　木ようび
>
> 　かんじの　べんきょうを　はじめて　a.<u>一かげつ</u>です。いま　b.<u>四十</u>くらい　かんじを　かいたり　よんだり　する　ことが　できます。かんじは　一どに　たくさん　おぼえる　ことが　できませんから　少しずつ　べんきょうします。*だい一かいの　かんじの　中で　わたしが　一ばん　すきな　かんじは　「学」です。学こうの　*やねの　下で　子どもが　べんきょうして　います。「c.<u>大きい</u>」の　かんじと　いっしょに　かくと　「d.<u>大学</u>」に　なります。とても　おもしろいです。「e.<u>小さい</u>」や　「中」と　「学こう」を　いっしょに　すると　どんな　いみに　なるのかな？

*だい一かい／the first lesson／pertama／ครั้งที่หนึ่ง／bài thứ nhất

*やね／roof／atap／หลังคา／mái

Please write the reading of the underlined words.
Tulislah cara baca kanji yang digaris bawahi!
จงเขียนวิธีอ่านของตัวอักษรคันจิที่ขีดเส้นใต้
Viết cách đọc các chữ Hán có gạch chân.

①＿＿＿の読み方を書きましょう。

a.＿＿＿　b.＿＿＿　c.＿＿＿　d.＿＿＿　e.＿＿＿

Please choose the most appropriate definition for each word.
Pikirkan arti kosakata berikut dengan memilih a~b!
จงพิจารณาความหมายของคำศัพท์ต่อไปนี้ และเลือกคำตอบที่เหมาะสมจาก a.~b.
Chọn từ a.~b. ý nghĩa của các từ dưới đây.

②次のことばの意味を考えて、a、b.のどちらかを選びましょう。

　1）小学校（　　）　　2）中学校（　　）

　　a. elementary school/Sekolah Dasar (SD)/โรงเรียนประถมศึกษา/Trường tiểu học
　　b. junior high/middle school/Sekolah Menengah Pertama (SMP)/โรงเรียนมัธยมศึกษาตอนต้น/Trường trung học cơ sở

日本語能力試験対策　第2回　JLPT Practice exercises

よみ / reading / membaca / การอ่าน / Đọc

もんだい1 ＿＿＿の ことばは どう よみますか。1・2・3・4から いちばん いい ものを ひとつ えらんで ください。

How do you read the underlined words? Choose the best one from 1, 2, 3 or 4.

Bagaimana cara membaca huruf yang diragis bawahi? Pilihlah salah satu jawaban yang tepat dari 1, 2, 3, atau 4!

คำที่ขีดเส้นใต้ต่อไปนี้อ่านว่าอะไร จงเลือกคำตอบที่ถูกต้องจาก 1, 2, 3, 4

Chọn trong 1, 2, 3, 4 cách đọc đúng nhất chữ Hán có gạch chân.

N5

1. こうえんに 大きい きが あります。
   1 おおきい　　2 おうきい　　3 おきい　　4 だいきい

2. ことしの しがつに 大学に はいりました。
   1 たいがく　　2 だいがく　　3 だいかく　　4 たいかく

3. はなやの 入口は あちらです。
   1 いりくち　　2 にゅうこう　　3 じんこう　　4 いりぐち

4. あちらの 出口から でて ください。
   1 でぐち　　2 でくち　　3 てぐち　　4 でるくち

5. やまださんの むすめさんは 四さいです。
   1 しさい　　2 よさい　　3 よんさい　　4 はっさい

6. いすの 下に かわいい ねこが います。
   1 うえ　　2 した　　3 みぎ　　4 ひだり

7. かばんの 中に サッカーの ざっしが あります。
   1 うえ　　2 した　　3 なか　　4 うち

8. この カメラは 古いですが、いいです。
   1 ふるい　　2 あたらしい　　3 くろい　　4 やすい

9. れいぞうこに たまごが 八つ あります。
   1 やっつ　　2 ようつ　　3 はちつ　　4 はっつ

◆◇◆◇◆◇◆◇◆◇◆◇◆◇◆◇◆

N4

10. その 太い ペンを かして ください。
    1 おおきい　　2 あかい　　3 ふとい　　4 やすい

11. さくらだいがくに 入学しました。
    1 にゅがく　　2 にゅうがく　　3 にゅんがく　　4 にょうがく

12. 小学こうの せんせいに なりたいです。
    1 しょがっこう　　2 しゅうがっこう　　3 しょうがっこう　　4 しょおがっこう

13. さいきん こめの ねだんが 上がりました。
    1 さがりました　　2 あがりました　　3 あつがりました　　4 うわがりました

かき / writing／menulis／การเขียน／Viết

もんだい2 ＿＿＿の ことばは どう かきますか。1・2・3・4から いちばん いい ものを ひとつ えらんで ください。

N5

① つくえの うえに えんぴつが 3ぼん あります。
　1 土　　　　2 上　　　　3 上　　　　4 下

② はこの なかに なにが ありますか。
　1 甲　　　　2 甲　　　　3 中　　　　4 申

③ この ふくは すこし おおきいです。
　1 丈きい　　2 大きい　　3 太きい　　4 多きい

④ この コップは すこし ちいさいです。
　1 少さい　　2 小さい　　3 小さい　　4 チさい

⑤ もう すこし ゆっくり いって ください。
　1 少し　　　2 小し　　　3 省し　　　4 尐し

⑥ どうぞ はいって ください。
　1 人って　　2 入って　　3 へって　　4 イって

⑦ ごがつは あたたかいです。
　1 四がつ　　2 六がつ　　3 五がつ　　4 九がつ

⑧ トムさんは だいがくで にほんごを べんきょうして います。
　1 小学　　　2 高学　　　3 大学　　　4 中学

⑨ いりぐちの まえで あいましょう。
　1 出口　　　2 東口　　　3 北口　　　4 入口

⑩ ちょっと まって ください。
　1 下さい　　2 下ださい　3 下い　　　4 下

⑪ こどもの チケットは 200えんです。
　1 子ども　　2 学ども　　3 予ども　　4 手ども

◆◇◆◇◆◇◆◇◆◇◆◇◆◇◆◇◆◇◆

N4

⑫ むすこは しょうがく 3ねんせいです。
　1 中学　　　2 大学　　　3 小学　　　4 少学

⑬ くすりを のんだら ねつが さがります。
　1 上がります　2 下がります　3 少がります　4 オがります

第3回

練習問題 Exercise / Soal Latihan / แบบฝึกหัด / Luyện tập

1 絵を見て、（　）に漢字を書きましょう。

① つくえの　上に　お金が　（　　　）円　あります。
② （　　）が　とても　きれいです。
③ （花）を　みます。
④ （　）手と　（　）手
⑤ （　楽）が　すきです。

2 [A] ☐の漢字を①～②のグループに分けましょう。

① 数字 (number/angka/ตัวเลข/số, chữ số) （　　　　　　　　　　）
② 曜日 (day of the week/hari-hari dalam seminggu/วันในรอบสัปดาห์/thứ)
　　　　　　　　　　　　　　　　　（　　　　　　　　　　）

| 日 | 火 | 千 | 土 | 木 | 百 | 水 | 月 | 万 | 金 |

[B] 反対の意味の漢字を書きましょう。

① 左 ⇔ （　　　）　　② 明 ⇔ （　　　）

3 次のことばの意味を考えて、a.～d.のなかから選びましょう。

① 発音　　　（　　）
② 火山　　　（　　）
③ 国際的(な)（　　）
④ 日記　　　（　　）

a. diary ／ buku harian ／ บันทึกประจำวัน ／ nhật ký
b. volcano ／ gunung berapi ／ ภูเขาไฟ ／ núi lửa
c. pronunciation ／ pelafalan ／ การออกเสียง ／ phát âm
d. international ／ internasional ／ นานาชาติ ／ mang tính quốc tế

4 1.～4.のなかで、いちばんいいものを選びましょう。

① ひゃく　（　）　1. 百　2. 百　3. 百　4. 百

② つき　　（　）　1. 月　2. 月　3. 月　4. 月

③ おと　　（　）　1. 音　2. 音　3. 音　4. 音

5 ＿＿＿の読み方を書きましょう。難しいときは、本冊 p.65-70 を見ましょう。

[百] ① この　ペンは　百円です。　　　　　　　　　　　　　＿＿＿＿＿＿

　　 ② この　サッカーの　ざっしは　三百円です。　　　　　＿＿＿＿＿＿

　　 ③ ぜんぶで　六百円です。　　　　　　　　　　　　　　＿＿＿＿＿＿

[千] ④ わたしは　千メートル　およぐ　ことが　できます。　＿＿＿＿＿＿

　　 ⑤ 山田さんは　三千メートル　およぐ　ことが　できます。　＿＿＿＿＿＿

[日] ⑥ なん曜日に　プールへ　いきますか。　　　　　　　　＿＿＿＿＿＿

　　 ⑦ *五日に　*おんせんに　いきます。　　　　　　　　　＿＿＿＿＿＿

　　 ⑧ 毎日　かんじを　べんきょうします。　　　　　　　　＿＿＿＿＿＿

　　 ⑨ トムさんは　毎日　日記を　かいて　います。　　　　＿＿＿＿＿＿

　　 ⑩ ことしの　三月に　日本へ　きました。　　　　　　　＿＿＿＿＿＿

　　 ⑪ チョウさんは　*昨日　としょかんへ　いきました。　 ＿＿＿＿＿＿

　　 ⑫ *今日も　としょかんへ　いきます。　　　　　　　　 ＿＿＿＿＿＿

　　 ⑬ *明日は　としょかんへ　いきません。　　　　　　　 ＿＿＿＿＿＿

[月] ⑭ 月へ　いって　みたいです。　　　　　　　　　　　　＿＿＿＿＿＿

　　 ⑮ 八月は　大学が　休みです。　　　　　　　　　　　　＿＿＿＿＿＿

　　 ⑯ 今月　大阪に　*出張します。　　　　　　　　　　　 ＿＿＿＿＿＿

[明] ⑰ 月が　とても　明るいです。　　　　　　　　　　　　＿＿＿＿＿＿

　　 ⑱ かんじの　かきかたを　説明して　もらいます。　　　＿＿＿＿＿＿

[立] ⑲ ドアの　まえに　立っている　人は　鈴木さんです。　＿＿＿＿＿＿

　　 ⑳ 国立こうえんへ　あそびに　いきます。　　　　　　　＿＿＿＿＿＿

　　 ㉑ はたらきながら　べんきょうですか。立派ですね。　　＿＿＿＿＿＿

[音] ㉒ となりの　へやから　音が　きこえます。　　　　　　＿＿＿＿＿＿

　　 ㉓ 日本語の　発音は　むずかしいです。　　　　　　　　＿＿＿＿＿＿

*おんせん／hot spring／pemandian air panas／น้ำพุร้อน／suối nước nóng

*出張／business trip／dinas luar／การเดินทางไปทำธุรกิจ／đi công tác

[暗] ㉔ 暗い へやで 本を よむと、目が わるく なります。 ＿＿＿＿＿

㉕ テストの まえに かんじを *暗記します。 ＿＿＿＿＿

*暗記する／to memorize／menghafal／ท่องจำ／học thuộc, ghi nhớ

[火] ㉖ りょうりを するとき、火を つかいます。 ＿＿＿＿＿

㉗ たばこの 火を けして 火事に きを つけます。 ＿＿＿＿＿

㉘ となりの まちの おまつりで 花火を みました。 ＿＿＿＿＿

[水] ㉙ 水を のみます。 ＿＿＿＿＿

㉚ 毎月 水道*料金を はらいます。 ＿＿＿＿＿

*料金／fee／biaya air ledeng／ค่าบริการ／tiền

[金] ㉛ あまり お金が ありません。 ＿＿＿＿＿

㉜ 金曜日は やさいが 安いです。 ＿＿＿＿＿

[土] ㉝ そとで あそびましたから ズボンに 土が *つきました。 ＿＿＿＿＿

*(土が)つく／to get stuck／tanah／ติด เปื้อน／dính (đất)

㉞ 土曜日に ホアンさんと 山に いきます。 ＿＿＿＿＿

㉟ りょこうの ※お土産に おかしを もらいました。 ＿＿＿＿＿

[国] ㊱ いろいろな 国へ いきたいです。 ＿＿＿＿＿

㊲ 外国の 人と 友だちに なりたいです。 ＿＿＿＿＿

[友] ㊳ 友だちの パクさんは えが 上手です。 ＿＿＿＿＿

㊴ 友人たちと パーティーを します。 ＿＿＿＿＿

6 [A] ＿＿＿のことばを漢字で書きましょう。

Please rewrite the underlined portion with kanji.
Tulislah huruf kanji dari kosakata yang digaris bawahi!
จงเขียนคำศัพท์ที่ขีดเส้นใต้เป็นอักษรคันจิ
Viết chữ Hán những từ có gạch chân.

① いつも でんしゃの 中で おん楽を ききます。 ＿＿＿＿＿楽

② ロベルトさんは 外こくの おかねを あつめて います。 外＿＿＿ お＿＿＿

③ まいあさ つめたい みずを のみます。 ＿＿＿＿＿

④ ロロさんは 大学の とも達です。 ＿＿＿＿＿達

⑤ わたしは 中国語が ぜん然 わかりません。 ＿＿＿＿＿然

[B] ＿＿＿のことばを漢字とひらがなで書きましょう。

Please rewrite the underlined portion with kanji and hiragana.
Tulislah huruf kanji dan hiragana dari kosakata yang digaris bawahi!
จงเขียนคำศัพท์ที่ขีดเส้นใต้เป็นอักษรคันจิ และฮิระงะนะ
Viết những từ có gạch chân sang chữ Hán và chữ Hiragana.

⑥ ホアンさんは あかるい 人です。 ＿＿＿＿＿

⑦ 本だなに 本を たてます。 ＿＿＿＿＿

⑧ くらい へやは すきじゃ ありません。 ＿＿＿＿＿

[7] 音声を聞いて適当な漢字を（　）から選んで○を書きましょう。

[A] ① もし（一千万円・一百万円）あったら　なにを　したいですか。

② わたしは　いろいろな（玉・国）へ　いきたいです。

③ ホアンさんは（月・日）へ　いきたいと　いいました。

④（工学部・口学部）の　ロロさんは　あたらしい（外国・国外）の
くるまが　ほしいと　いいました。

⑤（八百屋・八千屋）の　おじさんは　*世界中の　やさいや
くだものを　たべたいと　いいました。

[B] となりの　まちで　おまつりが　ありました。a.（花日・花火）を　み
ました。とても　きれいでした。b.（暗い・明い）　そらが　とても
c.（暗るく・明るく）　なりました。花火の　d.（暗・音）が　大きかっ
たです。ロロさんは　おまつりに　きませんでした。ですから　ロロさん
に　*e.（お土産・お水産）を　かいました。

[8] 音声を聞いて（　）に漢字を書きましょう。

〈トムさんの　はなし〉

　わたしの　a.（　）だちの　ロロさんは　インドネシアb.（　）です。日本の　大学で　c.（　）を　べんきょうして　います。くるまが　すきでエンジニアに　なりたいと　いって　います。

　ロロさんは　くるまの　d.（　際）*めんきょが　あります。e.（　）まえ　中古車を　かいました。日本で　くるまは　みちの　f.（　側）をはしります。ロロさんの　g.（　）も　日本と　おなじだそうです。わたしの　国では　h.（　）を　はしりますから　日本で　くるまに　のる　とき　*ドキドキします。i.（来　）いっしょに　j.（　）こうえんへ　ドライブに　いきます。くるまの　中で　インドネシアの　k.（　楽）を　ききます。インドネシア語は　l.（　然）わかりませんが、うたは　だいすきです。とても　たのしみです。

9 ___の読み方を書きましょう。

〈トムさんの話〉

a.明日 私は山田さんとホアンさんとパクさんとb.四人でプールへ行きます。プールは一回、c.四百円です。山田さんはd.水泳が上手です。山田さんはe.一か月に二回、プールへ行きます。f.三千メートル泳ぐことができます。

私はg.八百メートルくらいしか泳ぐことができません。たくさん練習して、いつかh.一万メートル泳ぎたいです。

a._____ b._____ c._____ d._____

e._____ f._____ g._____ h._____

10 トムさんの日記を読んで、①～②の質問に答えましょう。

5月8日 金よう日

　学こうから かえる *とちゅう 八百やで くだものと やさいを かいました。大きい りんごが 五つで 三百円でした。やさいも たくさん かいました。全ぶで 千八百円でした。でも 八百やの おじさんが 二百円 安く して くれましたから 千六百円に なりました。それから やさいの おいしい たべかたを おじさんが せつ明して くれました。八百やの おじさんは しんせつですから また あの 八百やで かいものが したいです。

① りんごは 一つ いくらですか。　_____

② トムさんは 八百屋で いくら つかいましたか。　_____

日本語能力試験対策　第3回　JLPT Practice exercises

よみ／reading／membaca／การอ่าน／Đọc

もんだい1　＿＿＿の ことばは どう よみますか。1・2・3・4から いちばん いい ものを ひとつ えらんで ください。

How do you read the underlined words? Choose the best one from 1, 2, 3 or 4.
Bagaimana cara membaca huruf yang diragis bawahi? Pilihlah salah satu jawaban yang tepat dari 1, 2, 3, atau 4!
คำที่ขีดเส้นใต้ต่อไปนี้อ่านว่าอะไร จงเลือกคำตอบที่ถูกต้องจาก 1, 2, 3, 4
Chọn trong 1, 2, 3, 4 cách đọc đúng nhất chữ Hán có gạch chân.

N5

1　さいふに <u>三千円</u> あります。
　　1　さんぜんねん　　2　さんぜんえん　　3　さんねんえん　　4　さんせんえん

2　がっこうに がくせいが <u>三百人</u> います。
　　1　さひゃく　　2　さんひゃく　　3　さんびゃく　　4　さんぴゃく

3　やまださんは わたしの <u>友だち</u> です。
　　1　もとだち　　2　おもだち　　3　ともだち　　4　とまだち

4　<u>一月</u>は さむいです。
　　1　いちげつ　　2　ひとつき　　3　いっがつ　　4　いちがつ

5　きょうは <u>火</u>ようびです。
　　1　か　　2　すい　　3　もく　　4　ひ

6　つくえの <u>左</u>に ベッドが あります。
　　1　ひだり　　2　みぎ　　3　まえ　　4　うえ

7　<u>一日</u>に 三かい ごはんを たべます。
　　1　ついたち　　2　いちにち　　3　ひとにち　　4　いっにち

8　<u>一か月</u> にほんごを べんきょうしました。
　　1　いちかがつ　　2　いっかげつ　　3　ひとかげつ　　4　いちかげつ

9　<u>二十日</u>に あいましょう。
　　1　にじゅうび　　2　はつか　　3　はたち　　4　にとおか

◆◇◆◇◆◇◆◇◆◇◆◇◆◇◆

N4

10　<u>暗い</u> へやは すきでは ありません。
　　1　あかるい　　2　ふるい　　3　きたない　　4　くらい

11　<u>明日</u>は やすみです。
　　1　きょう　　2　あした　　3　きのう　　4　にちよう

12　きかいから へんな <u>音</u>が します。
　　1　おん　　2　おと　　3　におい　　4　こえ

13　きょうは <u>月</u>が きれいです。
　　1　ひ　　2　つき　　3　め　　4　げつ

かき／writing／menulis／การเขียน／Viết

もんだい2 ＿＿＿の ことばは どう かきますか。1・2・3・4から いちばん いい ものを ひとつ えらんで ください。

How do you write the underlined words? Choose the best one from 1, 2, 3 or 4.

Bagaimana menulis kata yang digaris bawahi? Pilihlah salah satu jawaban yang tepat dari 1, 2, 3, atau 4!

คำที่ขีดเส้นใต้ต่อไปนี้เขียนอย่างไร จงเลือกคำตอบที่ถูกต้องจาก 1, 2, 3, 4

Chọn trong 1, 2, 3, 4 cách viết đúng nhất chữ Hán có gạch chân.

N5 ① <u>おかね</u>が あまり ありません。
　　　1 金　　　2 全　　　3 国　　　4 全

② <u>あかるい</u> へやが いいです。
　　　1 咀い　　2 明かるい　3 明い　　4 明るい

③ <u>どようび</u>は ぎんこうが やすみです。
　　　1 士ようび　2 土ようび　3 王ようび　4 干ようび

④ ぎんこうの <u>みぎ</u>に ほんやが あります。
　　　1 友　　　2 右　　　3 有　　　4 左

⑤ <u>たって</u> ください。
　　　1 止って　2 立って　3 立て　　4 音て

⑥ この へやは <u>くらい</u>です。
　　　1 明い　　2 古い　　3 暗い　　4 広い

⑦ <u>にまんえん</u>の くつを かいました。
　　　1 二万円　2 四万円　3 二千円　4 四千円

⑧ この <u>くに</u>の なまえは なんですか。
　　　1 囲　　　2 国　　　3 困　　　4 固

⑨ つめたい <u>みず</u>を のみます。
　　　1 土　　　2 水　　　3 火　　　4 小

⑩ この りんごは <u>ひゃく</u>えんです。
　　　1 百　　　2 千　　　3 万　　　4 十

◆◇◆◇◆◇◆◇◆◇◆◇◆◇◆◇◆◇◆

N4 ⑪ となりの へやから <u>おと</u>が きこえます。
　　　1 音　　　2 音　　　3 玾　　　4 宦

⑫ ほんだなに 本を <u>たてる</u>。
　　　1 建てる　2 止てる　3 立てる　4 竝てる

⑬ <u>つき</u>に さんかい テニスを します。
　　　1 目　　　2 月　　　3 年　　　4 日

第4回

練習問題 Exercise / Soal Latihan / แบบฝึกหัด / Luyện tập

① 絵を見て、（　）に漢字を書きましょう。

① （　）と（　）

② 今 三じ（　　　）です。

③ みちを（　）いて います。

④ （　）は 暗いです。

⑤ 七じに（　）きます。

Please look at the illustrations and write the appropriate kanji in each bracket.

Tulislah huruf kanji pada (　) dengan melihat gambar!

จงดูภาพและเขียนตัวอักษรคันจิลงใน (　)

Xem tranh và viết chữ Hán vào (　).

② [A] ☐ の漢字を①～③のグループに分けましょう。

① 体 (body/tubuh/ร่างกาย/cơ thể) 　（　　　　）
② 動作 (actions/movements/aktivitas/กริยา/động tác) 　（　　　　）
③ 時間 (time/waktu/เวลา/thời gian) 　（　　　　）

| 歩　夕　走　手　止　起　夜　足 |

Please divide the kanji in the box below into Group ① to Group ③.

Pilahlah huruf kanji dalam kotak ke dalam grup ①～③!

จงแบ่งกลุ่มตัวอักษรคันจิใน ☐ ตามกลุ่มที่กำหนดให้ ①～③

Phân loại các chữ Hán trong ☐ vào các nhóm từ ①～③.

[B] 反対の意味の漢字を書きましょう。

④ 少 ⇔ （　　）

Please write the kanji whose meaning is opposite to the one given.

Tulislah huruf kanji yang artinya berlawanan!

จงเขียนตัวอักษรคันจิที่มีความหมายตรงกันข้าม

Viết chữ Hán ngược nghĩa.

③ 次のことばの意味を考えて、a.～d. のなかから選びましょう。

① 手袋　（　）
② 切符　（　）
③ 正確（な）（　）
④ 散歩する（　）

a. to take a walk／jalan-jalan／เดินเล่น／đi dạo
b. accurate／benar／ถูกต้อง แม่นยำ／chính xác
c. ticket／tiket／ตั๋ว／vé
d. gloves／kantong／ถุงมือ／găng tay

Please choose the most appropriate definition from the box for the following words.

Pikirkan arti kosakata berikut dengan memilih a.～d.!

จงพิจารณาความหมายของคำศัพท์ต่อไปนี้ และเลือกคำตอบที่หมาะสมจาก a.～d.

Chọn từ a.～d. ý nghĩa của các từ dưới đây.

4 1.～4.のなかで、いちばんいいものを選びましょう。

① て　（　）　1. 手　　2. 手　　3. 手　　4. 手
② わける（　）　1. 分　　2. 分　　3. 分　　4. 分
③ いま　（　）　1. 今　　2. 今　　3. 今　　4. 合

5 ＿＿＿の読み方を書きましょう。難しいときは、本冊 p.73-78 を見ましょう。

[何]① ミンさんの　ごしゅじんは　何人ですか。　＿＿＿＿＿＿
　　② クラスに　学生が　何人　いますか。　＿＿＿＿＿＿
[手]③ 鈴木さんの　おとうさんは　タクシーの　運転手です。　＿＿＿＿＿＿
　　④ ははに　手紙を　かきます。　＿＿＿＿＿＿
　　⑤ ミンさんは　りょうりが　上手です。　＿＿＿＿＿＿
　　⑥ ロベルトさんは　うたが　下手です。　＿＿＿＿＿＿
[切]⑦ はさみで　かみを　切ります。　＿＿＿＿＿＿
　　⑧ ロベルトさんの　しゅみは　切手を　あつめる　ことです。　＿＿＿＿＿＿
　　⑨ これは　わたしの　大切な　しゃしんです。　＿＿＿＿＿＿
[分]⑩ チョウさんは　かんじが　分かります。　＿＿＿＿＿＿
　　⑪ 今　三時　五分です。　＿＿＿＿＿＿
　　⑫ 五時　二十分の　バスに　のります。　＿＿＿＿＿＿
　　⑬ ケーキを　半分に　切ります。　＿＿＿＿＿＿
[今]⑭ 今　五時　です。　＿＿＿＿＿＿
　　⑮ *今朝　七時に　起きました。　＿＿＿＿＿＿
　　⑯ 今晩　友だちと　ビールを　のみに　いきます。　＿＿＿＿＿＿
　　⑰ *今年の　なつ休みに　富士山に　のぼりたいです。　＿＿＿＿＿＿
[正]⑱ 一月一日を　正月と　いいます。　＿＿＿＿＿＿
　　⑲ この　こたえが　正しいか　どうか　わかりません。　＿＿＿＿＿＿
　　⑳ この　とけいは　正確です。　＿＿＿＿＿＿
[歩]㉑ 学校まで　歩きます。　＿＿＿＿＿＿
　　㉒ *国立こうえんを　散歩します。　＿＿＿＿＿＿
　　㉓ くるまに　のる　とき　歩行者に　きを　つけます。　＿＿＿＿＿＿

[足] ㉔ たくさん 歩きましたから 足が いたいです。　　　_____
　　㉕ くつ下を 二足 かいました。　　　_____
　　㉖ お金が 足りません。　　　_____
[走] ㉗ まいあさ こうえんを 走ります。　　　_____
　　㉘ *走行中の くるまに きを つけます。　　　_____
　　　　こうちゅう

*走行中／moving／
sedang melaju／กำลังวิ่ง／
đang chạy

[外] ㉙ てんきが いいですから 外に 出かけます。　　　_____
　　㉚ わたしは 分かりませんから、外の 人に きいて ください。
　　　　　　　　　　　　　　　　　　　　　　　　　　　　_____
　　㉛ 休みに 海外に いきたいです。　　　_____
　　　　　　　　かい
[多] ㉜ さくら大学に 外国人の 学生が 多いです。　　　_____
　　㉝ 多分 ロロさんは こないと おもいます。　　　_____
[名] ㉞ わたしの 名前は トムです。　　　_____
　　　　　　　　　まえ
　　㉟ この まちの 有名な たべものは 何ですか。　　　_____
　　　　　　　　　　ゆう
[夜] ㊱ あきは 夜が ながいです。　　　_____
　　㊲ 今夜 いっしょに カラオケに いきませんか。　　　_____
[生] ㊳ ミンさんに 男の 子が 生まれました。　　　_____
　　㊴ 生きる ためには 水が いります。　　　_____
　　㊵ 古田先生に 日本語を ならいます。　　　_____
　　　　　　　せん
　　㊶ わたしの 誕生日は 十二月七日です。　　　_____
　　　　　　　　たん

6 [A] ＿＿＿のことばを漢字で書きましょう。
　　　　　　　　かんじ　か

①すみません、大学の でんわばんごうは なん番ですか。　　　_____番
　　　　　　　　　　　　　　　　　　　　　　　ばん　　　　　　　　　　　　　　　　　　ばん
②ロベルトさんは 外国の きってを あつめて います。　　　_____
③こんや 山田さんと カラオケに いきます。　　　_____
④あめで 花火は ちゅうしに なりました。　　　_____
　　　　　はな

[B] ＿＿＿のことばを漢字とひらがなで書きましょう。
　　　　　　　　かんじ　　　　　　　　か

⑤まいあさ 七時に おきます。　　　_____
　　　　　　　じ
⑥えきまで あるきます。　　　_____
⑦まいばん こうえんを はしります。　　　_____

⑧山田さんに かんじの べんきょうを 手伝って もらいました。

_____ 伝って

⑨車は ここに とめて ください。 _____

⑩かんじの よみかたが おおいですから たいへんです。 _____

7 音声を聞いて適当な漢字を（ ）から選んで○を書きましょう。

12 [A] 私のa.（多前・名前）はトムです。b.（学生・先生）です。毎朝七時c.（半・羊）にd.（走きます・起きます）。ときどきe.（夜・夕）公園をf.（走ります・歩きます）。

13 [B] 車に乗るときは運転a.（人・手）だけでなく、全員*シートベルトをします。*歩道をb.（走いて・歩いて）いる人に気をつけます。道にたくさん*標識があります。この赤い標識の漢字はc.（こまれ・とまれ）と読みます。「とまってください」という意味です。*高速道路はd.（お金・お国）がいります。車に乗る前にお金がe.（足りる・多りる）か*チェックします。f.（不手・不足）しているときは高速道路を使うことができません。

14 8 音声を聞いて（ ）に漢字を書きましょう。

①わたしは さくら大学の（ ）です。日本の（ 活）は たいへんです。

②*もやすゴミと *もえないゴミを（ ）。

③（ ）は 暗く なりますから 女の 人は 一人で 歩かない ほうが いいです。

④*りょうの ごはんは ちょっと（ ）です。

⑤おわったら *スイッチを（ ）ください。

⑥えきまで いっしょに（ ）ましょう。

⑨ トムさんの日記を読んで、①〜④の質問に答えましょう。

> **5月22日　金よう日**
>
> 　大学で　山田さんと　いっしょに　a.夕ごはんを　たべながら　少し　はなしました。山田さんの　おとうさんの　かいしゃに　b.外国人が　いるそうです。わたしは　「c.何人ですか」と　ききました。「二人です」と　山田さんは　いいました。わたしは　「d.何人ですか」と　ききました。山田さんは　「ブラジルe.人と　タイ人です」と　いいました。ブラジルの　f.人は　外国の　g.切手や　お金を　あつめて　いるそうです。タイの　人は　りょうりが　h.上手で　今　日本の　i.お正月の　りょうりを　べんきょうして　いるそうです。こんど　二人に　あって　みたいです。じつは　ごはんの　まえに　ホアンさんと　チョコレートを　一まい　たべました。おなかが　いっぱいでしたから　山田さんに　ごはんを　j.半分　あげました。

①_____の読み方を書きましょう。

a._____　　b._____　　c._____　　d._____

e._____　　f._____　　g._____　　h._____

i._____　　j._____

②いつ　山田さんと　はなしましたか。

　_____

③ブラジルの　人は　何を　あつめて　いますか。

　_____

④どうして　トムさんは　山田さんに　ごはんを　半分　あげましたか。

　_____

日本語能力試験対策　第4回　JLPT Practice exercises

よみ / reading / membaca / การอ่าน / Đọc

もんだい1 ＿＿＿の ことばは どう よみますか。1・2・3・4から いちばん いい ものを ひとつ えらんで ください。

N5

① クラスに おんなの ひとが <u>何人</u> いますか。
　　1 なににん　　2 なにじん　　3 なんにん　　4 なんじん

② <u>手</u>が いたいです。
　　1 て　　　　　2 め　　　　　3 あし　　　　4 あたま

③ やまださんは うたが <u>上手</u>です。
　　1 じょうずう　2 じょず　　　3 じょうず　　4 じょうず

④ よじ <u>五分</u>の バスに のります。
　　1 ごぷん　　　2 ごふん　　　3 ごぶん　　　4 ごっぷん

⑤ わたしは <u>学生</u>です。
　　1 かくせい　　2 がくせい　　3 がっせい　　4 かくぜい

⑥ やすみの ひは ひとが <u>多い</u>です。
　　1 おうい　　　2 おい　　　　3 すくない　　4 おおい

⑦ しつれいですが ロベルトさんは <u>何人</u>ですか。
　　1 なんにん　　2 なににん　　3 なんじん　　4 なにじん

⑧ まいあさ 7じはんに <u>起きます</u>。
　　1 かきます　　2 ききます　　3 おきます　　4 あるきます

◆◇◆◇◆◇◆◇◆◇◆◇◆

N4

⑨ <u>夜</u>ごはんを たべます。
　　1 ゆう　　　　2 よる　　　　3 ばん　　　　4 あさ

⑩ <u>切手</u>を 3まい ください。
　　1 きって　　　2 きりて　　　3 きるて　　　4 せつて

⑪ おかねが <u>足りません</u>。
　　1 たりません　2 ありません　3 あしりません　4 かりません

⑫ <u>正月</u>に そふと そばに あいました。
　　1 せいがつ　　2 しょうがつ　3 しょうげつ　4 せいげつ

⑬ つかれましたから <u>十分な</u> 休みが いります。
　　1 じゅうぶんな　2 じゅっぷんな　3 じゅっぶんな　4 じゅうぷんな

> How do you read the underlined words? Choose the best one from 1, 2, 3 or 4.
>
> Bagaimana cara membaca huruf yang diragis bawahi? Pilihlah salah satu jawaban yang tepat dari 1, 2, 3, atau 4!
>
> คำที่ขีดเส้นใต้ต่อไปนี้อ่านว่าอะไร จงเลือกคำตอบที่ถูกต้องจาก 1, 2, 3, 4
>
> Chọn trong 1, 2, 3, 4 cách đọc đúng nhất chữ Hán có gạch chân.

かき／writing／menulis／การเขียน／Viết

もんだい2 ＿＿＿の ことばは どう かきますか。1・2・3・4から いちばん いい ものを ひとつ えらんで ください。

How do you write the underlined words? Choose the best one from 1, 2, 3 or 4.

Bagaimana menulis kata yang digaris bawahi? Pilihlah salah satu jawaban yang tepat dari 1, 2, 3, atau 4!

คำที่ขีดเส้นใต้ต่อไปนี้เขียนอย่างไร จงเลือกคำตอบที่ถูกต้องจาก 1, 2, 3, 4

Chọn trong 1, 2, 3, 4 cách viết đúng nhất chữ Hán có gạch chân.

N5

① へやの そとは さむいです。
　1 外　　　　2 名　　　　3 各　　　　4 冬

② ちょっと おおいですから はんぶんに してください。
　1 半今　　　2 半分　　　3 半分　　　4 羊分

③ にちようびは ひとが おおいです。
　1 大い　　　2 多い　　　3 夕い　　　4 少い

④ かんじが すこし わかります。
　1 丂かります　2 分かります　3 分かります　4 分かります

⑤ しつれいですが おくさんは なにじんですか。
　1 伺人　　　2 可人　　　3 問人　　　4 何人

⑥ きょうは かようびです。
　1 今日　　　2 明日　　　3 昨日　　　4 今月

◆◇◆◇◆◇◆◇◆◇◆◇◆◇◆◇◆

N4

⑦ これは わたしの たいせつな しゃしんです。
　1 大刀　　　2 特別　　　3 大切　　　4 太切

⑧ あそこで とまって ください。
　1 止まって　2 正まって　3 走って　　4 立って

⑨ まいあさ こうえんを あるきます。
　1 歩きます　2 歩ます　　3 散歩ます　4 朱きます

⑩ ただしい こたえは なんですか。
　1 正しい　　2 正い　　　3 止しい　　4 多しい

⑪ こんや いっしょに しょくじ しませんか。
　1 今晩　　　2 今夕　　　3 今夜　　　4 今朝

⑫ こうえんの ちかくを はしります。
　1 足ります　2 起ります　3 走ります　4 歩ります

⑬ 7じに おこして ください。
　1 起こして　2 走こして　3 置して　　4 起て

第4回 ●JLPT

29

第1回〜第4回

練習・まとめ問題

Review Exercises / soal rangkuman / แบบฝึกหัดรวมครั้งที่ / Bài tập tổng hợp

① [A] ▭ から適当な漢字を選んで（　）に書きましょう。

（　）

（　）（　）（　）

（　）

| 上 中 下 右 左 |

[B] 動作を表す漢字に〇を書きましょう。

安　入　出　太　立　少　切　止　古　明　歩　暗　走　起　多

[C] 反対の意味の漢字を ▭ から選んで（　）に漢字を書きましょう。

①上 ⇔ （　）　　②左 ⇔ （　）　　③男 ⇔ （　）

④入 ⇔ （　）　　⑤少 ⇔ （　）　　⑥暗 ⇔ （　）

| 出　明　右　女　多　下 |

[D] 大きいものから順番に並べましょう。

① すうじ (number/angka/ตัวเลข/số, chữ số)　10 → 1

| 六　二　七　五　三　一　八　九　四　十 |

（　＞　＞　＞　＞　＞　＞　＞　＞　＞　）

② すうじ (number/angka/ตัวเลข/số, chữ số)

10,000 → 100　| 千　百　万 |

（　＞　＞　）

② サイズ (size/ukuran/ขนาด/cỡ)　| 小　大　中 |　（　＞　＞　）

[E] げつよう日からにちよう日まで順番に並べましょう。

| 木　日　水　火　月　土　金 |

（　→　→　→　→　→　→　）

Please choose the most appropriate kanji in each bracket to describe its position or location.

Pilihlah kanji yang tepat dari dalam kotak, lalu tulis pada bagian yang di dalam kurung!

จงเลือกตัวอักษรคันจิที่ถูกต้องจาก ▭ และเขียนลงใน (　)

Chọn chữ Hán phù hợp trong ▭ rồi viết vào (　).

Please circle the kanji which can describe "movement".

Tulislah huruf kanji yang menyatakan perbuatan!

จงวงกลมตัวอักษรคันจิที่แสดงกริยา

Khoanh 〇 vào những chữ Hán thể hiện động tác.

Please write the kanji in each bracket whose meaning is opposite to the one given.

Tulislah kanji yang artinya berlawan pada (　) dengan memilih salah satu dari dalam kotak!

จงเลือกตัวอักษรคันจิที่มีความหมายตรงข้ามจาก ▭ และเขียนลงใน (　)

Chọn chữ Hán ngược nghĩa trong ▭ rồi viết vào (　).

Please rearrange the numbers/size from big to small.

Urutan dari yang terbesar!

จงเรียงลำดับจากมากไปหาน้อย

Hãy xếp theo thứ tự từ lớn đến nhỏ.

Please rearrange the days of the week starting from Monday to Sunday.

Urutkanlah dari Senin sampai Minggu!

จงเรียงลำดับจากวันจันทร์ถึงวันอาทิตย์

Hãy xếp theo thứ tự từ thứ hai đến chủ nhật.

② 1.～4.のなかで、いちばんいいものを選びましょう。

① よん （ ）　1. 四　2. 四　3. 四　4. 四
② がくせい（ ）　1. 学　2. 学　3. 学　4. 学
③ わける（ ）　1. 分　2. 分　3. 分　4. 分
④ はいる（ ）　1. 入　2. 人　3. ヘ　4. 乂
⑤ はち （ ）　1. 六　2. 人　3. 八　4. 〇

③ ＿＿＿の読み方を書きましょう。

① あの　女の人の　なまえは　鈴木さんです。
　　　　＿＿＿＿＿　＿＿＿＿＿
② 鈴木さんは　まいばん　八時に　いぬと　こうえんを　歩きます。
　　　　　　　　　　　＿＿＿＿　　　　　　　　　　　＿＿＿＿
③ チョウさんは　夜　ねる　まえに　本を　よみます。　＿＿＿　＿＿＿
④ 四月に　大学に　入りました。　＿＿＿　＿＿＿　＿＿＿
⑤ 一か月に　四回　えいがを　みます。　＿＿＿　＿＿＿
⑥ 大学の　*カフェの　コーヒーは　一ぱい　三百円　です。　＿＿＿
⑦ 学校に　学生が　六千六百人　います。
　　＿＿＿＿　＿＿＿＿　＿＿＿＿
⑧ ロベルトさんは　外国の　切手が　すきです。　＿＿＿　＿＿＿
⑨ *明日　*びよういんで　かみを　切ります。　＿＿＿　＿＿＿
⑩ おなかが　いっぱいですから、夕ごはんを　半分しか　たべません。
　　　　　　　　　　　　　　　　　＿＿＿＿　＿＿＿＿
⑪ 山田さんは　うでが　太いです。力が　あります。
　　　　　　　　　　　＿＿＿＿　＿＿＿
⑫ パクさんの　へやは　古くて　暗いです。　＿＿＿　＿＿＿
⑬ パクさんは　今　あたらしくて　明るい　へやを　さがして　います。
　　　　　　　　　　　　　　　＿＿＿＿
⑭ お正月に　おいしい　たべものを　たべます。　＿＿＿
⑮ ロロさんは　工学を　べんきょうして　います。　＿＿＿

④ _____のことばを漢字とひらがなで書きましょう。

① おとこの ともだち よにんで プールへ いきます。
　　　_____　_____　_____

② プールは いっ回 よんひゃくえんです。　_____回

③ ※きょうは ひとが すくないですね。
　　　　　_____　_____　_____

④ ロロさんの くには インドネシアです。インドネシアじんです。
　　　　　　　_____　　　　　　　　_____

⑤ だいがくに がいこくじんが なんにん いますか。
　_____　_____　_____

⑥ くるまの なかで あかるい おん楽を ききます。
　　　_____　_____　_____　_____楽

⑦ 山田さんは からだが じょうぶで てが 大きいです。
　　　　　　　_____　　　　　　_____

⑧ にほんで くるまは ひだりを はしります。
　_____　_____　_____

⑨ 鈴木さんの いぬは ちいさくて かわいいです。
　　　　　　_____　_____

⑩ いぬの な前は シロです。　_____前

⑪ たくさん あるきましたから あしが いたいです。
　　　　　　_____　_____

⑫ この ほんの かんじは ぜん部で さんびゃく あります。
　　　　　　　　　　　　_____部　_____

⑬ ロロさん、くるまは ここに とめて ください。　_____

⑭ この こたえは ただしいですか。　_____

⑮ ぎんこうに じゅうまんえん *あずけます。　_____

⑤ ☐から適当な漢字を選んで（　）に書きましょう。

〈ホアンさんの はなし〉

　わたしは ホアンです。トムさんの 友だちです。四月に トムさんといっしょに 山の 上まで 歩きました。山の 上に ある 木の a.(　)で 三十 b.(　) 休みました。山の 上から 川や c.(　んぼ)が みえました。

トムさんは d.(　　)が いいですから まちの e.(　　さい) ところまで よく みえると いいました。かえる とき 山の 下の *コンビニで チョコレートを かいました。f.(外　　)の チョコレートでしたから 安くなかったです。くるまの 中で ふたりで その チョコレートを たべました。トムさんの 口の 左に チョコレートが 少し *ついて いました。おもしろかったです。かがみを みて わらいました。

| 小 | 国 | 分 | 田 | 下 | 目 |

*コンビニ／convenience store (Often shortened as written here.)／Mini-market (sering disingkat)／ร้านสะดวกซื้อ (มักเรียกย่อๆ เช่นนี้)／cửa hàng tiện lợi (thường gọi tắt như vậy)

*つく／to have (something) on (an object)／menempel (coklat menempel)／ติด เปื้อน／dính (sô cô la)

15 [A] 音声を聞いて適当な漢字を(　)から選んで○を書きましょう。

〈ロロさんの はなし〉

わたしは ロロです。トムさんと おなじ a.(中学・大学)に かよって います。トムさんは b.(分・今) かんじを べんきょうして います。トムさんの かんじの c.(本・木)に かんじが d.(三百・三白) あります。わたしは かんじが すきじゃ ありませんが トムさんは かんじは e.(左だち・友だち)だと いいました。わたしは くるまが すきですから くるまは かんじで どう かくか ききました。でも トムさんも くるまの かんじは f.(分からない・今からない)と いいました。まだ べんきょうして いないそうです。でも、ちゅうこしゃの「g.(古中・中古)」の かんじは 正しく かく ことが できるそうです。

16 [B] 音声を聞いて(　)に漢字を書きましょう。

〈ミンさんの はなし〉

わたしは ミンです。タイa.(　　)です。今 b.(　　　)の りょこうがいしゃで はたらいて います。c.(　　よう日)から d.(　　よう日)まで はたらきます。ときどき e.(　　よう日)と f.(　　よう日)にも しごとが あります。g.(　　)の h.(　　)が 一人 います。日本で i.(　　かつ)する とき かんじが j.(　　からない)と こまります。k.(　　*ぶちょう)が いろいろ しんせつに おしえて ください。ぶちょうは お子さんが l.(　　) いるそうです。こんど ロベルトさんと いっしょに ぶちょうの うちへ いきます。

*ぶちょう／department chief/head／kepala bagian／หัวหน้าฝ่าย／trưởng phòng

7 [A] 次の文を読んで、①～④の質問に答えましょう。

〈ロベルトさんの　はなし〉

　わたしは　ロベルトです。ブラジル人です。ミンさんや　山田*ぶちょう　と　いっしょに　しごとを　して　います。休みの　日は　よく　*秋葉原　に　いきます。日本の　アニメや　まんがが　すきです。お金が　ある　とき　*ガチャガチャを　します。お金を　入れて　*レバーを　右に　まわすと　*カプセルが　出ます。カプセルの　中に　いろいろな　ものが　入っています。カプセルを　あけるまで　何が　出るか　分かりませんから　*ドキドキします。一回　百円から　二百円ぐらいです。

① ロベルトさんは　何人ですか。　＿＿＿＿＿＿＿＿＿＿＿＿＿＿

② 休みの　日に　何を　しますか。　＿＿＿＿＿＿＿＿＿＿＿＿＿＿

③ ガチャガチャは　一回　いくらですか。　＿＿＿＿＿＿＿＿＿＿＿

④ どうすれば　カプセルが　出ますか。　＿＿＿＿＿＿＿＿＿＿＿＿

[B] 次の会話を読んで、①～⑤の質問に答えましょう。

〈ロベルトさんと　ミンさんが　山田ぶちょうの　うちへ　いって　ぶちょうの　子どもと　はなして　います〉

ゆうた　：お二人は　しごとが　休みの　日は　何を　して　いますか。

ミン　　：わたしは　りょうりが　すきですから　日本の　おいしい　たべものの　本を　よみます。今は　日本の　お正月に　たべる　「*おせち」に　ついて　べんきょうして　います。

ゆうた　：すごいですね。一人で　おせちを　つくる　ことが　できますか。

ミン　　：まだ　むずかしいですから　おっとの　ははが　手伝って　くれます。

ゆうた　：しつれいですが、ミンさんの　ご主人は　何人ですか。

ミン　　：日本人です。

ゆうた　　：そうですか。国際けっこんですね。ロベルトさんは　どうですか。

ロベルト：わたしは　まだ　*どくしんです。休みの　日は　サッカーを　したり　外国の　お金や　切手を　あつめたり　して　います。日本の　アニメや　マンガも　すきです。あきはばらへ　よく　いきます。

ゆうた　　：ロベルトさんは　かんじが　分かりますか。

ロベルト：ええ、多少は　わかります。日本の　マンガを　よんで　べんきょうしました。

ゆうた　　：そうですか。すごいですね。わたしの　大学の　友だちが　今　かんじを　べんきょうして　います。

ロベルト：そうですか。かんじは　むずかしいですが　分かると　やくに　立ちますね。

ゆうた　　：そうですね。

*どくしん／single／unmarried／sendiri (belum menikah)／โสด／độc thân

① ミンさんは　休みの　日に　何を　しますか。

_____

② ミンさんの　ご主人は　何人ですか。　_____

③ ミンさんは　お正月の　りょうりを　だれに　手伝って　もらいますか。

_____

④ ロベルトさんは　かんじが　わかりますか。

_____

⑤ ロベルトさんは　どうやって　かんじを　べんきょうしましたか。

_____

8 a.～d. の質問に答えましょう。

a. あなたは　きょうだいが　いますか？　何人　いますか？

れい あにが　一人と　いもうとが　二人　います。／
きょうだいは　一人も　いません。

(　　　　　　　　　　　　　　　　　　　　　　　　　　)

Please answer questions "a" to "d" about yourself.
Jawablah pertanyaan a.~d.!
จงตอบคำถามข้อ a.~d.
Trả lời các câu hỏi từ a.~d.

b. あなたの 誕生日は いつですか。かんじと ひらがなで かきましょう。

   れい　かんじ：十二月 七日です。
   　　　ひらがな：じゅうにがつ なのかです。

   　　　　　かんじ：＿＿＿＿＿＿＿＿＿＿＿＿＿＿＿＿＿＿＿＿＿＿＿
   　　　　　ひらがな：＿＿＿＿＿＿＿＿＿＿＿＿＿＿＿＿＿＿＿＿＿＿

c. あなたの へやに なにが ありますか。それは どこに ありますか。大きいですか、小さいですか。

   《ヒント》なに？：本　本だな　ドア　ベッド　つくえ　テーブル　いす
   　　　　　　　　テレビ　パソコン
   　　　どこ？：上　下　中　右　左
   　　　どのくらい 大きい？：大　中　小

   れい　わたしの へやに ベッドが あります。ベッドの 右に 大きい
   　　　つくえが あります
   　　　つくえの 上に 本が あります。テレビが 一だい あります。
   　　　いすの 下に ねこが います。
   　　　つくえの ひきだしの 中に かぞくの しゃしんが あります。

d. スケジュールを かきましょう。

がつ	にち	ようび	何をしますか
れい 四月	二十五日	月ようび	七じに 起きます。友だちと あそびます。本を よみます。夕がた 外出します。

日本語能力試験対策 第1回〜第4回 まとめ問題 JLPT Practice exercises

よみ／reading／membaca／การอ่าน／Đọc

もんだい1 ＿＿の ことばは どう よみますか。1・2・3・4から いちばん いい ものを ひとつ えらんで ください。

N5

① あの 男の ひとは ロベルトさんです。
　1 かれ　　　2 おんな　　　3 おとこ　　　4 おとうと

② ボールが 五つ あります。
　1 いつつ　　2 いっつ　　　3 むいつ　　　4 むっつ

③ つぎの 休みは いつですか。
　1 やすみ　　2 きゅうみ　　3 のみ　　　　4 よみ

④ ともだちに 本を かります。
　1 おかね　　2 もの　　　　3 ほん　　　　4 かさ

⑤ この かばんは とても 安かったです。
　1 かるかった　2 おもかった　3 たかかった　4 やすかった

⑥ ここに 立って ください。
　1 とって　　2 きって　　　3 もって　　　4 たって

⑦ もっと 小さい コップは ありませんか。
　1 ちさい　　2 ちいさい　　3 ぢさい　　　4 ぢいさい

⑧ おみずを 少し ください。
　1 こし　　　2 すこし　　　3 すっこし　　4 すこっし

⑨ おとうとが ことし こうこうに 入りました。
　1 いりました　2 とりました　3 はいりました　4 さりました

⑩ 六月は あたたかいです。
　1 むがつ　　2 むげつ　　　3 ろくがつ　　4 ろくげつ

⑪ この えきは 出口が みっつ あります。
　1 いりぐち　2 いりくち　　3 でぐち　　　4 でくち

⑫ がいこくの お金を もって います。
　1 おてら　　2 おしろ　　　3 おかね　　　4 おうち

13 やおやは 木よう日が やすみです。
　　1 げつようび　2 かようび　3 すいようび　4 もくようび

14 トムさんの 左に いるのが ホアンさんです。
　　1 まえ　　　2 うしろ　　3 みぎ　　　　4 ひだり

15 水を かいます。
　　1 ほん　　　2 かみ　　　3 みず　　　　4 はし

16 しゅくだいは 半分 おわりました。
　　1 たいてい　2 ほとんど　3 はんぶん　　4 ぜんぶ

◆◇◆◇◆◇◆◇◆◇◆◇◆◇◆◇◆◇

N4 17 パクさんは 明るい へやに ひっこしました。
　　1 あかるい　2 くるい　　3 まるい　　　4 かるい

18 つかれて いて もう 力が でません。
　　1 りき　　　2 りょく　　3 ちき　　　　4 ちから

19 スーパーまで 歩いて 5分 かかります。
　　1 きいて　　2 かるいて　3 はしいて　　4 あるいて

20 くすりを のんで ねつが 下がりました。
　　1 あがりました　2 まがりました　3 さがりました　4 とがりました

21 ここから 月が きれいに 見えます。
　　1 つき　　　2 げつ　　　3 つか　　　　4 がつ

22 今夜 サッカーの しあいが あります。
　　1 ゆうべ　　2 こんや　　3 きのう　　　4 あさって

23 せんせいに いただいた ペンですから 大切に つかいます。
　　1 たいせつ　2 ていねい　3 かんたん　　4 きれい

24 水が 止まりません。
　　1 あつまりません　2 たまりません　3 とまりません　4 きまりません

25 はやく 起きて ください。
　　1 おきて　　2 あきて　　3 はたらきて　4 つきて

26 ここに かいて ある じゅうしょは 正しいですか。
　　1 ほしい　　2 たのしい　3 さみしい　　4 ただしい

かき ／writing／menulis／การเขียน／Viết

もんだい2 ＿＿＿の ことばは どう かきますか。1・2・3・4から いちばん いい ものを ひとつ えらんで ください。

How do you write the underlined words? Choose the best one from 1, 2, 3 or 4.

Bagaimana menulis kata yang digaris bawahi? Pilihlah salah satu jawaban yang tepat dari 1, 2, 3, atau 4!

คำที่ขีดเส้นใต้ต่อไปนี้เขียนอย่างไร จงเลือกคำตอบที่ถูกต้องจาก 1, 2, 3, 4

Chọn trong 1, 2, 3, 4 cách viết đúng nhất chữ Hán có gạch chân.

N5

① きのう ホアンさんと かわへ いきました。
　1 山　　　2 森　　　3 田　　　4 川

② ここに がいこくの きってが はいって います。
　1 夜国　　2 外国　　3 名囲　　4 多囲

③ いりぐちの ちかくに エレベーターが あります。
　1 人口　　2 山口　　3 入口　　4 ハ口

④ こうえんに おおきい きが あります。
　1 大い　　2 大きい　3 入い　　4 入きい

⑤ さくらだいがくは えきから ちかいです。
　1 学校　　2 小学　　3 中学　　4 大学

⑥ トイレは かいだんの したに あります。
　1 下　　　2 上　　　3 丁　　　4 午

⑦ どうぞ なかに はいって ください。
　1 申　　　2 甲　　　3 中　　　4 甲

⑧ この まちには ふるい いえが たくさん あります。
　1 吉い　　2 古い　　3 吉い　　4 者い

⑨ らいしゅう ともだちと やまに のぼります。
　1 出　　　2 少　　　3 止　　　4 山

⑩ この ざっしは ななひゃくえん です。
　1 七百内　2 七目円　3 七百円　4 七百円

⑪ ゆうびんきょくは ほんやの みぎに ありますよ。
　1 左　　　2 エ　　　3 石　　　4 右

⑫ パーティに なんにん きましたか。
　1 可人　　2 何人　　3 可名　　4 何名

⑬ すずきさんは りょうりが じょうずです。
　1 上目　　2 上足　　3 上手　　4 上口

14 きょうは やすみです。
   1 今年   2 今月   3 今週   4 今日

15 やまださんは きょうだいが おおいです。
   1 名い   2 多い   3 夕い   4 外い

16 どようびに ともだちに あいます。
   1 木ようび 2 士ようび 3 水ようび 4 土ようび

◆◇◆◇◆◇◆◇◆◇◆◇◆◇◆

N4 17 まいにち さむいですから、からだに きを つけて ください。
   1 力   2 男   3 休   4 体

18 もう すこし ふとい ペンは ありますか。
   1 大い   2 太い   3 犬い   4 天い

19 くらくて よく 見えません。
   1 音くて   2 暗くて   3 明くて   4 照くて

20 子どもが すくないですから にほんの じんこうは へるでしょう。
   1 人口   2 国民   3 市民   4 住民

21 だいがくに にゅうがくして から まいにち いそがしいです。
   1 勉強   2 研究   3 入学   4 試験

22 たいふうで やさいの ねだんが あがりました。
   1 上がりました 2 下がりました 3 同がりました 4 進がりました

23 そとが うるさくて CDの おとが よく きこえません。
   1 音   2 音   3 昔   4 黄

24 ひを けして ください。
   1 日   2 明   3 火   4 光

25 10円 たりません。
   1 足りません 2 足りません 3 起りません 4 兄りません

26 おしょうがつに かぞくで あつまります。
   1 新年   2 休日   3 正月   4 休月

第5回

練習問題 (れんしゅうもんだい)

Exercise / Soal Latihan / แบบฝึกหัด / Luyện tập

1 絵を見て、( )に漢字を書きましょう。

① a. b. c.
② (music)
③ (house)
④ a.( ) b.( ) わたし
⑤ スーパーマーケット ATM パンや

① a.( ) b.( ) c.( )

② おんがくを ( )きます。

③ ( )から ( )ります。

④ a.( ) b.( )

⑤ *ATM は スーパーと パンやの ( )に あります。

Please look at the illustrations and write the appropriate kanji in each bracket.

Tulislah huruf kanji pada ( ) dengan melihat gambar!

จงดูภาพและเขียนตัวอักษรคันจิลงใน( )

Xem tranh và viết chữ Hán vào ( ).

* ATM／automated teller machine (The acronym is usually used.)／ATM (untuk menarik atau menabung pada mesin otomatis)／เอทีเอ็ม (เครื่องฝากถอนเงินสดอัตโนมัติ ปกติมักจะเรียกแบบนี้)／cách gọi thông dụng của "máy giao dịch tiền mặt tự động"

2 □の漢字を①〜③のグループに分けましょう。

① 方角 (ほうがく) (directions/arah/ทิศทาง/hướng)　( )
② 家族 (かぞく) (family/keluarga/ครอบครัว/gia đình)　( )
③ 動作 (どうさ) (actions/movements/aktivitas/กริยา/động tác)　( )

| 行　父　東　聞　見　南　西　母　北 |

Please divide the kanji in the box below into Group ① to Group ③.

Pilahlah huruf kanji dalam kotak ke dalam grup ①〜③!

จงแบ่งกลุ่มตัวอักษรคันจิใน □ ตามกลุ่มที่กำหนดให้ ①〜③

Phân loại các chữ Hán trong □ vào các nhóm từ ①〜③.

3 次のことばの意味を考えて、a.〜d.のなかから選びましょう。

① 母語 (ぼご) ( )
② 元旦 (がんたん) ( )
③ 北口 (きたぐち) ( )
④ 天文学 (てんもんがく) ( )

a. astronomy／astronomi／ดาราศาสตร์／thiên văn học
b. north gate／pintu utara／ประตูทิศเหนือ／cửa bắc
c. mother tongue／bahasa ibu／ภาษาแม่／tiếng mẹ đẻ
d. the New Year's Day／tahun baru／วันขึ้นปีใหม่／mồng một tết

Please choose the most appropriate definition from the box for the following words.

Pikirkan arti kosakata berikut dengan memilih a.〜d.!

จงพิจารณาความหมายของคำศัพท์ต่อไปนี้ และเลือกคำตอบที่เหมาะสมจาก a.〜d.

Chọn từ a.〜d. ý nghĩa của các từ dưới đây.

41

④ 1.～4.のなかで、いちばんいいものを選びましょう。

①さき（　）　1. 先　　2. 生　　3. 失　　4. 告

②まいにち（　）1. 毎　　2. 苺　　3. 毎　　4. 毎

③みみ（　）　1. 耳　　2. 耳　　3. 目　　4. 茸

⑤ ＿＿＿の読み方を書きましょう。難しいときは、本冊p.81-85を見ましょう。

［見］①かぎを　見つけました。

②先生の　しゃしんを　拝見しました。

［先］③お先に　どうぞ。

④先月　日本に　きました。

［父］⑤山田くんの　お父さんは　かいしゃいんです。

⑥父は　アメリカで　*ガイドを　して　います。

［母］⑦山田さんの　お母さんは　しごとを　して　いません。

⑧母は　大学で　おしえて　います。

［行］⑨ホアンさんは　よく　山に　行きます。

⑩3月10日から　*こうじを　行います。

⑪銀行に　お金を　入れます。

［海］⑫あさは　海が　とても　しずかです。

⑬海外りょこうが　すきです。

［東］⑭わたしの　へやは　東に　まどが　あります。

⑮東京タワーが　見たいです。

［西］⑯西日本の　*うどんは　あじが　ちがいます。

⑰西洋の　音楽を　べんきょうして　います。

⑱関西*ちほうで　じしんが　ありました。

［南］⑲南口で　あいましょう。

⑳日本は　南北に　ながいです。

［北］㉑北かぜが　つめたいですね。

㉒北米とは　北アメリカの　ことです。

㉓北海道は　*ゆきまつりで　ゆうめいです。

［耳］㉔かぜが　つめたくて　耳が　いたいです。

*ガイド／tour guide／pemandu／มัคคุเทศก์／hướng dẫn viên du lịch

*こうじ／construction／pembangunan／การก่อสร้าง／thi công

*うどん／noodles made from flour／udon (mie dari terigu)／อุด้ง (เส้นก๋วยเตี๋ยวที่ทำจากแป้งสาลี)／mỳ Udon(một loại mỳ làm từ bột mỳ)

*ちほう／region／area／daerah／ภูมิภาค／vùng

*ゆきまつり／snow festival／festival salju／เทศกาลหิมะ／lễ hội tuyết

㉕耳に 水が 入ったので 耳鼻科へ 行きます。　_____

[聞]㉖でんしゃで ラジオを 聞きます。　_____

㉗まいにち 新聞を よみます。　_____

[間]㉘わたしの *ロッカーは 山田さんと ロロさんの 間です。

　_____

㉙パクさんの うちから 大学まで 一時間ぐらい かかります。

　_____

*ロッカー／locker／loker／ตู้ล็อกเกอร์／tủ đựng đồ

6 [A] _____のことばを漢字で書きましょう。

①てん気が いいですが、げん気が ないので いえで 休みます。

　　　　　　　　　　　　　　　　　　　気　　気

②みなみもんの ちかくに コンビニが あります。　_____

③うちの 右となりは にしださんです。左は きたださんです。

　_____

④クラスには ひがしださん、みなみさんも いますよ。

　_____

[B] _____のことばを漢字とひらがなで書きましょう。

⑤まいにち ニュースを ききます。　_____

⑥うみが よく みえます。　_____

⑦せんせいに「ぶんが ながい。」と いわれました。　_____

⑧どうぞ、さきに いって ください。　_____

7 音声を聞いて適当な漢字を（　）から選んで○を書きましょう。

[A]①（毎日・今日）八時ごろ 子どもの こえが（聞こえます・間こえます）。

②明日は（北・南）の ほうは ゆきが ふるでしょう。

③おばあちゃんは（耳・聞）が わるいです。大きい こえで はなして ください。

④ロロさんの（お父さん・お母さん）の しゃしんですか。（見せて・見て）ください。

18 [B] トム：山田さん、きょうも*アルバイトですか。

山田：はい。

トム：どこでしていますか。

山田：駅の近くの*カフェですよ。よければ、トムさんも来てください。
　　　a.(先週・生週)は、パクさんが来てくれました。

トム：あ、そうですか。いつバイトしていますか。

山田：月水金の、夕方四時から八時のb.(間・門)です。

トム：じゃあ、明日ロロさんとc.(行きます・往きます)よ。

*アルバイト／part-time job／kerja pasrt time／งานพิเศษ／công việc làm thêm

*カフェ／coffee shop／kafe／ร้านกาแฟ／cà phê

19 8 音声を聞いて（　）に漢字を書きましょう。

〈山田さんの　カフェで〉

ロロ：トムさん、この　土よう日　じかん　ありますか？

トム：はい。ありますよ。どうしてですか？

ロロ：a.(　気　)が　よかったら、ぼくの　くるまで　b.(　　　)へ
　　　c.(　　　　　)か？
　　　山田さんも　くるんですよ。

トム：わあ。いいですね。どのへんですか。

ロロ：*「かまくら」です。分かりますか。

トム：あ、はい。分かります。*「だいぶつ」が　ありますね。わたしも　行きたいです！

ロロ：じゃあ、土よう日の　あさ、えきの　出口で　あいましょう。d.(　　　)に　きて　ください。

トム：分かりました。何じごろですか。

ロロ：そうですね。わたしは、八時に　うちを　出ますから　八時十五分から　八時半の　e.(　　)だと　おもいます。だいじょうぶですか。

トム：はい、だいじょうぶです！　たのしみに　して　います。

Please listen to the audio file and write the appropriate kanji/kanji word in the brackets.
Dengarkanlah rekaman, lalu tulislah kanji pada bagian dalam kurung!
จงฟังไฟล์เสียง แล้วเขียนตัวอักษรคันจิลงใน (　)
Nghe giọng đọc rồi viết chữ Hán vào (　).

*かまくら／Kamakura (historical city close to Tokyo and having many old temples and shrines)／Kamakura (nama kota yang banyak kuil tuanya dan dekat dari Tokyo)／"คะมะกุระ" (เมืองทางประวัติศาสตร์ที่มีวัดและศาลเจ้าเก่าแก่จำนวนมาก ตั้งอยู่ไม่ไกลจากเมืองโตเกียว)／Kamakura(thành phố lịch sử có nhiều đền, chùa cổ, gần Tokyo)

*だいぶつ／Giant Buddha／patung Budha besar／พระพุทธรูปองค์ใหญ่／tượng phật lớn

9 トムさんの日記を読んで、①〜④の質問に答えましょう。

> **6がつ10にち　水ようび**
>
> 　きょう　ロロさんと　*カフェに　a.行きました。えきの　ちかくの　あたらしい　カフェです。山田さんが　そこで　*バイトを　して　います。山田さんは　とても　b.元気でした。大きい　こえで「いらっしゃいませ！」と　いいました。ロロさんと　わたしは　c.南の　まどの　せきに　すわりました。あたたかかったです。ちょっと　ねむかったです。
> 　メニューを　d.見ました。びっくりしました。コーヒー　一つは　650円です。たかいです！でも　カフェの　おんがくは　よかったです。ジャズです。ジャズを　e.聞きながら　コーヒーを　のみました。ロロさんと　土よう日の　ドライブの　はなしを　しました。たのしかったです。たかいですから　毎しゅうは　むりですが　*月に　一かいぐらい　山田さんの　カフェに　行きたいです。

① ＿＿＿の　読み方を　書きましょう。

　a.＿＿＿＿＿＿　b.＿＿＿＿＿＿　c.＿＿＿＿＿＿　d.＿＿＿＿＿＿

　e.＿＿＿＿＿＿

② どうして　トムさんは　びっくりしましたか。
　＿＿＿＿＿＿＿＿＿＿＿＿＿＿＿＿＿＿＿＿＿＿＿＿＿＿

③ トムさんと　ロロさんは　どんな　はなしを　しましたか。
　＿＿＿＿＿＿＿＿＿＿＿＿＿＿＿＿＿＿＿＿＿＿＿＿＿＿

④ トムさんは　毎週　山田さんの　カフェに　行きたいと　おもって　いますか。
　＿＿＿＿＿＿＿＿＿＿＿＿＿＿＿＿＿＿＿＿＿＿＿＿＿＿

日本語能力試験対策 第5回 JLPT Practice exercises

よみ／reading／membaca／การอ่าน／Đọc

もんだい1 ＿＿＿の ことばは どう よみますか。1・2・3・4から いちばん いい ものを ひとつ えらんで ください。

How do you read the underlined words? Choose the best one from 1, 2, 3 or 4.
Bagaimana cara membaca huruf yang diragis bawahi? Pililhlah salah satu jawaban yang tepat dari 1, 2, 3, atau 4!
คำที่ขีดเส้นใต้ต่อไปนี้อ่านว่าอะไร จงเลือกคำตอบที่ถูกต้องจาก 1, 2, 3, 4
Chọn trong 1, 2, 3, 4 cách đọc đúng nhất chữ Hán có gạch chân.

N5

① えいごの 先生は カナダじんです。
　1 せんせ　　2 せんせえ　　3 せんせい　　4 せんせー

② やまださんの お父さんは いま かいしゃに います。
　1 おかさん　　2 おかあさん　　3 おとさん　　4 おとうさん

③ トムさんの お母さんは せんせいです。
　1 おかさん　　2 おかあさん　　3 おとさん　　4 おとうさん

④ 毎月 デパートで かいものを します。
　1 めいつき　　2 めいげつ　　3 まいつき　　4 まいしゅう

⑤ 先に かえります。
　1 まえ　　2 さっき　　3 はやく　　4 さき

⑥ 西から かぜが ふきます。
　1 みなみ　　2 きた　　3 ひがし　　4 にし

⑦ 先月 にほんに きました。
　1 きょねん　　2 せんげつ　　3 せんしゅう　　4 きのう

⑧ ともだちと レストランに 行きます。
　1 ひきます　　2 あるきます　　3 いきます　　4 りきます

◆◇◆◇◆◇◆◇◆◇◆◇◆◇

N4

⑨ この まどから 海が みえます。
　1 みなと　　2 みずうみ　　3 いけ　　4 うみ

⑩ 大学で 文学を べんきょうします。
　1 ぶんがく　　2 もんがく　　3 ふみがく　　4 ふんがく

⑪ あした 3じから かいぎを 行います。
　1 おこます　　2 かいます　　3 おこないます　　4 こういます

⑫ アルバイトを 見つけました。
　1 まつけました　2 みつけました　3 むつけました　　4 めつけました

⑬ 11じと 2じの 間 アルバイトを して います。
　1 なか　　2 あいだ　　3 まんなか　　4 じかん

かき / writing / menulis / การเขียน / Viết

もんだい2 ＿＿＿の ことばは どう かきますか。1・2・3・4から いちばん いい ものを ひとつ えらんで ください。

N5

1 ははは ゆうびんきょくに いきました。
　　1 母　　　2 毋　　　3 毎　　　4 母

2 きたから つめたい かぜが ふきます。
　　1 ヒ　　　2 北　　　3 非　　　4 比

3 せんせいに メールを かきます。
　　1 先生　　2 生先　　3 元生　　4 元先

4 トイレが どこに あるか ききました。
　　1 門きました　2 問きました　3 聞きました　4 間きました

5 きのうは 10じまで テレビを みました。
　　1 目ました　2 貝ました　3 兄ました　4 見ました

6 まいにち いぬの さんぽを します。
　　1 毎月　　2 毎年　　3 毎週　　4 毎日

7 あの おばあさんは みみが わるいです。
　　1 聞　　　2 口　　　3 話　　　4 耳

8 ひがしの ほうから あめが ふります。
　　1 束　　　2 東　　　3 東　　　4 車

◆◇◆◇◆◇◆◇◆◇◆◇◆◇◆◇◆◇◆

N4

9 こちらが みなみですね。あたたかいです。
　　1 西　　　2 北　　　3 南　　　4 東

10 だいがくの もんの まえで あいます。
　　1 出口　　2 入　　　3 入口　　4 門

11 すみません、よく きこえません。
　　1 聞こえません　2 間こえません　3 開こえません　4 閉こえません

12 かぎが みつかりました。
　　1 見つかり　2 見かり　　3 兄つかり　4 兄かり

13 イギリスの ぶんがくが すきです。
　　1 本学　　2 書学　　3 読学　　4 文学

第6回 練習問題

Exercise / Soal Latihan / แบบฝึกหัด / Luyện tập

① 絵を見て、（　）に漢字を書きましょう。

① (　乳)
　　にゅう

② (　)い　くるま

③ (　)から　二人目が　山田さんです。
　　いちばん(　ろ)が　さとうさんです。

Please look at the illustrations and write the appropriate kanji in each bracket.

Tulislah huruf kanji pada (　) dengan melihat gambar!

จงดูภาพและเขียนตัวอักษรคันจิลงใน(　)

Xem tranh và viết chữ Hán vào (　).

② [A] ▢の漢字を①〜②のグループに分けましょう。

① 色 (color/warna/สี/màu)　　(　　　　　　　　　)
② 動作 (actions/movements/aktivitas/กริยา/động tác)　(　　　　　　　　　)

| 飲　食　銀　青　赤　白　言　話 |

Please divide the kanji in the box below into Group ① and Group ②.

Pilahlah huruf kanji dalam kotak ke dalam grup ①〜②!

จงแบ่งกลุ่มตัวอักษรคันจิใน ▢ ตามกลุ่มที่กำหนดให้ ①〜②

Phân loại các chữ Hán trong ▢ vào các nhóm từ ①〜②.

[B] 反対の意味の漢字を書きましょう。

③ 前 ⇔ (　　)
④ 安 ⇔ (　　)

Please write the kanji whose meaning is opposite to the one given.

Tulislah huruf kanji yang artinya berlawanan!

จงเขียนตัวอักษรคันจิที่มีความหมายตรงกันข้าม

Viết chữ Hán ngược nghĩa.

③ 次のことばの意味を考えて、a.〜d.のなかから選びましょう。

① 言語　(　　)
② 年上　(　　)
③ 後半　(　　)
④ 売店　(　　)

a. language／bahasa／ภาษา／ngôn ngữ
b. the second half／paruh kedua／ครึ่งหลัง／hiệp hai
c. stall／kios／ร้านขายของเล็กๆ／cửa hàng nhỏ
d. older／tua／อายุมากกว่า／người lớn tuổi hơn

Please choose the most appropriate definition from the box for the following words.

Pikirkan arti kosakata berikut dengan memilih a.~d.!

จงพิจารณาความหมายของคำศัพท์ต่อไปนี้ และเลือกคำตอบที่เหมาะสมจาก a.~d.

Chọn từ a.~d. ý nghĩa của các từ dưới đây.

4 1.~4.のなかで、いちばんいいものを選びましょう。

①うし（ ）　1. 午　　2. 告　　3. 生　　4. 牛
②のむ（ ）　1. 飲　　2. 飯　　3. 飲　　4. 飯
③かく（ ）　1. 筆　　2. 黒　　3. 箸　　4. 書

5 ＿＿＿の読み方を書きましょう。難しいときは、本冊 p.88-93を見ましょう。

[牛] ① 牛が います。　　　　　　　　　　　　　　　　　＿＿＿＿＿＿

　　② 牛乳を 飲みます。　　　　　　　　　　　　　　　　＿＿＿＿＿＿

[年] ③ 年を 聞くのは しつれいですよ。　　　　　　　　　＿＿＿＿＿＿

　　④ *今年 18さいに なりました。　　　　　　　　　　＿＿＿＿＿＿

　　⑤ 今 大学一年生です。　　　　　　　　　　　　　　　＿＿＿＿＿＿

[前] ⑥ 鈴木さんは 20分前に かえりました。　　　　　　　＿＿＿＿＿＿

　　⑦ 午前九時から しごとが はじまります。　　　　　　＿＿＿＿＿＿

[後] ⑧ 銀行の 後ろに コンビニが あります。　　　　　　＿＿＿＿＿＿

　　⑨ あさご飯の 後で くすりを 飲みます。　　　　　　＿＿＿＿＿＿

　　⑩ 午後は 一時から 五時まで あいて います。　　　＿＿＿＿＿＿

[高] ⑪ トマトは ふゆに 高く なります。　　　　　　　　＿＿＿＿＿＿

　　⑫ おとうとは 高校二年生です。　　　　　　　　　　　＿＿＿＿＿＿

[食] ⑬ ホアンさんは あさ バナナを 食べます。　　　　　＿＿＿＿＿＿

　　⑭ 大学の 食堂は あまり おいしくないです。　　　　＿＿＿＿＿＿

[飲] ⑮ コーヒーでも 飲みませんか。　　　　　　　　　　＿＿＿＿＿＿

　　⑯ 「飲料水」と 書いて ありますから、この 水は 飲めますよ。

　　　　　　　　　　　　　　　　　　　　　　　　　　　　＿＿＿＿＿＿

[白] ⑰ 友だちの けっこんしきですから、白い ネクタイを します。

　　　　　　　　　　　　　　　　　　　　　　　　　　　　＿＿＿＿＿＿

　　⑱ 「白馬の *王子」を まって います。　　　　　　　＿＿＿＿＿＿

[赤] ⑲ 白ワインと 赤ワイン、どちらが よろしいですか。　＿＿＿＿＿＿

　　⑳ 「赤十字」で ボランティアを します。　　　　　　＿＿＿＿＿＿

[青] ㉑ そらが 青くて とても きれいです。　　　　　　　＿＿＿＿＿＿

*王子／prince／pangeran／เจ้าชาย／hoàng tử

㉒「青年」とは 15さいから 24さいぐらいの 男の 人の ことです。
　　　　　　　　　　　　　　　　　　　　　　　　　_____

[言]㉓あさは 「おはようございます」と 言います。　　_____

　　㉔*言語学の じゅぎょうを とります。　　　　　　　_____

[話]㉕友だちと *カフェで 話します。　　　　　　　　　_____

　　㉖きのう 10時ごろ ロロさんに 電話しました。　　_____
　　　　　　　じ　　　　　　　　　　　　てん

[売]㉗古い 本を 売ります。　　　　　　　　　　　　　_____

　　㉘えきの 売店で ガムを かいます。　　　　　　　　_____
　　　　　　　てん

[読]㉙本を 読むのが すきです。　　　　　　　　　　　_____

　　㉚しゅみは 読書です。　　　　　　　　　　　　　　_____

[書]㉛ここに 名前を 書いて ください。　　　　　　　_____

　　㉜この まちに 古い 書店が たくさん あります。　_____
　　　　　　　　　　　　　　　てん

*言語学／linguistics／linguistik／ภาษาศาสตร์／ngôn ngữ học

*カフェ／coffee shop／kafe／ร้านกาแฟ／cà phê

6 [A] _____のことばを漢字で書きましょう。
　　　　　　　　　かんじ　か

①はんとしまえから スペインごを べんきょうして います。
　　　　　　　　　　　　　　　　　　　　　　　　　_____

②ぎんこうは ごご五時までです。　　　　　　　　　　_____
　　　　　　　　　　　じ

③としうえの 人の はなしは おもしろいです。　　　_____

[B] _____のことばを漢字とひらがなで書きましょう。
　　　　　　　　　かんじ　　　　　　　　　か

④コーヒーを のみながら しんぶんを よみます。　　_____

⑤この ぎゅう乳は どこで うって いますか。　　_____乳_____
　　　　　　　にゅう　　　　　　　　　　　　　　　　　　にゅう

⑥ノートに なまえを かきます。　　　　　　　　　　_____

⑦ゆうはんは しろい ご飯を 食べます。　　　　　　_____

⑧友だちの あかちゃんは まだ はなしません。　　　_____

Please rewrite the underlined portion with kanji.
Tulislah huruf kanji dari kosakata yang digaris bawahi!
จงเขียนคำศัพท์ที่ขีดเส้นใต้เป็นอักษรคันจิ
Viết chữ Hán những từ có gạch chân.

Please rewrite the underlined portion with kanji and hiragana.
Tulislah huruf kanji dan hiragana dari kosakata yang digaris bawahi!
จงเขียนคำศัพท์ที่ขีดเส้นใต้เป็นอักษรคันจิ และฮิรางานะ
Viết những từ có gạch chân sang chữ Hán và chữ Hiragana.

20 ⑦ 音声を聞いて適当な漢字を（ ）から選んで○を書きましょう。

〈トムさんの 話〉

きょう、山田さんとロロさんと海に行きました。a.(牛乳・午乳)だけ b.(飲んで・飯んで)、八時に駅に行きました。やくそくの15分 c.(青・前)です。さいふを見たら、お金が二千円しかありませんでした。たぶん足りません。いそいで、えきの西口にある d.(銀行・金行)に行きました。東口にもどったら、ロロさんの車がありました。e.(白い・赤い)車でした。前のせきに、山田さんがいます。ぼくは、f.(後ろ・待ろ)のせきにすわりました。インドネシア g.(話・語)のおんがくが聞こえます。八時十五分、出発です！

21 ⑧ 音声を聞いて（ ）に漢字を書きましょう。

〈海の ちかくの レストランで 話して います〉

山田：ロロさんは トイレですね。先に えらんで いましょう。ぼくは
　　　Aセットに します。

トム：*Aセットは 何ですか。

山田：さかなと a.(ご　　)ですよ。Bセットは、*ハンバーグです。

トム：じゃあ、ぼくは Bに します。ロロさんは ぶたにくが b.(　べ　)
　　　られませんが、ハンバーグは c.(　　)にくですか。

山田：えっと、「*ビーフ100％」と d.(　　　)ありますね。だから ロロ
　　　さんは Aセットでも Bセットでも だいじょうぶですね。
　　　e.(　　　　)は…。

トム：ちょっと ビールでも 飲みたいですね。

山田：あ、でも、ロロさんは、うんてんするので だめですね。トムさんは
　　　どうぞ。

トム：じゃあ、f.(　し)だけ いただきます。

山田：はい。一本だけ ちゅうもんしましょう。

9 トムさんの日記を読んで、①〜③の質問に答えましょう。

6月13日　土よう日

　きょう ロロさんの くるまで 海に 行きました。11じごろ つきました。海は、とても a.青かったです。なみは b.白くて c.高かったです。二じごろ ちかくの レストランに 行きました。わたしは ビールを 一本だけ 飲みました。かおが d.赤く なりました。それから ちかくの おてらに 歩いて 行きました。わたしは おてらの ベンチで すこし ねて しまいました。

　つぎに 行った おてらには ゆうめいな *だいぶつが ありました。でも そのとき もう 入れませんでした。この おてらは e.午後は 五じ半までです。ざんねんです。

　さっき アメリカの あねから 電話が ありました。今日の ドライブの f.話を しました。あねは「わたしも かまくらに 行きたい。」と g.言いました。らい年 日本に くるそうです。わたしも こんどは あねと いっしょに 行って だいぶつを 見たいです。

---

① ＿＿＿の 読み方を 書きましょう。

a.＿＿＿＿　b.＿＿＿＿　c.＿＿＿＿　d.＿＿＿＿

e.＿＿＿＿　f.＿＿＿＿　g.＿＿＿＿

② 次の文を読んで、あっているものに○、まちがっているものに×を書きましょう。

（　）トムさんたちは 午後一時ごろ かまくらに つきました。

（　）トムさんは ビールを 飲んで かおが 赤くなりました。

（　）3人は だいぶつの 前で しゃしんを とりました。

③ トムさんの おねえさんは 電話で 何と 言いましたか。

　＿＿＿＿＿＿＿＿＿＿＿＿＿＿＿＿＿＿＿＿＿＿＿＿＿＿

日本語能力試験対策 — 第6回 — JLPT Practice exercises

よみ／reading／membaca／การอ่าน／Đọc

もんだい1 ＿＿＿の ことばは どう よみますか。1・2・3・4から いちばん いい ものを ひとつ えらんで ください。

How do you read the underlined words? Choose the best one from 1, 2, 3 or 4.

Bagaimana cara membaca huruf yang diragis bawahi? Pilihlah salah satu jawaban yang tepat dari 1, 2, 3, atau 4!

คำที่ขีดเส้นใต้ต่อไปนี้อ่านว่าอะไร จงเลือกคำตอบที่ถูกต้องจาก 1, 2, 3, 4

Chọn trong 1, 2, 3, 4 cách đọc đúng nhất chữ Hán có gạch chân.

N5

① 三年前 にほんに きました。
1 さねんまえ　2 さねんめ　3 さんねんまえ　4 さんねんめ

② シャワーの 後で あさごはんを たべます。
1 あいだ　2 まえ　3 あと　4 とき

③ スーパーは 午前 10じからです。
1 ごご　2 ごあと　3 ごぜん　4 ごまえ

④ メールを 書きます。
1 ききます　2 さきます　3 がきます　4 かきます

⑤ かぞくと でんわで 話します。
1 かします　2 おします　3 はなします　4 たします

⑥ 今年 くにへ かえります。
1 こんとし　2 きょねん　3 ことし　4 きょうねん

⑦ 高い やまに のぼりました。
1 ひくい　2 まるい　3 くらい　4 たかい

⑧ おちゃを 飲みます。
1 のみます　2 めみます　3 あみます　4 よみます

◆◆◆◆◆◆◆◆◆◆◆◆◆◆◆◆◆◆◆

N4

⑨ 夕飯は なんじですか。
1 ゆはん　2 ゆうはん　3 ゆうごはん　4 よるはん

⑩ あとで 銀行に いきます。
1 きんこ　2 きんこう　3 ぎんこ　4 ぎんこう

⑪ ふるい くるまを 売って あたらしい くるまを かいます。
1 かって　2 とって　3 まって　4 うって

⑫ 青い かばんを もって います。
1 あかい　2 しろい　3 きいろい　4 あおい

⑬ 赤ちゃんの こえが 聞こえます。
1 かあちゃん　2 ああちゃん　3 あかちゃん　4 あめちゃん

| かき／writing／menulis／การเขียน／Viết |

もんだい2 ＿＿＿の ことばは どう かきますか。1・2・3・4から いちばん いい ものを ひとつ えらんで ください。

N5

1　あさは パンを <u>たべます</u>。
　　1 金べます　　2 食べます　　3 倉べます　　4 食べます

2　「こんにちは。」と <u>いいます</u>。
　　1 言います　　2 言います　　3 言います　　4 吉います

3　なまえを <u>かきます</u>。
　　1 建きます　　2 書きます　　3 筆きます　　4 運きます

4　<u>しろい</u> くるまを かいます。
　　1 白い　　2 日い　　3 自い　　4 目い

5　<u>にほんご</u>の ほんを かいます。
　　1 日本言　　2 日本語　　3 日本話　　4 日本読

6　ざっしを <u>よみます</u>。
　　1 言みます　　2 語みます　　3 話みます　　4 読みます

7　ホテルの <u>まえ</u>に バスが とまります。
　　1 前　　2 後　　3 右　　4 左

8　この めがねは とても <u>たかい</u>です。
　　1 安い　　2 重い　　3 高い　　4 良い

9　せんせいの <u>おはなし</u>は おもしろかったです。
　　1 話　　2 訪　　3 記　　4 計

10　ノートに <u>なまえ</u>を かきます。
　　1 前名　　2 前右　　3 有名　　4 名前

11　<u>ごご</u>5じに ゆうびんきょくは しまります。
　　1 干後　　2 朱後　　3 午後　　4 牛後

◆◆◆◆◆◆◆◆◆◆◆◆◆◆◆◆◆

N4

12　<u>あかい</u> ふくを 買いました。
　　1 青い　　2 白い　　3 黒い　　4 赤い

13　<u>ごはん</u>を 二つ ちゅうもんしました。
　　1 ご米　　2 ご飲　　3 ご食　　4 ご飯

How do you write the underlined words? Choose the best one from 1, 2, 3 or 4.

Bagaimana menulis kata yang digaris bawahi? Pilihlah salah satu jawaban yang tepat dari 1, 2, 3, atau 4!

คำที่ขีดเส้นใต้ต่อไปนี้เขียนอย่างไร จงเลือกคำตอบที่ถูกต้องจาก 1, 2, 3, 4

Chọn trong 1, 2, 3, 4 cách viết đúng nhất chữ Hán có gạch chân.

第7回 練習問題 Exercise / Soal Latihan / แบบฝึกหัด / Luyện tập

Please look at the illustrations and write the appropriate kanji in each bracket.

1 絵を見て、( )に漢字を書きましょう。

① ② ③ ④

① ( )を( )べます。
② ( )が ふって います。
③ ( )が( )に つきます。
④ ( )が( )って います。

2 [A] ▭の漢字を①～②のグループに分けましょう。

① 食べもの (food/makanan/อาหาร/thức ăn) ( )
② 動作 (actions/movements/aktivitas/กริยา/động tác) ( )

　　　　米　来　魚　会　待

[B] 反対の意味の漢字を書きましょう。

③ 古 ⇔ ( )
④ 外 ⇔ ( )
⑤ 行 ⇔ ( )

3 次のことばの意味を考えて、a.～d.のなかから選びましょう。

① 大雨 ( )
② 待合室 ( )
③ 人気がある ( )
④ 駅長 ( )

a. stationmaster／kepala statsion／นายสถานีรถไฟ／trưởng ga
b. heavy rain／hujan besar／ฝนตกหนัก／mưa rào
c. popular／populer／เป็นที่นิยม／được mọi người yêu thích
d. waiting room／ruang tunggu／ห้องสำหรับนั่งคอย／phòng đợi

4 1.～4.のなかで、いちばんいいものを選びましょう。

① あう（　）　1. 会　　2. 今　　3. 舎　　4. 全

② ながい（　）　1. 長　　2. 艮　　3. 辰　　4. 衣

③ てんき（　）　1. 气　　2. 気　　3. 乞　　4. 氣

5 　　　　の読み方を書きましょう。難しいときは、本冊 p.96-101 を見ましょう。

[新] ① となりに 新しい マンションが あります。　　　　　　　　　　_____

② としょかんで 新聞を よみます。　　　　　　　　　　_____

[馬] ③ 馬が すごい スピードで 走って います。　　　　　　　　　　_____

④ 馬車に のって まちを 見ます。　　　　　　　　　　_____

[米] ⑤ お米が おいしいのは あきです。　　　　　　　　　　_____

⑥「南米」とは 南アメリカの ことです。　　　　　　　　　　_____

[来] ⑦ 山田さんは きょう 大学に 来ません。　　　　　　　　　　_____

⑧ 鈴木さんも 来ないと おもいます。　　　　　　　　　　_____

⑨ 来週 パクさんと えいがを 見ます。　　　　　　　　　　_____

[車] ⑩ ロロさんの 車は 白い 車です。　　　　　　　　　　_____

⑪ 新車では なくて 中古車です。　　　　　　　　　　_____

[空] ⑫ 空を とぶ ゆめを 見ました。　　　　　　　　　　_____

⑬ 自転車の タイヤに 空気を 入れます。　　　　　　　　　　_____

[内] ⑭ 内田さんは いつも スーツを きて います。　　　　　　　　　　_____

⑮ 社内では ネクタイを して いません。　　　　　　　　　　_____

[長] ⑯ ロベルトさんの 切手の 話は 長いです。　　　　　　　　　　_____

⑰ ミンさんの 会社の 社長は とても わかいです。　　　　　　　　　　_____

[会] ⑱ 土よう日に 友だちに 会います。　　　　　　　　　　_____

⑲ となりの 人の 会話が 聞こえます。　　　　　　　　　　_____

[寺] ⑳ お正月に お寺に 行きます。　　　　　　　　　　_____

㉑ *ならの 東大寺は 1200年ぐらい前に たてられました。　　　　　　　　　　_____

[待] ㉒ 二時間 待って 電車に のりました。　　　　　　　　　　_____

㉓ 期待して いましたが、あまり おもしろくなかったです。
　　き

[時] ㉔ 時々 自転車で 会社に 行きます。　　　　_____
　　　　　　じ てん

㉕ この えいがは 長いです。三時間です。　　　　_____

6 [A] ＿＿＿のことばを漢字で書きましょう。
　　　　　　　　かんじ　か

① きぶんが よかったので かいしゃまで 歩きました。
　　　　　　　　　　　　　　　　　　　　_____　_____

② しょうがっこうの こうちょうせんせいに 手紙を 書きました。
　　　　　　　　　　　　　　　　　　　　がみ
　　　　　　　　　　　　　　　　　　　　　　　　　_____　_____

③ でんわで 母の げんきな こえを 聞きました。　_____

[B] ＿＿＿のことばを漢字とひらがなで書きましょう。
　　　　　　　　かんじ　　　　　　　　か

④ しろい うまが います。
⑤ しゃがいの 人が あたらしい 社長に なります。
⑥ しゃかいの もんだいを *はなしあいます。
⑦ らいねん かぞくが 日本に きます。
⑧ ホアンさんは さかなが *にがてです。
⑨ ながいあいだ 兄と あって いません。

22 7 音声を聞いて適当な漢字を（ ）から選んで○を書きましょう。
　　　　おんせい　き　てきとう　かんじ　　　　えら　　　か

山田：トムさん、あした 大学の 後 何を して いますか。
トム：うーん、とくに 何も。
山田：もし a.(寺間・時間) が あれば うちに b.(来て・米て) くれませんか。
トム：え？ 山田さんの おうちに？
山田：うん。おとうとが トムさんに c.(会いたい・今いたい) と 言って いて…。
トム：わたしに？
山田：うん。おとうとは d.(来年・今年) の なつ アメリカで *ホームステイするんです。それで トムさんに いろいろ 聞きたいそうで

す。おねがいできますか。

トム：はい、もちろん。いいですよ。

山田：じゃあ、あしたの e.(五時・五寺)ごろに f.(駅・馬)で 会いましょうか。

トム：はい。だいじょうぶです。

山田：じゃあ、駅で g.(待って・持って) いますね。

トム：はい、わかりました。

8 音声を聞いて（　）に漢字を書きましょう。

〈トムさんの話〉

　山田さんのうちに行くために、まず、さくら大学駅から、a.(　　　)に乗りました。15分ぐらいで、ふじみb.(　　　)に着きました。c.(　　　)が暗くなってきました。いそいで歩いて、山田さんの家まで行きました。となりには、古いd.お(　　　)がありました。

　山田さんのうちは、e.(　　　)、きれいです。中に入ると、まず大きな*リビングがあります。きれいなf.(　　　)*スタンドがありました。

　私たちは、山田さんの弟さんを待っていました。g.(　　　)ごろ、弟さんからh.(　　　)がありました。強いi.(　　　)で、電車がとまっているそうです。山田さんのお母さんがj.(　　　)でk.(　　　)のちかくの駅まで行きました。30分あとで、弟さんとl.(　　　)。いろいろな話をしました。

9 トムさんの日記を読んで、①〜④の質問に答えましょう。

7月2日　木よう日

　きょう、山田さんの おとうとさんに a.会いました。ボストンに ついて いろいろ しつもんが ありました。一つ目は「なつの b.天気は どうですか。」でした。ボストンは 8月は とても あついです。でも あさと 夜は すずしいです。

　二つ目の しつもんは「c.魚や d.お米は たべられますか。」です。スーパーで かえますが、たぶん 日本の ほうが おいしいと おもいます。

　三つ目は「何を 見たら いいですか。」でした。ぼくは 大学を *おすすめしました。ボストンには ゆうめいな 大学が たくさん あります。としょかんも きれいです。校内には 木も たくさん あっ

て　e.空気が　きれいです。さんぽすると　とても　f.気分が　いいです。
　　四つ目の　しつもんは「どこかに　行くとき　電車、バス、タクシーのうち　何が　いいですか。」でした。ボストンには、ちかてつが　あります。ちかてつの　*ろせんは、青の　ろせん、赤の　ろせん、オレンジの　ろせん、みどりの　ろせん、シルバーの　ろせんの　五つです。いろが　ありますから　外国人にも　とても　かんたんです。
　　山田さんの　おとうとさんは　はじめて　外国に　行くそうです。g.新しい　けいけんは　とても　いいと　おもいます。

*ろせん／route／rel／เส้นทางเดินรถ／tuyến đường

① ＿＿＿の　読み方を　書きましょう。

a.＿＿＿＿＿　b.＿＿＿＿＿　c.＿＿＿＿＿　d.＿＿＿＿＿

e.＿＿＿＿＿　f.＿＿＿＿＿　g.＿＿＿＿＿

②「校内」は　どういう　意味ですか。
　　＿＿＿＿＿＿＿＿＿＿＿＿＿＿＿＿＿＿＿＿＿＿＿＿＿＿＿＿

③ボストンで　何を　すると　気分が　いいですか。
　　＿＿＿＿＿＿＿＿＿＿＿＿＿＿＿＿＿＿＿＿＿＿＿＿＿＿＿＿

④a.電車、バス、タクシーのうち　何が　おすすめですか。
　　＿＿＿＿＿＿＿＿＿＿＿＿＿＿＿＿＿＿＿＿＿＿＿＿＿＿＿＿

　b.それは　どうしてですか。
　　＿＿＿＿＿＿＿＿＿＿＿＿＿＿＿＿＿＿＿＿＿＿＿＿＿＿＿＿

日本語能力試験対策　第7回　JLPT Practice exercises

よみ / reading / membaca / การอ่าน / Đọc

もんだい1 ＿＿＿ の ことばは どう よみますか。1・2・3・4から いちばん いい ものを ひとつ えらんで ください。

How do you read the underlined words? Choose the best one from 1, 2, 3 or 4.

Bagaimana cara membaca huruf yang diragis bawahi? Pilihlah salah satu jawaban yang tepat dari 1, 2, 3, atau 4!

คำที่ขีดเส้นใต้ต่อไปนี้อ่านว่าอะไร จงเลือกคำตอบที่ถูกต้องจาก 1, 2, 3, 4

Chọn trong 1, 2, 3, 4 cách đọc đúng nhất chữ Hán có gạch chân.

N5

① 新聞を よみます。
　1 しんぶん　　2 しんむん　　3 しむぶん　　4 しむむん

② 魚を たべます。
　1 さかな　　2 さなか　　3 さかあ　　4 さけ

③ たなかさんも 来ると おもいます。
　1 きる　　2 こる　　3 くる　　4 まいる

④ 6がつは 雨が おおいです。
　1 あめ　　2 ゆき　　3 あつい　　4 はれ

⑤ あたらしい 車を かいました。
　1 しゃ　　2 くまる　　3 でんしゃ　　4 くるま

⑥ あきは 空が きれいです。
　1 くうき　　2 はれ　　3 そら　　4 いろ

⑦ くらいですね。電気を つけましょう。
　1 てき　　2 てんき　　3 でき　　4 でんき

⑧ あさ8じに 学校に いきます。
　1 だいがく　　2 こうこう　　3 がくこう　　4 がっこう

⑨ ひこうきで 三時間 かかります。
　1 さんじ　　2 さんじかん　　3 さんし　　4 さんしかん

◆◆◆◆◆◆◆◆◆◆◆◆◆◆◆◆◆

N4

⑩ お米の ねだんが あがりました。
　1 おかめ　　2 おこめ　　3 おかし　　4 おもち

⑪ まどを あけて 空気を かえましょう。
　1 くうき　　2 でんき　　3 てんき　　4 ふんいき

⑫ となりの 人の 会話が きこえます。
　1 かいしゃ　　2 でんわ　　3 こえ　　4 かいわ

⑬ お元気ですか。
　1 げんき　　2 にんき　　3 てんき　　4 けんこう

かき／writing／menulis／การเขียน／Viết

もんだい2 ＿＿＿の ことばは どう かきますか。1・2・3・4から いちばん いい ものを ひとつ えらんで ください。

How do you write the underlined words? Choose the best one from 1, 2, 3 or 4.

Bagaimana menulis kata yang digaris bawahi? Pilihlah salah satu jawaban yang tepat dari 1, 2, 3, atau 4!

คำที่ขีดเส้นใต้ต่อไปนี้เขียนอย่างไร จงเลือกคำตอบที่ถูกต้องจาก 1, 2, 3, 4

Chọn trong 1, 2, 3, 4 cách viết đúng nhất chữ Hán có gạch chân.

N5

1 <u>あたらしい</u> ふくを きます。
　1 新しい　　2 親しい　　3 噺しい　　4 近しい

2 <u>えき</u>で ともだちに あいます。
　1 駅　　　　2 駅　　　　3 駅　　　　4 駅

3 <u>らいげつ</u> くにへ かえります。
　1 先月　　　2 今月　　　3 来月　　　4 何月

4 すずきさんから <u>でんわ</u>が ありました。
　1 雷話　　　2 震和　　　3 電話　　　4 雫話

5 こんしゅうは <u>てんき</u>が わるいです。
　1 大気　　　2 天汽　　　3 大汽　　　4 天気

6 この ちかくに わたしの <u>かいしゃ</u>が あります。
　1 社会　　　2 会員　　　3 社員　　　4 会社

7 3じに えきで <u>あいます</u>。
　1 合います　2 今います　3 会います　4 念います

8 あめで <u>でんしゃ</u>が おくれて います。
　1 雷車　　　2 電車　　　3 転車　　　4 伝車

9 <u>ながい</u> やすみが ほしいです。
　1 長い　　　2 長い　　　3 長い　　　4 表い

◆◇◆◇◆◇◆◇◆◇◆◇◆◇◆◇◆

N4

10 らいしゅう ははと <u>おてら</u>に いきます。
　1 お圭　　　2 お寺　　　3 お待　　　4 お時

11 <u>しゃかい</u> もんだいに ついて 話します。
　1 世間　　　2 世界　　　3 会社　　　4 社会

12 ここが <u>しゃちょう</u>の へやです。
　1 室長　　　2 校長　　　3 社長　　　4 社頭

13 やまださんを <u>まって</u> います。
　1 侍って　　2 待って　　3 特って　　4 持って

第8回

練習問題 Exercise / Soal Latihan / แบบฝึกหัด / Luyện tập

① 絵を見て、（　）に漢字を書きましょう。

Please look at the illustrations and write the appropriate kanji in each bracket.
Tulislah huruf kanji pada (　) dengan melihat gambar!
จงดูภาพและเขียนตัวอักษรคันจิลงใน (　)
Xem tranh và viết chữ Hán vào (　).

①（　　　）さん

② a.（　　　） b.（　　　） c.（　　　）

③（　　　）を　します。

④ お（　　　）を　入れます。

② [A]　□　の漢字を①〜③のグループに分けましょう。

① 植物 (plant/tumbuhan/พืช/thực vật)　（　　　　　）
② 時間 (time/waktu/เวลา/thời gian)　（　　　　　）
③ かいもの (shopping/belanja/การซื้อของ/mua sắm)　（　　　　　）

　　　花　店　買　週　草　早

Please divide the kanji in the box below into Group ① to Group ③.
Pilahlah huruf kanji dalam kotak ke dalam grup ①〜③!
จงแบ่งกลุ่มตัวอักษรคันจิใน □ ตามกลุ่มที่กำหนดให้ ①〜③
Phân loại các chữ Hán trong □ vào các nhóm từ ①〜③.

[B] 反対の意味の漢字を書きましょう。

④ 開 ⇔ （　　　）
⑤ 売 ⇔ （　　　）

Please write the kanji whose meaning is opposite to the one given.
Tulislah huruf kanji yang artinya berlawanan!
จงเขียนตัวอักษรคันจิที่มีความหมายตรงกันข้าม
Viết chữ Hán ngược nghĩa.

③ 次のことばの意味を考えて、a.〜d.のなかから選びましょう。

① 閉店　（　　）
② 本質　（　　）
③ 自問　（　　）
④ 重力　（　　）

a. store closing / tutup / การปิดร้าน / đóng cửa
b. gravity / gravitasi / แรงโน้มถ่วง / động lực
c. essence/true nature / esensi / แก่นแท้ เนื้อแท้ / bản chất
d. asking oneself / pertanyaan sendiri / การตั้งคำถามตนเอง / tự hỏi mình

Please choose the most appropriate definition from the box for the following words.
Pikirkan arti kosakata berikut dengan memilih a.〜d.!
จงพิจารณาความหมายของคำศัพท์ต่อไปนี้ และเลือกคำตอบที่เหมาะสมจาก a.〜d.
Chọn từ a.〜d. ý nghĩa của các từ dưới đây.

④ 1.~4.のなかで、いちばんいいものを選びましょう。

① もつ（　） 1. 侍　2. 時　3. 持　4. 待
② みせ（　） 1. 占　2. 店　3. 店　4. 居
③ みち（　） 1. 遠　2. 道　3. 退　4. 廻

⑤ ＿＿＿の読み方を書きましょう。難しいときは、本冊 p.104-109 を見ましょう。

［店］① かわいい お店です。　　　　　　　　　　　　　＿＿＿＿＿

　　② 店内で おめしあがりですか。　　　　　　　　　＿＿＿＿＿

［開］③ この コンビニは 24時間 開いて います。　　＿＿＿＿＿

　　④ ドアが 開きます。ごちゅうい ください。　　　＿＿＿＿＿

　　⑤ 開店時間は 午前11時です。　　　　　　　　　　＿＿＿＿＿

［閉］⑥ すみません、まどを 閉めて いただけませんか。＿＿＿＿＿

　　⑦ この *ウィンドウを 閉じても いいですか。　　＿＿＿＿＿

　　⑧ あの 店は きょねんの 三月に 閉店しました。＿＿＿＿＿

［問］⑨ へやが あるか どうか ホテルに 問いあわせます。＿＿＿＿＿

　　⑩ 質問が あったら いつでも 聞いて ください。＿＿＿＿＿

［首］⑪ ずっと パソコンを 見て いたので 首が いたいです。＿＿＿＿＿

　　⑫ 首相は 休みが ほとんど ありません。　　　　＿＿＿＿＿

［道］⑬ この 道は ほそいので うんてんが むずかしいです。＿＿＿＿＿

　　⑭ 日本では 水道の 水が 飲めますよ。　　　　　＿＿＿＿＿

［重］⑮ チョウさんの カバンは いつも 重いです。　　＿＿＿＿＿

　　⑯ 毎日 チョコレートを 食べて いたら 体重が ふえました。＿＿＿＿＿

［動］⑰ この ロボットは この ボタンを おすと 動きます。＿＿＿＿＿

　　⑱ 「自動車」とは 車の ことです。　　　　　　　＿＿＿＿＿

［働］⑲ ロベルトさんと ミンさんは おなじ 会社で 働いて います。＿＿＿＿＿

*ウィンドウ／window (computer operating system)／Windows (program computer)／หน้าต่าง (ของคอมพิวเตอร์)／cửa sổ chương trình

⑳<u>労働</u>時間は 一日 八時間です。　_____
　　　ろう

[花]㉑彼女の たん生日に お<u>花</u>を 買って プレゼントしました。
　　　　<u>か</u>の
　　　　　　　　　　　　　　　　　　　　　　　_____

　　㉒<u>花</u>びんに 花を 入れて かざります。　_____

[草]㉓この <u>草</u>は へんな においが します。　_____

　　㉔この <u>草原</u>は ふゆは *スキーじょうに なります。　_____
　　　　　　げん

*スキーじょう／
ski slope／tempat ski／
ลานสกี／khu trượt tuyết

6 [A] _____のことばを漢字で書きましょう。
　　　　　　かんじ　か

①<u>みち</u>を まちがえて パーティに おくれました。

②父は <u>かいしゃいん</u>で 母は <u>教</u>いんです。　_____ 　教
　　　　　　　　　　　　　　　きょう　　　　　　　　　　きょう

③<u>らいしゅう</u> <u>ほっかいどう</u>に 行きます。　_____　_____

[B] _____のことばを漢字とひらがなで書きましょう。
　　　　　　かんじ　　　　　　　　か

④「<u>もち帰り</u>」と 「テイクアウト」は おなじです。　_____ 帰
　　　かえ　　　　　　　　　　　　　　　　　　　　　　　　　　かえ

⑤<u>てんいん</u>が 少ないので かなり <u>まちました</u>。

⑥<u>まいしゅう</u> 土よう日に <u>かいもの</u>を します。　_____ _____

⑦この <u>くさ</u>は てんぷらにして <u>たべられます</u>よ。
　　　　　　　　　　　　　　　　　　　　　　　　_____ _____

Please rewrite the underlined portion with kanji.
Tulislah huruf kanji dari kosakata yang digaris bawahi!
จงเขียนคำศัพท์ที่ขีดเส้นใต้เป็นอักษรคันจิ
Viết chữ Hán những từ có gạch chân.

Please rewrite the underlined portion with kanji and hiragana.
Tulislah huruf kanji dan hiragana dari kosakata yang digaris bawahi!
จงเขียนคำศัพท์ที่ขีดเส้นใต้เป็นอักษรคันจิ และฮิระงะนะ
Viết những từ có gạch chân sang chữ Hán và chữ Hiragana.

7 音声を聞いて適当な漢字を（　）から選んで○を書きましょう。
　　おんせい　き　てきとう　かんじ　　　　　えら　　か

24 [A] 山田さんの お父さんは、りょ行会社で a.(動いて・働いて) います。ロベルトさんと ミンさんも その 会社の b.(会員・社員)です。ロベルトさんは 三年前に ブラジルから 日本に 来ました。ポルトガル語が できますから、ポルトガルや 南米の *かんこうきゃくを あんないします。ロベルトさんは 三月の さいごの c.(週・周)の しごとが いちばん すきだそうです。d.(花見・化見)が できるからです。ロベルトさんは 毎年 たくさん しゃしんを とります。そして e.(自分・首分)で つくった ホームページで しゃしんを しょうかいして います。

Please listen to the audio files and choose the appropriate kanji/kanji word in the brackets.
Dengarkanlah rekaman, lalu pilihlah kanji yang tepat dari dalam kurung dengan menulis tanda bulat!
จงฟังไฟล์เสียง แล้ววงกลมเลือกตัวอักษรคันจิที่ถูกต้องใน (　)
Nghe giọng đọc rồi chọn chữ Hán thích hợp từ (　) và khoanh ○.

*かんこうきゃく／
tourist／turis／
นักท่องเที่ยว／
khách du lịch

㉕ [B] 山田さんは はるが きらいです。特に 五月が きらいです。五月は たくさんの 人が 花を 見たり *ピクニックを したり します。そのころ *アルバイトは とても たいへんです。山田さんが a.(働いている・書いている)*カフェの ちかくに 大きい こうえんが あります。その こうえんにたくさんの b.(会社員・会社人)が 来て おべんとうを 食べたり ビールを 飲んだり します。

山田さんの カフェは *ゴールデンウィークの c.(一週間・一時間)は いつもより d.(草く・早く) お店を e.(開けます・赤けます)。そして、100この おべんとうを f.(売ります・読ります)。ビールや g.(お茶・お米)も はこびます。とても h.(思い・重い)ので つぎの 週は i.(首・目)が いたいそうです。

*ピクニック／picnic／piknik／การไปปิกนิก／dã ngoại

*アルバイト／part-time job／kerja pasrt time／งานพิเศษ／công việc làm thêm

*カフェ／coffee shop／kafe／ร้านกาแฟ／cà phê

*ゴールデンウィーク／consecutive holidays in May／Golden-week (liburan bulan Mei)／สัปดาห์ทอง (หมายถึงช่วงหยุดยาวในเดือนพฤษภาคม)／tuần lễ vàng (đợt nghỉ dài ngày vào tháng 5)

㉖ ⑧ 音声を 聞いて（　）に 漢字を 書きましょう。

ロロ：トムさんは、もし a.(　　　)になったら、何を b.(　　　)たいですか。

トム：うーん、そうですね、何だろう。ロロさんは？

ロロ：私は、車がほしいです。

トム：でも、今、c.(　　　)いますよね？

ロロ：はい。でも、中古ですから。

トム：どこかに d.(　　題)があるんですか。

ロロ：デザインはとても好きですが、*シートの e.(　　　)がちょっと…。一番新しい*モデルは、シートが*革なんです。ドアも f.(　　　)で、ボタンで g.(　　　)たり、h.(　　　)たりできるんですよ。

トム：へぇ、かっこいいですね。

ロロ：はい。i.(　　　)、お金をためたら、買うつもりです。

トム：いいですね。そのときは、また乗せてください。

Please listen to the audio file and write the appropriate kanji/kanji word in the brackets.

Dengarkanlah rekaman, lalu tulislah kanji pada bagian dalam kurung!

จงฟังไฟล์เสียง แล้วเขียนตัวอักษรคันจิลงใน (　)

Nghe giọng đọc rồi viết chữ Hán vào (　).

*シート／seat／kulit jok／เบาะนั่ง／tấm bọc ghế

*モデル／model／model／รุ่นรถยนต์／mẫu

*革／leather／kulit／หนังสัตว์／da

9 トムさんの日記を読んで、①〜③の質問に答えましょう。

7月13日　月ようび

　きょう　おひる休みに　ロロさんと　おひるご飯を　食べました。食べながら　ロロさんが　おもしろい　a.質問を　しました。それは、「お金持ちに　なったら　何を　b.買いたいですか。」と　いう　質問です。ロロさんは　車を　買いたいと　c.言いました。今の　車は　シートが　あまり　よくないのですが、新しい　モデルは　シートが　d.気持ちいいそうです。ぼくは　お金が　あったら　いろいろな　国に　りょ行をしたいです。e.特に　ヨーロッパの　ベルギーです。おいしい　チョコが　たくさん　食べられます。ベルギーの　しゃしんを　パソコンで　見ました。行きたいと　いう　気持ちが　とても　つよく　なりました。「日本から　ベルギーまで　いくらですか。」「どんな　きせつが　いいですか。」など　しりたく　なりました。山田さんの　お父さんは　りょ行会社で　しごとを　していますから　何か　しって　いるかも　しれません。そう　かんがえて　山田さんに　メールしました。山田さんからの　メールには　こう　書いて　ありました。

＝＝＝

　トムさん、メール　見ました。ベルギーまで　いくら　かかるか　ぼくも　分かりません。でも　父に　聞いたら　分かります。あした　大学の　あとで　父の　会社に　いっしょに　行きませんか。父の　会社は　七時半までです。　山田

＝＝＝

　「行きたいです。ありがとう。」と　へんじを　書きました。あしたが　たのしみです。

① ＿＿＿の　読み方を　書きましょう。

a.＿＿＿＿＿＿　b.＿＿＿＿＿＿　c.＿＿＿＿＿＿　d.＿＿＿＿＿＿

e.＿＿＿＿＿＿

② トムさんは　何を　しりたいと　おもいましたか。

＿＿＿＿＿＿＿＿＿＿＿＿＿＿＿＿＿＿＿＿＿＿＿＿＿＿＿＿

③ 山田さんと　トムさんは　あした　どう　しますか。

＿＿＿＿＿＿＿＿＿＿＿＿＿＿＿＿＿＿＿＿＿＿＿＿＿＿＿＿

Please read Tom's diary and answer questions ① to ③.

Bacalah buku harian Tom, lalu jawablah pertanyaan ①~③!

จงอ่านบันทึกประจำวันของทอม แล้วตอบคำถามข้อ ①~③

Đọc nhật ký của Tom và trả lời câu hỏi từ ①~③.

日本語能力試験対策 第8回 JLPT Practice exercises

よみ／reading／membaca／การอ่าน／Đọc

もんだい1 ＿＿＿の ことばは どう よみますか。1・2・3・4から いちばん いい ものを ひとつ えらんで ください。

How do you read the underlined words? Choose the best one from 1, 2, 3 or 4.

Bagaimana cara membaca huruf yang diragis bawahi? Pilihlah salah satu jawaban yang tepat dari 1, 2, 3, atau 4!

คำที่ขีดเส้นใต้ต่อไปนี้อ่านว่าอะไร จงเลือกคำตอบที่ถูกต้องจาก 1, 2, 3, 4

Chọn trong 1, 2, 3, 4 cách đọc đúng nhất chữ Hán có gạch chân.

N5

1　この 道を まっすぐ いって ください。
　　1 まち　　　2 みち　　　3 むち　　　4 もち

2　こうえんで 花の しゃしんを とります。
　　1 くさ　　　2 とり　　　3 はな　　　4 もり

3　毎週 およぎに いきます。
　　1 らいしゅう　2 こんしゅう　3 せんしゅう　4 まいしゅう

◆◇◆◇◆◇◆◇◆◇◆◇◆◇◆

N4

4　かさを 持って いますか。
　　1 まって　　2 みって　　3 めって　　4 もって

5　やまださんの おにいさんは 会社員です。
　　1 かいしゃじん　2 かいしゃにん　3 かいしゃいん　4 かいしゃしゅ

6　ご質問 ありますか。
　　1 ひつもん　2 ひつむん　3 しつもん　4 しつむん

7　みぎの ドアが 開きます。
　　1 ひらきます　2 しまきます　3 とじきます　4 さきます

8　すずきさんの かばんは いつも 重いです。
　　1 まるい　　2 あつい　　3 かたい　　4 おもい

9　しゃしんを とります。動かないで ください。
　　1 うごかないで　2 はたらかないで　3 かかないで　4 あるかないで

10　あには 自動車の 会社で はたらいて います。
　　1 じどうしゃ　2 じどしゃ　3 じてんしゃ　4 じてしゃ

11　にわの 草を とります。
　　1 はな　　　2 き　　　3 はやし　　　4 くさ

12　お茶を いれます。
　　1 ちゃ　　　2 ちゅ　　　3 ちょ　　　4 みず

13　てんきが よくて 気持ちが いいです。
　　1 こころもち　2 こころまち　3 きもち　　4 きまち

かき / writing / menulis / การเขียน / Viết

もんだい2 ＿＿＿の ことばは どう かきますか。1・2・3・4から いちばん いい ものを ひとつ えらんで ください。

N5

[1] しゅうに いっかい テニスを します。
1 曜　　2 同　　3 週　　4 道

[2] カメラを かいました。
1 貝いました　2 買いました　3 書いました　4 夏いました

[3] いっしゅうかん りょこうします。
1 一週間　2 一道間　3 一間週　4 一間道

◆◇◆◇◆◇◆◇◆◇◆◇◆

N4

[4] きょうは とくに あついです。
1 別に　　2 特に　　3 急に　　4 朝に

[5] この おみせの てんいんは やさしいです。
1 店人　　2 屋人　　3 店員　　4 屋員

[6] まどが あきません。
1 門きません　2 問きません　3 開きません　4 間きません

[7] しつもんは ありますか。
1 室門　　2 室問　　3 質門　　4 質問

[8] じぶんで つくりました。
1 自宅　　2 自分　　3 一人　　4 一者

[9] くびが いたいです。
1 首　　2 頭　　3 道　　4 耳

[10] 母は だいがくで はたらいて います。
1 動いて　2 働いて　3 重いて　4 運いて

[11] おべんとうを もって はなみに 行きます。
1 花目　　2 花見　　3 茶目　　4 茶見

[12] はやく おきて ください。
1 草く　　2 早く　　3 果く　　4 昇く

[13] すいどうの 水を のみます。
1 水車　　2 水首　　3 水道　　4 水動

68

第5回〜第8回

練習・まとめ問題

Review Exercises / soal rangkuman / แบบฝึกหัดรวมครั้งที่ / Bài tập tổng hợp

1 [A] 適当な漢字を( )に書きましょう。

```
        ( )
    (  )    ↑  北東
         ＼ | ／
西 ――――●―――― ( )
         ／ | ＼
    (  )     南東
        ( )
```

Please write the appropriate kanji in each bracket.
Tulislah kanji yang tepat di dalam tanda kurung!
จงเขียนตัวอักษรคันจิที่ถูกต้องลงใน ( )
Viết chữ Hán thích hợp vào ( )

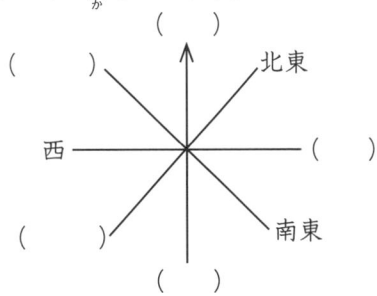

[B] 日本の地方の名前です。①〜④に入る漢字を ☐ から選んで、書きましょう。

中部地方
中国地方
四国地方
九州・沖縄地方

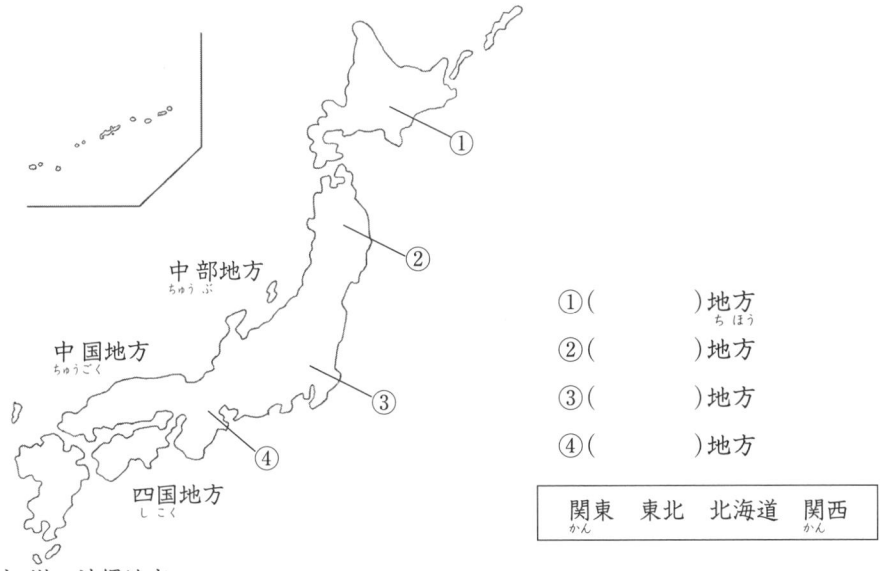

① ( )地方
② ( )地方
③ ( )地方
④ ( )地方

| 関東　東北　北海道　関西 |

Here you see names of different regions in Japan. Please choose from the box and write the appropriate kanji in the bracket of ① to ④

Nama-nama daerah di Jepang. Isilah ①〜④ dengan cara memilih kanji dari dalam kotak!

จงเลือกตัวอักษรคันจิซึ่งเป็นชื่อภูมิภาคต่างๆ ของประเทศญี่ปุ่นจาก ☐ และเขียนลงใน ( ) ข้อ ①〜④

Đây là tên các vùng ở Nhật Bản. Chọn trong ☐ những chữ Hán phù hợp để viết vào ①〜④.

[C] 反対の意味の漢字を ☐ から選んで( )に漢字を書きましょう。

① 行 ⇔ ( )　② 開 ⇔ ( )　③ 前 ⇔ ( )
④ 古 ⇔ ( )　⑤ 買 ⇔ ( )

| 売　来　閉　新　後 |

Please write the kanji in each bracket whose meaning is opposite to the one given.
Tulislah kanji yang artinya berlawan pada ( ) dengan memilih salah satu dari dalam kotak!
จงเลือกตัวอักษรคันจิที่มีความหมายตรงข้ามจาก ☐ และเขียนลงใน ( )
Chọn chữ Hán ngược nghĩa trong ☐ rồi viết vào ( ).

[D] 順番に並べましょう。

① 赤ちゃん・青年・大人・子ども
　　　　(赤ちゃん → 　　→ 　　→ 　　)

② 大学・中学校・高校・小学校
　　　　(小学校 → 　　→ 　　→ 　　)

Please find the pattern and rearrange the word order.
Urutkanlah!
จงเรียงลำดับตัวอักษรคันจิต่อไปนี้
Hãy xếp theo thứ tự.

69

③ 今週・先々週・先週・来週・再来週

（先々週 → 　　　 → 　　　 → 　　　 →再来週）

[E] ◯◯から文に合うことばを選んで、書きましょう。

① ご飯を（　　　　）。

② 新聞を（　　　　）。

③ お茶を（　　　　）。

④ 話を　（　　　　）。

| 食べます　　聞きます　　飲みます　　読みます |

2 1.～4.のなかで、いちばんいいものを選びましょう。

① ぎんこう（　） 1. 銀　2. 珢　3. 銀　4. 琅

② あかい　（　） 1. 杰　2. 走　3. 赤　4. 並

③ かう　　（　） 1. 員　2. 覔　3. 買　4. 貝

④ まいしゅう（　）1. 造　2. 週　3. 遠　4. 違

⑤ うごく　（　） 1. 働　2. 重　3. 勲　4. 動

3 ＿＿＿の読み方を書きましょう。

① 友だちに　かぞくの　しゃしんを　見せます。　　　＿＿＿＿

② 夕飯の　時間です。　　　　　　　　　　　　　＿＿＿＿　＿＿＿＿

③ ロシア文学を　べんきょうして　います。　　　＿＿＿＿

④ トムさんの　お母さんは　大学の　先生です。　　＿＿＿＿　＿＿＿＿　＿＿＿＿

⑤ わたしの　母は　働いて　いません。　　　　　＿＿＿＿　＿＿＿＿

⑥ ロロさんは　牛肉が　食べられません。　　　　＿＿＿＿　＿＿＿＿

⑦ 電話で　たくさん　話しました。　　　　　　　＿＿＿＿

⑧ お寺に　行きます。　　　　　　　　　　　　　＿＿＿＿

⑨ 青い空と　白い　くもが　きれいです。　　　　＿＿＿＿　＿＿＿＿

⑩ 先に　駅に　行きます。　　　　　　　　　　　＿＿＿＿　＿＿＿＿

⑪ 長い間　内田さんに　会って　いません。　　　

　　　　　　　　　　　　　　　＿＿＿＿　＿＿＿＿　＿＿＿＿

⑫ 外国語の べんきょうは すきですが、会話は *にがてです。 _____ _____

⑬ かえる ときに 電気を けして 下さい。 _____ _____
⑭ 質問が ある かたは 手を あげて 下さい。 _____ _____
⑮ あの 店は いろいろな 花を 売って います。
 _____ _____

*にがて／
not (one's) favorite／
tidak tahan／ไม่ถนัด／
kém, không thạo

4 _____のことばを漢字とひらがなで書きましょう。

① くるまの かぎが みつかりました。 _____ _____
② ごぜんちゅうは いい てんきです。 _____ _____
③ ごごは あめが ふります。 _____ _____
④ まいつき 1日に *ミーティングを おこないます。
 _____ _____

⑤ みなみもんの まえに *コンビニが あります。 _____ _____
⑥ いぬの みみが うごきました。 _____ _____
⑦ ことし むすこは しょうがっこうを そつぎょうします。
 _____ _____

⑧ 「おげんきですか。」と いいました。 _____ _____
⑨ 「アメリカ」では なく 「べいこく」と かいて あります。
 _____ _____

⑩ はやく 起きると きもちが いいです。 _____ _____
⑪ この みちの なまえは 何ですか。 _____ _____
⑫ てんいんが 外の くさを とって います。
 _____ _____

⑬ この おちゃは とくに たかいです。
 _____ _____

⑭ しちじごろ お店は かいしゃいんで こんで います。
 _____ _____

⑮ 九時間も はたらいて くびが いたいです。
 _____ _____

Please rewrite the under-lined portion with kanji and hiragana.
Tulislah huruf kanji dan hiragana dari kosakata yang digaris bawahi!
จงเขียนคำศัพท์ที่ขีดเส้นใต้เป็นอักษรคันจิ และฮิระงะนะ
Viết những từ có gạch chân sang chữ Hán và chữ Hiragana.

*ミーティング／
meeting／pertemuan／
การประชุม／họp

*コンビニ／convenience store (Often shortened as written here.)／Mini-market (sering disingkat)／ร้านสะดวกซื้อ (มักเรียกย่อๆ เช่นนี้)／cửa hàng tiện lợi (thường gọi tắt như vậy)

5 ▢から適当な漢字を選んで（　）に書きましょう。

〈鈴木さんの　話〉

　わたしは　山田くんと　おなじ　大学の　学生です。山田くんは　今、カフェ　で　アルバイトを　して　います。月水金　四時から　八時まで　a.(　いて)　います。月よう日は　バイトの　時間まで　いっしょに　としょかんに　b.(　って)　べんきょうして　います。水よう日は　バイトの　c.(　　で)　いっしょに　ご飯を　食べます。ですから　わたしは　八時まで　ちかくの　*ハンバーガーショップで　d.(　って)　います。山田くんの　*カフェ　は　コーヒーが　650円　します。わたしには　e.(　い)です。ハンバーガーショップには　高校生が　たくさん　います。すこし　うるさいですが、わたしは　そこで　本を　f.(　む)のが　すきです。

| 読　高　働　行　待　後 |

27 6 [A] 音声を聞いて適当な漢字を（　）から選んで○を書きましょう。

〈パクさんの　話〉

　わたしは　パクです。わたしの　今の　へやは　暗くて　大学から　a.(一時間・一週間)も　かかります。あさ　b.(電車・電話)が　すごく　こんで　いますから、大学に　行くのが　たいへんです。ですから　c.(先週・先月)から　d.(辛い・新しい)　へやを　さがして　いました。きのう　やっと　いい　へやを　e.(見つけ・自つけ)ました。明るい　へやです。そして　へやの　かべも　*あついです。大きな　おとで　えいがを　見ても、となりの　人に　f.(問こえ・聞こえ)ません。えいがを　g.(毎月・毎日)　見たいです。

28 [B] 音声を聞いて（　）に漢字を書きましょう。

〈ホアンさんの　話〉

　わたしは　山が　すきです。どうぶつも　すきです。とくに　a.(　　)が　すきです。でも　b.(　　)は　*にがてです。目が　こわいです。においも　つよいです。わたしは　*生の　さかなが　食べられません。おすしを　食べる　ときは　c.(お　　)だけ　食べて　上の　さかなを　トムさんに　あげます。しょうらいは　食べものの　d.(　　　)で　働きたいです。その　会社で　おいしい　食べものを　売ったり　かったり　します。e.(　　)に　なって　たくさんの　国の　人と　しごとが　したいです。

7 [A] 次の文を読んで、①～④の質問に答えましょう。

〈トムさんの話〉

　わたしのうちから大学まで、20分かかります。かばんが軽いときはいいですが、重いときはたいへんです。月曜日に、山田さんやパクさんとプールに行きます。そのときは、*タオルや*水着を持って行きます。火曜日、木曜日、金曜日には、日本語の授業があります。日本語の教科書は、三さつもあります。*発表の日は、自分のパソコンを持って行きますから、かばんはもっと重くなります。それで、わたしは自転車が買いたいと、五月から思っていました。

　先週、ホームセンターで自転車を見ました。一番安い自転車は、一万円です。私は日本に二年しかいません。買っても、あまり乗りませんから、もっと安いのがほしいと思いました。でも、おととい、パクさんにいい話を聞きました。パクさんは、大学の*りょうの後ろに*リサイクルショップがあると言いました。きのう、わたしは、そのリサイクルショップに行って自転車を見つけました。中古ですが、きれいです。赤色の自転車ですから、自転車の名前を「トマト」にしました。

① 火曜日、トムさんのカバンには、何が入っていますか。

_____

② どうしてトムさんは自転車を買いたかったですか。

_____

③ トムさんは、どこで自転車を買いましたか。

_____

④ トムさんの自転車の名前は、どうして「トマト」ですか。

_____

[B] 次の会話を読んで、①～④の質問に答えましょう。

〈トムさんは、山田さんのお父さんの旅行会社に行きました〉

社員　　：いらっしゃいませ。

山田　　：こんにちは。あ、お父さん！

山田父　：あ、よく来たね。いらっしゃい。

トム　　：あ、こんにちは。はじめまして。トムです。

山田父　：トムさん、はじめまして、ゆうたの父です。どうぞ、よろしく。話は聞きましたよ。

Please read the following passage and answer questions ① to ④.

Bacalah teks berikut, lalu jawablah pertanyaan ①~④!

จงอ่านเนื้อเรื่องต่อไปนี้ และตอบคำถามข้อ ①~④

Đọc đoạn văn dưới đây và trả lời các câu hỏi từ ①~④.

*タオル／towel／handuk／ผ้าขนหนู／khăn lau

*水着／bathing suit/trunks／baju renang／ชุดว่ายน้ำ／áo tắm

*発表／presentation／pengumuman／การนำเสนอ／phát biểu, công bố

*りょう／dormitory／(school) residence／asrama／หอพัก／ký túc xá

*リサイクルショップ／used goods store／toko barang bekas／ร้านขายสินค้ามือสอง／cửa hàng bán đồ tái chế

Please read the following conversation and answer questions ① to ④.

Bacalah percakapan berikut, lalu jawablah pertanyaan ①~④!

จงอ่านบทสนทนาต่อไปนี้ และตอบคำถามข้อ ①~④

Đọc đoạn hội thoại dưới đây và trả lời các câu hỏi từ ①~④.

トム　　：あ、ありがとうございます。
山田父：ベルギーの旅行について聞きたいそうですね。
トム　　：はい。東京から、いくらぐらいかかりますか。
山田父：いつごろ行きたいと思っていますか。
トム　　：九月の夏休みか三月の春休みです。
山田父：じゃあ、九月を見てみましょうか。そうですね…。20万円ぐらいですね。
トム　　：20万円！そんなに高いんですか。
山田父：三月もおなじですよ。ベルギーは、いつでも人気ですからね。
山田　　：トムさん、日本にいる間は、日本を楽しんだら、どうですか。まだ、京都も見ていないでしょう。
トム　　：うーん、そうですね。
山田　　：これから夏休みだから、山も海もいいですよ。富士山もいいですね。
トム　　：そうですね。富士山も、ぜひ行きたいです。
山田　　：夏休みに行きましょう。
トム　　：はい。でも、来年か再来年にはベルギーに行きたいなぁ。わたしも、*アルバイトをして、お金を*ためたいと思います。

① トムさんは、この日より前に山田さんのお父さんに会いましたか。
　　_____

② トムさんは、何月にベルギーに行きたいと思っていましたか。
　　_____

③ トムさんは、今年ベルギーに行きますか。
　　_____

④ トムさんは、この夏休みは何をしますか。
　　_____

*アルバイト／part-time job／kerja pasrt time／งานพิเศษ／công việc làm thêm

*(お金を)ためる／to save (money)／menabung／เก็บสะสม／tiết kiệm tiền

8 a.～d.の質問に答えましょう。

　a. あなたは　新聞を　読みますか。
　　　れい　はい。としょかんで　読みます。／
　　　　　　いいえ。インターネットで　ニュースを　見ます。
　　（　　　　　　　　　　　　　　　　　　　　　　　　　　　）

Please answer questions "a" to "d" about yourself.
Jawablah pertanyaan a.~d.!
จงตอบคำถามข้อ a.~d.
Trả lời các câu hỏi từ a.~d.

b. あなたの くにで 中学校や 高校は 何さいから 何さいまでですか。また、何年間ですか。

> **れい** 中学校：13さいから 15さいまでです。三年間です。
> 高校　：16さいから 18さいまでです。三年間です。

中学校：（　　　　　　　　　　　　　　　　　　　　　　　）

高校：（　　　　　　　　　　　　　　　　　　　　　　　　）

c. あなたの 国で 銀行は 何時に 開きますか。何時に 閉まりますか。

> **れい** 日本では、*窓口は　午前九時に　開きます。
> 午後三時に　閉まります。*ATMは　夜も　開いて　います。

*窓口／teller／loket／เคาน์เตอร์／quầy giao dịch

*ATM／automated teller machine (The acronym is usually used.)／ATM (untuk menarik atau menabung pada mesin otomatis)／เอทีเอ็ม (เครื่องฝากถอนเงินสดอัตโนมัติ ปกติมักจะเรียกแบบนี้)／cách gọi thông dụng của "máy giao dịch tiền mặt tự động"

d. あなたは どのぐらい 自分で りょうりを しますか。ときどき 店で 買いますか。外で 食べますか。この 一週間の 夕飯に ついて 書きましょう。

> **れい** 月よう日　スパゲッティを　つくりました。
> 火よう日は　すずきさんと　レストランに　行って　ハンバーグを　食べました。水よう日は　大学の　学食で　うどんを　食べました。

日本語能力試験対策 第5回〜第8回 まとめ問題 JLPT Practice exercises

よみ／reading／membaca／การอ่าน／Đọc

もんだい1 ＿＿＿の ことばは どう よみますか。1・2・3・4から いちばん いい ものを ひとつ えらんで ください。

How do you read the underlined words? Choose the best one from 1, 2, 3 or 4.

Bagaimana cara membaca huruf yang diragis bawahi? Pilihlah salah satu jawaban yang tepat dari 1, 2, 3, atau 4!

คำที่ขีดเส้นใต้ต่อไปนี้อ่านว่าอะไร จงเลือกคำตอบที่ถูกต้องจาก 1, 2, 3, 4

Chọn trong 1, 2, 3, 4 cách đọc đúng nhất chữ Hán có gạch chân.

N5

[1] ともだちと いっしょに ピザを 食べました。
　　1 たべました　2 だべました　3 たぺました　4 たへました

[2] 白い ぼうしを かいます。
　　1 かるい　　2 しろい　　3 ちいさい　　4 まるい

[3] ちちが ネクタイを 買って くれました。
　　1 はって　　2 かざって　　3 かぶって　　4 かって

[4] でぐちが どこに あるか 聞きました。
　　1 あきました　2 ひらきました　3 ききました　4 かきました

[5] 「また、あした。」と 言いました。
　　1 いいました　2 わらいました　3 おもいました　4 といました

[6] お名前を こちらに かいて ください。
　　1 ゆうめい　2 ゆうめえ　3 なまえ　　4 なめえ

[7] しょうせつを 読むのが すきです。
　　1 よむ　　2 あむ　　3 くむ　　4 かむ

[8] プールで 耳に みずが はいりました。
　　1 まま　　2 みみ　　3 めめ　　4 もも

[9] 新しい くつで でかけます。
　　1 しんしい　2 たのしい　3 うれしい　4 あたらしい

[10] わたしの まちは ちゅうごくの 南の ほうです。
　　1 まなみ　　2 なみま　　3 みなみ　　4 なみだ

[11] がっこうの まえで 会ってから いっしょに としょかんへ いきました。
　　1 あつまって　2 のって　　3 まって　　4 あって

[12] パクさんは ロロさんに 電話を かけました。
　　1 てんわ　　2 でんわ　　3 てんごん　4 でんごん

[13] 会社の そばに おいしい すしやが あります。
　　1 がいしあ　2 がいしゃ　3 かいしあ　4 かいしゃ

14 <u>来月</u> りょこうで おおさかに いきます。
　　1 あさって　　2 おととし　　3 らいげつ　　4 せんげつ

15 すずきさんは かみが <u>長い</u>です。
　　1 くろい　　2 ちゃいろい　　3 あかるい　　4 ながい

16 つぎの <u>駅</u>で おります。
　　1 でんしゃ　　2 くるま　　3 せん　　4 えき

◆◇◆◇◆◇◆◇◆◇◆◇◆◇◆◇◆

N4 17 どうぞ。<u>お茶</u>を 入れましたよ。
　　1 おゆ　　2 おはな　　3 おちゃ　　4 おくすり

18 おしょうがつは <u>特に</u> よていが ありません。
　　1 さらに　　2 とくに　　3 よりに　　4 ほんとうに

19 <u>門</u>の まえに くるまを とめないで ください。
　　1 いりぐち　　2 まど　　3 もん　　4 とびら

20 だいたい 7じに <u>よるご飯</u>を たべます。
　　1 ごあ　　2 ごあん　　3 ごは　　4 ごはん

21 あの <u>赤い</u> マフラーを して いるのが わたしの むすめです。
　　1 あかい　　2 あおい　　3 あかるい　　4 たかい

22 <u>文学</u>に きょうみが あります。
　　1 がくもん　　2 てんもん　　3 かがく　　4 ぶんがく

23 この おみせの <u>店員</u>は だんせいが おおいです。
　　1 てにん　　2 ていん　　3 てんにん　　4 てんいん

24 <u>自分</u>で この しゃしんを とりました。
　　1 ひとり　　2 じぶん　　3 じりき　　4 じしん

25 しょうらいは 外国で <u>働き</u>たいです。
　　1 うごきたい　　2 むきたい　　3 みがきたい　　4 はたらきたい

26 友だちからの れんらくを <u>待って</u> います。
　　1 とって　　2 まって　　3 しゃべって　　4 あつまって

かき / writing / menulis / การเขียน / Viết

もんだい2 ＿＿＿の ことばは どう かきますか。1・2・3・4から いちばん いい ものを ひとつ えらんで ください。

N5

1 たべた あとで くすりを のみます。
 1 館みます 2 歌みます 3 飲みます 4 乗みます

2 やまださんの おかあさんは かみが ながいです。
 1 お母さん 2 お母さん 3 お毎さん 4 お円さん

3 ともだちに メールを かきます。
 1 出きます 2 聞きます 3 送きます 4 書きます

4 せんしゅう うみに いきました。
 1 住きました 2 往きました 3 行きました 4 行きました

5 ごねんまえ はじめて にほんに きました。
 1 五年間 2 五年後 3 五年午 4 五年前

6 にしから てんきが わるく なりました。
 1 四 2 西 3 果 4 東

7 しょうらい せんせいに なりたいです。
 1 生先 2 学者 3 学生 4 先生

8 まいしゅう りょうしんと でんわで はなします。
 1 毎週 2 毎道 3 毎進 4 毎廻

9 がっこうまで じてんしゃで いきます。
 1 高校 2 学習 3 学堂 4 学校

10 としょかんで しんぶんを よみます。
 1 新間 2 新聞 3 斩間 4 斩聞

11 カフェで ともだちと はなします。
 1 言します 2 語します 3 話します 4 説します

12 くるまが いちだい あります。
 1 東 2 甲 3 由 4 車

13 パクさんは 3じに くると いって いました。
 1 来る 2 乗る 3 未る 4 半る

14 <u>くじの</u> ニュースを みます。
　　1 七時　　　2 四持　　　3 九時　　　4 十持

15 たんじょうびに お<u>はな</u>を あげました。
　　1 苑　　　　2 苅　　　　3 荷　　　　4 花

16 やまださんの おとうとは せが <u>たかい</u>です。
　　1 高い　　　2 京い　　　3 髙い　　　4 宮い

◆◇◆◇◆◇◆◇◆◇◆◇◆◇◆◇◆

N4　17 かぎは <u>みつかりました</u>か。
　　1 貝かりました　2 貝つかりました　3 見かりました　4 見つかりました

18 すずきさんの いぬは <u>げんき</u>が ありません。
　　1 先気　　　2 先気　　　3 元気　　　4 元気

19 日本では <u>じどうしゃ</u>は ひだりがわを はしります。
　　1 自乗車　　2 自転車　　3 自働車　　4 自動車

20 この <u>あおい</u> くつは だれの ですか。
　　1 青い　　　2 白い　　　3 黒い　　　4 赤い

21 この みせは 10じに <u>あきます</u>。
　　1 閉きます　2 問きます　3 関きます　4 開きます

22 <u>しつもん</u>が あったら どうぞ。
　　1 曽問　　　2 曽門　　　3 質問　　　4 質門

23 かさを <u>もって</u> きましたか。
　　1 時って　　2 待って　　3 持って　　4 侍って

24 <u>ぎんこう</u>は 3じまで あいています。
　　1 金庫　　　2 銀館　　　3 金行　　　4 銀行

25 パクさんの カメラは 大きくて <u>おもい</u>です。
　　1 書い　　　2 里い　　　3 重い　　　4 乗い

26 えいごの <u>かいわ</u>の れんしゅうを します。
　　1 声色　　　2 会話　　　3 音声　　　4 会議

第9回 練習問題

Exercise / Soal Latihan / แบบฝึกหัด / Luyện tập

1 絵を見て、（　）に漢字を書きましょう。

① a.　　　b.　　　c.

② ③

① a.（　）b.（　）c.（　）

② 車が 一（　）あります。

③ （　　　）で 学校へ 行きます。

Please look at the illustrations and write the appropriate kanji in each bracket.

Tulislah huruf kanji pada ( ) dengan melihat gambar!

จงดูภาพและเขียนตัวอักษรคันจิลงใน( )

Xem tranh và viết chữ Hán vào ( ).

2 [A] ☐の漢字を①〜③のグループに分けましょう。

① 時 (time/waktu/เวลา/thời gian)　　　（　　　　）

② 動作 (actions/movements/aktivitas/กริยา/động tác)　　　（　　　　）

③ 家族 (family/keluarga/ครอบครัว/gia đình)　　　（　　　　）

| 夜 | 習 | 始 | 押 | 姉 | 運 | 朝 | 妹 | 転 | 昼 |

Please divide the kanji in the box below into Group ① to Group ③.

Pilahlah huruf kanji dalam kotak ke dalam grup ①〜③!

จงแบ่งกลุ่มตัวอักษรคันจิใน ☐ ตามกลุ่มที่กำหนดให้ ①〜③

Phân loại các chữ Hán trong ☐ vào các nhóm từ ①〜③.

[B] 反対の意味の漢字を書きましょう。

① 重 ⇔ （　　　）

② 押 ⇔ （　　　）

③ 弱 ⇔ （　　　）

④ 妹 ⇔ （　　　）

Please write the kanji whose meaning is opposite to the one given.

Tulislah huruf kanji yang artinya berlawanan!

จงเขียนตัวอักษรคันจิที่มีความหมายตรงกันข้าม

Viết chữ Hán ngược nghĩa.

3 次のことばの意味を考えて、a.〜d.のなかから選びましょう。

① 昼寝(する)　（　）
② 転校(する)　（　）
③ 練習(する)　（　）
④ 味見(する)　（　）

a. to have a nap ／ tidur siang／นอนกลางวัน／ngủ trưa
b. to check the taste ／ mencicipi／ชิม／ném
c. to practice ／ berlatih／ฝึกซ้อม／luyện tập
d. to change one's school ／ pindah sekolah／ย้ายโรงเรียน／chuyển trường

Please choose the most appropriate definition from the box for the following words.

Pikirkan arti kosakata berikut dan memilih a.〜d.!

จงพิจารณาความหมายของคำศัพท์ต่อไปนี้ และเลือกคำตอบที่เหมาะสมจาก a.〜d.

Chọn từ a.〜d. ý nghĩa của các từ dưới đây.

④ 1.~4.のなかで、いちばんいいものを選びましょう。

① あさ（ ）　1. 朝　　2. 朝　　3. 脾　　4. 朝

② ひる（ ）　1. 昼　　2. 昼　　3. 昼　　4. 昼

③ つよい（ ）　1. 強　　2. 強　　3. 弳　　4. 強

⑤ ＿＿＿の読み方を書きましょう。難しいときは、本冊 p.163-168 を見ましょう。

[転] ① ゆきの 日に 転んで けがを しました。　　　＿＿＿＿＿

② 自転車で 買いものに 行きます。　　　＿＿＿＿＿

[運] ③ にもつを 運びます。　　　＿＿＿＿＿

④ あの タクシーの 運転手さんは しんせつです。　　　＿＿＿＿＿

[軽] ⑤ この かばんは 軽いです。　　　＿＿＿＿＿

⑥ きっさてんで 軽食を 食べます。　　　＿＿＿＿＿

[朝] ⑦ 朝ご飯を 食べましたか。　　　＿＿＿＿＿

⑧ 朝食に パンを 食べます。　　　＿＿＿＿＿

⑨ ※今朝 ごはんを 食べませんでした。　　　＿＿＿＿＿

[昼] ⑩ チョウさんは 昼休みに 本を よみます。　　　＿＿＿＿＿

⑪ 昼食は カレーでした。　　　＿＿＿＿＿

[風] ⑫ 今日は 風が 強いです。　　　＿＿＿＿＿

⑬ ※風邪を 引いて あたまが いたいです。　　　＿＿＿＿＿

⑭ ミンさんは 洋風の いえに すんでいます。　　　＿＿＿＿＿

⑮ お風呂に 入ります。　　　＿＿＿＿＿

[強] ⑯ あの 国は サッカーが 強いです。　　　＿＿＿＿＿

⑰ 毎日 かんじを 勉強して います。　　　＿＿＿＿＿

[弱] ⑱ あの チームは 弱いです。　　　＿＿＿＿＿

⑲ 妹の 弱点は ※数学です。　　　＿＿＿＿＿

[習] ⑳ ときどき チョウさんに かんじを 習います。　　　＿＿＿＿＿

㉑ かんじの 学習は たのしいです。　　　＿＿＿＿＿

[台] ㉒ へやに テレビが 二台 あります。　　　＿＿＿＿＿

㉓ 来週 台風が 来るそうです。　　　＿＿＿＿＿

[始] ㉔ 学校は 九時に 始まります。　　　＿＿＿＿＿

*数学／mathematics／matematika／คณิตศาสตร์／số học

㉕会議を 三時半に 開始します。　＿＿＿＿＿

[市]㉖この まちの 市長は いい人です。　＿＿＿＿＿

　　㉗日よう日の朝 市場へ やさいを 買いに 行きます。　＿＿＿＿＿

[姉]㉘わたしの 姉は ワインが 好きです。　＿＿＿＿＿

　　㉙山田さんの お姉さんは おかしを つくります。　＿＿＿＿＿

[妹]㉚わたしの 妹は テニスが 上手です。　＿＿＿＿＿

　　㉛わたしの 姉妹は *なかが いいです。　＿＿＿＿＿

*なかがいい／to get along well (with someone)／akrab／มีความสัมพันธ์ดี／gần gũi

[味]㉜この レストランは 味が いいです。　＿＿＿＿＿

　　㉝この ことばの 意味が 分かりません。　＿＿＿＿＿

[好]㉞パクさんは えいがが 好きです。　＿＿＿＿＿

　　㉟ホアンさんの 好物は バナナです。　＿＿＿＿＿

6

[A] ＿＿＿のことばを漢字で書きましょう。

① まいあさ じてんしゃで 学校へ 行きます。　＿＿＿＿ ＿＿＿＿

② パクさんと ひるご飯を 食べます。　＿＿＿＿

③ わたしは あねと いもうとが います。　＿＿＿＿ ＿＿＿＿

④ *たこやきは どんな あじですか。　＿＿＿＿

Please rewrite the underlined portion with kanji.
Tulislah huruf kanji dari kosakata yang digaris bawahi!
จงเขียนคำศัพท์ที่ขีดเส้นใต้เป็นอักษรคันจิ
Viết chữ Hán những từ có gạch chân.

*たこやき／lit. octopus ball (Japanese golf ball sized snack made with flour with a piece of octopus inside)／takoyaki／ทาโกะยากิ／bánh bạch tuộc nướng

[B] ＿＿＿のことばを漢字とひらがなで書きましょう。

⑤ ロロさんが 車を うんてんします。　＿＿＿＿＿

⑥ かるい にもつを はこびます。　＿＿＿＿＿

⑦ ドアを ひきます。　＿＿＿＿＿

⑧ 山本先生に かんじを ならいます。　＿＿＿＿＿

⑨ 先生が じゅぎょうを はじめます。　＿＿＿＿＿

⑩ 毎日 日本語を べんきょうします。　＿＿＿＿＿

Please rewrite the underlined portion with kanji and hiragana.
Tulislah huruf kanji dan hiragana dari kosakata yang digaris bawahi!
จงเขียนคำศัพท์ที่ขีดเส้นใต้เป็นอักษรคันจิ และฮิระงะนะ
Viết những từ có gạch chân sang chữ Hán và chữ Hiragana.

7 音声を聞いて適当な漢字を（　）から選んで○を書きましょう。

[A] ① （自転車・自動車）で　買いものに　行きます。

② （運動・運転）は　体に　いいです。

③ 今日は　（風・風邪）が　（弱い・強い）です。

④ 昨日は　さむかったですから　（風・風邪）を　（引き・弘き）ました。

⑤ （朝・昼）早く　起きて　（一場・市場）へ　行きます。

[B] 〈トムさんの話〉

わたしは*五人兄弟です。兄と a.（姉・妹）と　弟と b.（姉・妹）がいます。山田さんも五人兄弟です。お兄さんと、お c.（柿・姉）さんと、弟さんと、d.（抹・妹）さんがいます。今日はわたしと山田さんの e.（兄弟・姉妹）について話します。わたしの姉は*ソムリエの f.（強勉・勉強）をしています。いろいろなワインの g.（昧・味）が分かります。姉は特にスペインのワインが h.（好き・姉き）だそうです。山田さんのお姉さんは*おかし作りが上手です。i.（大所・台所）であまいおかしを作ります。ときどき山田さんにお姉さんが作ったおかしをもらいます。お茶を飲むとき一緒に食べるとおいしいです。わたしの妹は運動が好きです。テニスをしています。週末はいつも近くの公園へテニスの j.（練習・練週）に行きます。テニスが上手で、k.（弱い・強い）です。でも、数学は好きじゃありません。数学が l.（下点・弱点）です。山田さんの妹さんは高校生です。とてもかわいいです。英語が好きで、将来は海外で働きたいそうです。

8 音声を聞いて（　）に漢字を書きましょう。

トム：山田さんは　*すもうが　好きですか。

山田：はい、好きです。

トム：じゃあ、ちょっと　聞きたいんですが、すもうで　一ばん　上手で
　　　a.（　　　）人を　何と　言いますか。

山田：ああ、それは　*よこづなですね。

トム：よこづな？

山田：そうです。よこづなは　とても　強いですよ。

山田：ちょうど　もうすぐ　すもうが　b.（　　　）から　いっしょに
　　　テレビ　見ませんか。

トム：いいですね。

トム：わあ、みんな 体が 大きいですね。

山田：そうですね。c.(　　　) 人は 200キロいじょう ありますよ。

トム：へえ、すごいですね。

山田：でも 体重が d.(　　　) 人も いますよ。

トム：軽い 人は e.(　　　)ですか。

山田：軽い 人でも 上手な 人は いますよ。だから すもうは おもしろいんです。

トム：みんな すごい 力で f.(　　　)ね。山田さん、すもうの ルールについて おしえて ください。

山田：ルールですか。いいですよ。g.(　　　)と、*まけです。それから 土の 上に 円が ありますね。あの 円の 外に 出ても まけです。

トム：そうですか。おもしろいですね。

山田：わたしは 「*さくら山」が h.(　　　)です。もうすぐ 「さくら山」の *ばんです。あっ、「さくら山」ですよ。がんばれ！「さくら山」！

*まけ／losing (the match)／kalah／แพ้／thua

*さくら山／imaginary name of a *sumo* wrestler／Sakurayama (nama pemain Sumo)／ซากุระยะมะ (ชื่อสมมุตินักมวยปล้ำซูโม่)／tên của một lực sĩ Sumo giả tưởng

*ばん／(one's) turn／giliran／คิว ลำดับ／lượt

⑨ トムさんの日記を読んで、①〜④の質問に答えましょう。

Please read Tom's diary and answer questions ① to ④.

Bacalah buku harian Tom, lalu jawablah pertanyaan ①〜④!

จงอ่านบันทึกประจำวันของทอม แล้วตอบคำถามข้อ ①〜④

Đọc nhật ký của Tom và trả lời câu hỏi từ ①〜④.

> **8月2日　日よう日**
>
> 　友だちの パクさんが となりの a.市に b.引っこしを しました。朝 早く 起きて ホアンさんたちと 引っこしを 手つだいました。九時に 手つだいを c.始めました。パクさんは えいがが d.好きですから へやに えいがの DVDが たくさん ありました。DVD 一まいは e.軽いですが はこの 中に たくさん ありましたから f.運ぶとき 少し g.重かったです。h.お昼に 山田さんが *そばを 食べよう と 言いました。わたしと ホアンさんは はじめて そばを 食べました。山田さんに そばの 食べかたを i.習いました。日本では *めんを 食べる とき *音を 立てます。音は うるさかったですが そばは おいしかったです。ホアンさんは 少し かぜを 引いて いましたから j.味が あまり 分からないと 言いました。夕がた 五時に 引っこしは おわりました。パクさんの 新しい へやは 南に まどが ありますから 明るくて 気持ちよかったです。

*そば／buckwheat noodles／mie soba／โซบะ／mỳ Soba

*めん／noodles／mie／เส้น／mỳ

*音を立てる／to slurp／berbunyi／ทำให้เกิดเสียงดัง／phát ra tiếng

① _____の 読み方を 書きましょう。

a._____ b._____ c._____ d._____

e._____ f._____ g._____ h._____

i._____ j._____

② となりの 市に 引っこした 人は だれですか。

　　　　　　　　　　　　　　　　　　　　　　　_____

③ 何時に 引っこしを 始めましたか。　　_____

④ そばの 食べかたを おしえたのは だれですか。

　　　　　　　　　　　　　　　　　　　　　　　_____

日本語能力試験対策 第9回 JLPT Practice exercises

よみ / reading / membaca / การอ่าน / Đọc

もんだい1 ＿＿＿の ことばは どう よみますか。1・2・3・4から いちばん いい ものを ひとつ えらんで ください。

N4

① 自転車で 学校へ 行きます。
1 じでんしゃ　2 じどうしゃ　3 じてんしゃ　4 じとうしゃ

② 今朝 ごはんを 食べませんでした。
1 きょう　2 けさ　3 こんばん　4 いまあさ

③ 昼ご飯は パンです。
1 ひるごはん　2 ひるごぱん　3 ひるごばん　4 あさごばん

④ 毎日 学校で 勉強します。
1 べきょう　2 べんきょ　3 べんきゅう　4 べんきょう

⑤ この カメラは 軽くて 小さいです。
1 まるくて　2 せまくて　3 かるくて　4 おもくて

⑥ すずきさんの お父さんは タクシーの 運転手です。
1 うんでんしゅ　2 うんてんしゅ　3 うんてんじゅ　4 うんでんて

⑦ わたしの 妹は はたちです。
1 あね　2 むすめ　3 いもうと　4 おとうと

⑧ 今日は 風が つよいですね。
1 ちから　2 かぜ　3 さけ　4 おとこ

⑨ にもつを 外に 運びます。
1 えらびます　2 はこびます　3 ころびます　4 あそびます

⑩ ちょっと 味が へんですね。
1 いもうと　2 した　3 くち　4 あじ

⑪ 8月は 台風の きせつです。
1 たいかぜ　2 だいかぜ　3 たいふう　4 だいふう

⑫ 好きな くつを はいて でかけます。
1 すてきな　2 すきな　3 だいすきな　4 にんきな

⑬ フランス語の べんきょうを 始めます。
1 はじめます　2 しめます　3 とめます　4 やめます

How do you read the underlined words? Choose the best one from 1, 2, 3 or 4.

Bagaimana cara membaca huruf yang diragis bawahi? Pilihlah salah satu jawaban yang tepat dari 1, 2, 3, atau 4!

คำที่ขีดเส้นใต้ต่อไปนี้อ่านว่าอะไร จงเลือกคำตอบที่ถูกต้องจาก 1, 2, 3, 4

Chọn trong 1, 2, 3, 4 cách đọc đúng nhất chữ Hán có gạch chân.

かき / writing / menulis / การเขียน / Viết

もんだい2 ＿＿ の ことばは どう かきますか。1・2・3・4から いちばん いい ものを ひとつ えらんで ください。

N4

[1] <u>あさ</u> 早く 起きます。
　1 朝　　　2 朝　　　3 明　　　4 幹

[2] 毎日 30分 <u>うんどう</u>します。
　1 連動　　2 運働　　3 運動　　4 運転

[3] 山田さんは 力が <u>つよい</u>です。
　1 強い　　2 強い　　3 弾い　　4 強い

[4] 今から じゅぎょうを <u>はじめます</u>。
　1 初めます　2 初じめます　3 始めます　4 始じめます

[5] <u>ひきだし</u>の 中に かぞくの しゃしんが あります。
　1 引き出し　2 引き入し　3 押き出し　4 押き入し

[6] あには 体が <u>よわい</u>です。
　1 弱い　　2 強い　　3 弱い　　4 弱い

[7] 山田さんの <u>おねえさん</u>は やさしいです。
　1 姉　　　2 妹　　　3 兄　　　4 母

[8] 来月から フランス語を <u>ならいます</u>。
　1 学います　2 習います　3 勉います　4 話います

[9] 車を <u>いちだい</u> 持って います。
　1 一台　　2 一大　　3 一代　　4 一合

[10] となりの <u>し</u>に ひっこしします。
　1 巾　　　2 市　　　3 立　　　4 主

[11] <u>ひるやすみ</u>に 電話して ください。
　1 昼休み　2 夏休み　3 春休み　4 夜休み

[12] <u>いもうと</u>は テニスが 上手です。
　1 始　　　2 娘　　　3 妹　　　4 妖

[13] かんじの <u>べんきょう</u>は たのしいです。
　1 勉弘　　2 勉教　　3 便教　　4 勉強

第10回 練習問題

Exercise / Soal Latihan / แบบฝึกหัด / Luyện tập

1 絵を見て、（　）に漢字を書きましょう。

① a. b. c. d.

② a. b. c. d. e. f.
25さい 22さい 20さい 18さい 16さい

① a.(　) b.(　) c.(　) d.(　)

② a.(　) b.(　) c.(　) d.(　) e.(　) f.(　)

2 [A] ◯の漢字を①〜③のグループに分けましょう。

① 季節 (season/musim/ฤดูกาล/mùa)　　　　(　　　　　　　)

② 天気 (weather/cuaca/อากาศ/thời tiết)　　(　　　　　　　)

③ 家族 (family/keluarga/ครอบครัว/gia đình) (　　　　　　　)

| 冬　夏　晴　秋　親　寒　兄　暑　弟　春 |

[B] 反対の意味の漢字を書きましょう。

① 寒 ⇔ (　　)

② 雨 ⇔ (　　)

③ 弟 ⇔ (　　)

3 次のことばの意味を考えて、a.〜d.のなかから選びましょう。

① 思い出　　　(　　)

② 注目（する）(　　)

③ 心配（する）(　　)

④ 救急車　　　(　　)

a. ambulance / ambulan / รถพยาบาล / xe cấp cứu
b. to take notice of something / memperhatikan / สนใจ สังเกต / đáng lưu ý
c. to be anxious, to be concerned / khawatir / เป็นห่วง / lo lắng
d. memory / kenangan / ความทรงจำ / ký niệm

88

④ 1.～4.のなかで、いちばんいいものを選びましょう。

① こころ（ 　 ）　1. 心　　2. 心　　3. 心　　4. 心
② あに　（ 　 ）　1. 兄　　2. 兄　　3. 兄　　4. 兄
③ はる　（ 　 ）　1. 春　　2. 春　　3. 昔　　4. 麦

⑤ ＿＿＿の読み方を書きましょう。難しいときは、本冊 p.171-175 を見ましょう。

[心] ① 誕生日に ＊心が こもった プレゼントを もらいました。＿＿＿＿＿

　　② 子どもの かえりが おそいから 心配します。＿＿＿＿＿

[思] ③ 日本は ＊ぶっかが たかいと 思います。＿＿＿＿＿

　　④ ＊ソクラテスは ゆうめいな 思想家です。＿＿＿＿＿

[急] ⑤ もうすぐ 電車が 来る 時間ですから 急ぎましょう。＿＿＿＿＿

　　⑥ 急行に のって となりの えきへ 行きます。＿＿＿＿＿

[悪] ⑦ 今日は 体の ちょうしが 悪いです。＿＿＿＿＿

　　⑧ さいふが なくなるし ちこくするし 最悪な 一日でした。＿＿＿＿＿

　　⑨ びょうきが 悪化しないと いいですね。＿＿＿＿＿

[兄] ⑩ 兄に スイスの 時計を もらいました。＿＿＿＿＿

　　⑪ 山田さんの お兄さんは せが 高いです。＿＿＿＿＿

[弟] ⑫ 山田さんの 弟は 高校生です。＿＿＿＿＿

　　⑬ ロロさんは 兄弟が いますか。＿＿＿＿＿

　　⑭ すしやの ＊弟子に なります。＿＿＿＿＿

[親] ⑮ わたしの 母親は とても やさしいです。＿＿＿＿＿

　　⑯ 親しい 友だちと いっしょに りょこうします。＿＿＿＿＿

　　⑰ 古田先生は いつも 親切です。＿＿＿＿＿

[主] ⑱ 今日の 主な ＊できごとを ＊日記に 書きます。＿＿＿＿＿

　　⑲ この カメラの 持ち主は だれですか。＿＿＿＿＿

　　⑳ ミンさんの ご主人は 日本人です。＿＿＿＿＿

[注] ㉑ コーヒーを カップに 注ぎます。　　　　　＿＿＿＿＿

㉒ 道を わたる とき 車に 注意します。　　　＿＿＿＿＿

[住] ㉓ わたしは 日本に 住んで います。　　　　　＿＿＿＿＿

㉔ パクさんの 新しい 住所を おしえて ください。　＿＿＿＿＿

[春] ㉕ 春には きれいな 花が さきます。　　　　　＿＿＿＿＿

㉖「春分の日」は 昼と 夜の 時間の 長さが おなじです。
　　　　　　　　　　　　　　　　　　　　　　＿＿＿＿＿

[夏] ㉗ 夏休みに 富士山に のぼりたいです。　　　　＿＿＿＿＿

㉘ 四つの きせつを *まとめて 春夏秋冬と いいます。
　　　　　　　　　　　　　　　　　　　　　　＿＿＿＿＿

*まとめる／
to put together／
menghimpun/menyingkat
／รวม／gộp

[秋] ㉙ 秋は 食べものが おいしいです。　　　　　　＿＿＿＿＿

㉚「秋分の日」は *国民の 休日で お休みです。　　＿＿＿＿＿

*国民／nation／
warga／ประชาชน พลเมือง
／người dân

[冬] ㉛ 冬休みに 長野へ スキーを しに 行きます。　＿＿＿＿＿

㉜ *くまは 冬の 間 冬眠します。　　　　　　　　＿＿＿＿＿

*くま／bear／beruang
／หมี／gấu

[寒] ㉝ 今日は 寒いですね。　　　　　　　　　　　＿＿＿＿＿

㉞ 来週 強い 寒波が 来るそうです。　　　　　＿＿＿＿＿

[暑] ㉟ へやが 暑い とき エアコンを つけます。　＿＿＿＿＿

㊱ もう 九月ですが まだ 残暑が きびしいですね。　＿＿＿＿＿

[晴] ㊲ 今日の 天気は 晴れです。　　　　　　　　　＿＿＿＿＿

㊳ 今日は 晴天で 空が 青いです。　　　　　　　＿＿＿＿＿

6 [A] ＿＿＿のことばを 漢字で 書きましょう。

① チョウさんは こころの やさしい 人です。　　＿＿＿＿＿

② ロロさんは きせつで はるが いちばん 好きだと 言いました。
　　　　　　　　　　　　　　　　　　　　　　＿＿＿＿＿

③ わたしは あにと おとうとが います。　　　＿＿＿＿　＿＿＿＿

④ おやと 大切な 話を します。　　　　　　　＿＿＿＿＿

⑤ この ことばの いみが 分かりません。　　　＿＿＿＿＿

Please rewrite the underlined portion with kanji.
Tulislah huruf kanji dari kosakata yang digaris bawahi!
จงเขียนคำศัพท์ที่ขีดเส้นใต้เป็นอักษรคันจิ
Viết chữ Hán những từ có gạch chân.

90

[B] ＿＿＿のことばを漢字とひらがなで書きましょう。

⑥ きゅうに おなかが いたくなりました。

⑦ 体の ちょうしが わるいです。

⑧ わたしは 日本に すんで います。

⑨ 今日は あついですね。

⑩ 今年の ふゆは 特に さむいです。

⑪ 今日は はれです。気持ちが いいです。

7 音声を聞いて適当な漢字を（　）から選んで○を書きましょう。

[A]

① この ことばの （意味・意見）が 分かりません。

②（意に・急に）パーティーに 行けなく なりました。

③ 明日は （晴れる・明れる）そうです。

④ ミンさんの （ご注人・ご主人）は 日本人です。

⑤ 今 日本に （住んで・注んで）います。

[B]〈トムさんの話〉

　私と山田さんのa.（両新・両親）とb.（兄弟・弟兄）について話します。私のc.（兄・父）はツアーガイドです。いろいろな国へ行ったことがあります。子どものとき、よく外国の話をしてくれました。d.（女・母）は、大学で地理を教えています。母も外国のことをよく知っています。ですから、わたしも外国にきょうみがあります。じつは山田さんのe.（お父さん・お十さん）も旅行会社につとめています。山田さんのお母さんは*主婦です。料理が上手です。お茶や*生け花を習いたいそうです。

　私のf.（見・兄）は頭がいいです。ときどききびしいです。もっと勉強したほうがいいとg.（注意・住意）します。子どものころ、よく*兄弟げんかをしました。なかがh.（恵かった・悪かった）です。今は*なかがいいです。山田さんのお兄さんは、せが高いです。スポーツが上手です。来年のi.（春・夏）いっしょに富士山にのぼります。お兄さんは富士山に何回ものぼったことがあるそうです。ですからj.（安心・安必）です。私のk.（第・弟）は中学生です。l.（冬・秋）のスポーツが上手です。m.（寒さ・暑さ）に弱いです。山田さんの弟は高校生です。アメリカで英語を勉強したいそうです。ゲームが好きです。新しいゲームについて私にいろいろ教えてくれます。n.（親切・切親）です。

34 8 音声を聞いて（　）に漢字を書きましょう。

トム：このあいだ　きせつで　いつが　いちばん　a.（　　）かと　いう
　　　*アンケートを　しました。

山田：おもしろそうですね。

トム：b.（　　）が　好きだと　こたえた　人が　いちばん　多かったです。
　　　c.（　　）が　好きな　人は　いちばん　少なかったです。

山田：そうですか。春が　好きな　*りゆうには　何が　ありましたか。

トム：春は　だんだん　あたたかく　なります。それから　d.（　　）が　さ
　　　いて　きれいです。e.（　　）ですから　外出も　気持ちが　いいで
　　　す。「新しい　気持ちに　なります。」というf.（　　）も　多かったです。

山田：そうですか。

トム：山田さんは　いつが　好きですか。

山田：わたしは　g.（　　）ですね。

トム：どうしてですか。

山田：h.（　　）が　好きですから。i.（　　）ですが　アイスクリームを　食
　　　べると　すずしく　なります。

トム：そうですか。じつは　ホアンさん、パクさん、ロロさん、チョウさん
　　　にも　聞きました。

山田：へえ。みんなは　何と　言いましたか。

トム：ホアンさんと　チョウさんは　j.（　　）が　好きだそうです。ホアンさ
　　　んは「*もみじが　赤く　なって、山が　きれいですから。」と　言い
　　　ました。チョウさんは「秋は　k.（　　）を　読むのに　いいです。」と
　　　言いました。

山田：パクさんと　ロロさんは？

トム：パクさんと　ロロさんは　春が　好きだと　言いました。

山田：そうですか。それで、トムさんは　いつが　好きなんですか。

トム：わたしは　冬が　好きです。ゆきが　ふって　寒いですが、*スキーや
　　　スノーボードが　できます。それに　わたしの　誕生日は　12月です
　　　から。

山田：そうですか。いろいろな　l.（　　）が　あって　おもしろいですね。

Please listen to the audio file and write the appropriate kanji/kanji word in the brackets.
Dengarkanlah rekaman, lalu tulislah kanji pada bagian dalam kurung!
จงฟังไฟล์เสียง แล้วเขียนตัวอักษรคันจิลงใน (　)
Nghe giọng đọc rồi viết chữ Hán vào (　).

*アンケート／questionnaire／angket／แบบสอบถาม／phiếu điều tra

*りゆう／reason／alasan／เหตุผล／lý do

*もみじ／Japanese maple／momiji (daun pepohonan memerah)／ใบเมเปิล／lá đỏ

*スキーやスノーボード／skiing and snowboarding／Ski dan snowboard／สกี และ สโนว์บอร์ด／trượt tuyết và trượt tuyết bằng ván

⑨ トムさんの日記を読んで、①～③の質問に答えましょう。

> 9月16日　水よう日
>
> 　わたしは　今日も　かんじの　勉強を　して　います。さいきん「親」と　いう　かんじを　勉強しました。木の　上に　立って　見る（立＋木＋見＝親）と　書きます。とても　いい　かんじですから　この　かんじが　好きです。でも、「親を　切る」と　書いて　「しんせつ」と　読みます。「親を　切る」と　いうのは　悪い　意味じゃ　ありませんか？　分かりませんから　今日　大学の　先生に　聞きました。先生は「「切」は　「きる」と　いう　意味だけでは　ありません。「とても　ちかい」と　いう　意味も　あります。「親」にも　「とても　ちかい」と　いう　意味が　あります。いつも　ちかくに　いて　その　人の　ために　手つだって　くれますから　「親切」です。悪い　意味じゃ　ありませんから　安心して　ください」と　言いました。それを　聞いて　*心が晴れました。*やっぱり　かんじは　おもしろいと　思います。

① 「立＋木＋見」で　どんな　かんじに　なりますか。

　_____

② 「親切」は　「親を　切る」と　いう　意味ですか。

　_____

③ かんじの　意味を　だれに　聞きましたか。

　_____

Please read Tom's diary and answer questions ① to ③.

Bacalah buku harian Tom, lalu jawablah pertanyaan ①～③!

จงอ่านบันทึกประจำวันของทอม แล้วตอบคำถามข้อ ①～③

Đọc nhật ký của Tom và trả lời câu hỏi từ ①～③.

*心が晴れる／to make oneself feel better／hati menjadi lega／หมดข้อสงสัย หมดกังวล／nhẹ nhõm

*やっぱり／after all／tentunya／อย่างที่รู้กัน／quả nhiên

日本語能力試験対策 第10回 JLPT Practice exercises

よみ / reading / membaca / การอ่าน / Đọc

もんだい1 ＿＿＿の ことばは どう よみますか。1・2・3・4から いちばん いい ものを ひとつ えらんで ください。

How do you read the underlined words? Choose the best one from 1, 2, 3 or 4.

Bagaimana cara membaca huruf yang diragis bawahi? Pilihlah salah satu jawaban yang tepat dari 1, 2, 3, atau 4!

คำที่ขีดเส้นใต้ต่อไปนี้อ่านว่าอะไร จงเลือกคำตอบที่ถูกต้องจาก 1, 2, 3, 4

Chọn trong 1, 2, 3, 4 cách đọc đúng nhất chữ Hán có gạch chân.

N4

1. 先生に ことばの <u>意味</u>を 聞きます。
   1 みい　　2 いけん　　3 いみ　　4 いし

2. すこし 体の ちょうしが <u>悪い</u>です。
   1 わるい　　2 いい　　3 わろい　　4 かたい

3. こんしゅうは <u>晴れ</u>の 日が おおいです。
   1 くもれ　　2 ふれ　　3 はれ　　4 ほれ

4. すずきさんは <u>兄弟</u>が いますか。
   1 きょおだい　　2 きょうたい　　3 きょだい　　4 きょうだい

5. ときどき 子どもの ころを <u>思い出</u>します。
   1 おもいでし　　2 おもいでるし　　3 おもいだし　　4 おもしいだし

6. としょかんの ちかくに <u>住んで</u> います。
   1 すんで　　2 よんで　　3 しんで　　4 あそんで

7. <u>夏休み</u>に ふじ山に のぼりたいです。
   1 なつやすみ　　2 なつやずみ　　3 ふゆやすみ　　4 ふゆやずみ

8. ニュースを 聞いて <u>安心</u>しました。
   1 あしん　　2 えんしん　　3 あんしん　　4 やすしん

9. 今日は ちょっと <u>寒い</u>ですね。
   1 あつい　　2 さむい　　3 ねむい　　4 くらい

10. <u>特急</u>に のって となりの 町へ 行きます。
    1 とつきゅう　　2 とっきゅ　　3 とっきゅう　　4 とくきゅ

11. 山田さんは いつも <u>親切</u>です。
    1 おやきり　　2 しんぱい　　3 しんせつ　　4 しんせき

12. 車に <u>注意</u>して ください。
    1 ちゅんい　　2 ちゅうい　　3 ちゅい　　4 ちゅおい

13. わたしは きせつの なかで <u>秋</u>が いちばん すきです。
    1 あさ　　2 あき　　3 あす　　4 あし

かき／writing／menulis／การเขียน／Viết

もんだい2 ＿＿の ことばは どう かきますか。1・2・3・4から いちばん いい ものを ひとつ えらんで ください。

N4

① <u>ふゆやすみ</u>は 学校に 行かなくても いいです。
　1 春休み　　2 秋休み　　3 冬休み　　4 夏休み

② <u>いけん</u>が ある 人は 手を あげて ください。
　1 意味　　　2 見意　　　3 意思　　　4 意見

③ 時間が ありませんから <u>いそいで</u> ください。
　1 急いで　　2 忙いで　　3 走いで　　4 息いで

④ かなしい ニュースに <u>こころ</u>が いたいです。
　1 必　　　　2 少　　　　3 心　　　　4 光

⑤ <u>あに</u>と いっしょに でかけます。
　1 兄　　　　2 姉　　　　3 友　　　　4 親

⑥ わたしは となりの まちに <u>すんで</u> います。
　1 往んで　　2 住んで　　3 注んで　　4 任んで

⑦ <u>あき</u>は はれる 日が 多いです。
　1 秌　　　　2 扒　　　　3 秋　　　　4 冸

⑧ 日本は こうつうが べんりだと <u>おもいます</u>。
　1 重います　2 思います　3 恩います　4 黒います

⑨ さむいですから かぜに <u>ちゅういして</u> ください。
　1 住意　　　2 主意　　　3 拄意　　　4 注意

⑩ ことしの <u>はる</u>は あたたかいです。
　1 夏　　　　2 春　　　　3 秋　　　　4 冬

⑪ <u>おとうとさん</u>は お元気ですか。
　1 息子さん　2 お父さん　3 弟さん　　4 お兄さん

⑫ この へんは なつに とても <u>あつく</u> なります。
　1 厚く　　　2 暑く　　　3 熱く　　　4 煮く

⑬ <u>ごしゅじん</u>は なんじに かえりますか。
　1 主人　　　2 住人　　　3 夫人　　　4 王人

第11回

練習問題 / Exercise / Soal Latihan / แบบฝึกหัด / Luyện tập

1 絵を見て、（　）に漢字を書きましょう。

① ② ③ a. ／ b.

① （　　　）

② （　　　）

③ a. 駅から（　　　）です。
　 b. 駅から（　　　）です。

2 [A] ☐の漢字を①～③のグループに分けましょう。

① 動物 (animal/binatang/สัตว์/động vật)　　（　　　　　）

② 動作 (actions/movements/aktivitas/กริยา/động tác)　　（　　　　　）

③ 動かないもの
(things which do not move/benda yang tak bergerak/สิ่งที่ไม่เคลื่อนไหว/những thứ không chuyển động)
　　（　　　　　）

| 紙　終　送　鳥　肉　通　服　犬　回 |

[B] 反対の意味の漢字を書きましょう。

① 近 ⇔ （　　　）

② 高 ⇔ （　　　）（　　　）

③ 始 ⇔ （　　　）

3 次のことばの意味を考えて、a.～d.のなかから選びましょう。

① 終電　（　　）
② 結婚式（　　）
③ 入試　（　　）
④ 送別会（　　）

a. entrance examination ／ ujian masuk／การสอบเข้า／thi đầu vào
b. the last train of the day／kereta terakhir／รถไฟเที่ยวสุดท้าย／chuyến tàu cuối
c. farewell party／pesta perpisahan／งานเลี้ยงส่ง／tiệc chia tay
d. wedding ceremony／resepsi pernikahan／งานแต่งงาน／đám cưới

④ 1.～4.のなかで、いちばんいいものを選びましょう。

① ひくい（　） 1. 伝　2. 低　3. 低　4. 侽

② とり　（　） 1. 鳥　2. 鳥　3. 鳥　4. 鳥

③ しき　（　） 1. 式　2. 式　3. 式　4. 式

⑤ ＿＿＿の読み方を書きましょう。難しいときは、本冊 p.178-182 を見ましょう。

[終] ① 五時半に じゅぎょうが 終わります。　　　　＿＿＿＿＿＿＿

② つぎは 終点です。　　　　＿＿＿＿＿＿＿

[紙] ③ 紙を 一まい とって ください。　　　　＿＿＿＿＿＿＿

④ 両親に 手紙を 書きます。　　　　＿＿＿＿＿＿＿

⑤ この 本は 表紙の *デザインが きれいです。　　　　＿＿＿＿＿＿＿

[低] ⑥ あの 山は 低いです。　　　　＿＿＿＿＿＿＿

⑦ 年を とると 体力が 低下します。　　　　＿＿＿＿＿＿＿

[鳥] ⑧ スーパーで 鳥肉を 買います。　　　　＿＿＿＿＿＿＿

⑨ こうえんの いけに 白鳥が います。　　　　＿＿＿＿＿＿＿

[試] ⑩ いろいろな やりかたを 試します。　　　　＿＿＿＿＿＿＿

⑪ 明日 日本語の 試験が あります。　　　　＿＿＿＿＿＿＿

[近] ⑫ 山田さんの うちは 駅から 近いです。　　　　＿＿＿＿＿＿＿

⑬ 近所に ロロさんが 住んで います。　　　　＿＿＿＿＿＿＿

[遠] ⑭ パクさんの うちは 学校から 遠いです。　　　　＿＿＿＿＿＿＿

⑮ 春に 遠足が あります。　　　　＿＿＿＿＿＿＿

[送] ⑯ かぞくに 手紙を 送ります。　　　　＿＿＿＿＿＿＿

⑰ この にもつの 送料は 350円です。　　　　＿＿＿＿＿＿＿

[回] ⑱ *レバーを 右に 回します。　　　　＿＿＿＿＿＿＿

⑲ 一日に 三回 ご飯を 食べます。　　　　＿＿＿＿＿＿＿

[通] ⑳ 電車で 学校に 通います。　　　　＿＿＿＿＿＿＿

㉑ この 道を 通ると 近いです。　　　　＿＿＿＿＿＿＿

㉒ *都会は 交通が べんりです。　　　　＿＿＿＿＿＿＿

Please choose the most appropriate kanji shape for each word.
Pilihlah satu jawaban yang benar dari 1.~4.!
จงเลือกคำตอบที่เหมาะสมจาก 1.~4.
Chọn từ 1.~4. câu trả lời phù hợp nhất.

Please write the reading of the underlined words. If you find them too difficult, you may want to reference page 178 to page 182 of the textbook.
Tulislah cara baca kanji yang digaris bawahi! Jika merasa kesulitan. Lihatlah buku teks hal 178~182!
จงเขียนวิธีอ่านของตัวอักษรคันจิที่ขีดเส้นใต้ กรณีที่ไม่ทราบ สามารถดูคำตอบในตำราหลักหน้า 178-182 ได้
Viết cách đọc các chữ Hán có gạch chân. Nếu không nhớ, bạn có thể xem p.178-182 của giáo trình chính.

*デザイン／design／desain／ดีไซน์／thiết kế

*レバー／lever／perseneling／ปุ่ม ลูกบิด／tay vặn

*都会／(big) city／kota besar／เมืองใหญ่／thành phố

6 [A] ＿＿＿のことばを漢字で書きましょう。

① わしょくも ようしょくも どちらも おいしいと 思います。
　　　　　　　　　　　　　　　　　　　　　　　＿＿＿＿　＿＿＿＿

② 鈴木さんの いぬは かわいいです。
　　　　　　　　　　　　　　　　　　　　　　　＿＿＿＿

③ ロロさんは とりにくや ぎゅうにくは 好きですが、*豚にくは 食べません。
　　　　　　　　　　　　　　　　　　　　　　　＿＿＿＿　＿＿＿＿

④ 白い かみに かんじを さんかいずつ 書きます。　＿＿＿＿　＿＿＿＿

⑤ シャワーを あびて ふくを きます。　　　　　　＿＿＿＿

[B] ＿＿＿のことばを漢字とひらがなで書きましょう。

⑥ 今日は これで おわります。　　　　　　　　　＿＿＿＿

⑦ 妹は せが ひくいです。　　　　　　　　　　　＿＿＿＿

⑧ 駅から ちかいと べんりです。　　　　　　　　＿＿＿＿

⑨ 駅から とおいと ふ便です。　　　　　　　　　＿＿＿＿ 便

⑩ 国の 両親に 手紙を おくります。　　　　　　＿＿＿＿

⑪ 走る 前に 手首、足首を よく まわします。　＿＿＿＿

7 音声を聞いて適当な漢字を（ ）から選んで○を書きましょう。

35 [A]

① 試験が （終わった・紙わった）ら あそびに いきましょう。

② ホアンさんは （洋食・和食）が あまり 好きじゃ ありません。

③ 昨日の 夜 （鳥肉・牛肉）を 食べました。

④ ばんご飯の （用意・洋意）を します。

⑤ 駅で 友だちを （見送り・見遠り）ます。

⑥ オリンピックの （閉会式・開会式）を 見ましたか。とても よかったですね。

⑦ となりの 駅前の 八百屋は （分親切・不親切）です。

36 [B] 〈ロベルトさんと ミンさんの 会話〉

ロベルト：ミンさんは 結婚する とき 式を *あげましたか。

ミン：はい。

ロベルト：a.（和式・洋式）ですか？　b.（和式・洋式）ですか？

ミン　　：主人が　日本人ですから　c.（私式・和式）でした。

ロベルト：じゃあ、結婚式の　食事も　d.（和式・和食）ですか。

ミン　　：はい、そうです。服も　e.（和風・和服）を　きました。

ロベルト：そうですか。じゃあ、今　住んで　いる　うちも　f.（和風・和服）ですか。

ミン　　：いいえ、それが　うちは　g.（用風・洋風）なんですよ。

ロベルト：そうですか。おもしろいですね。

ミン　　：ええ。小さい　子どもが　いますが　いつでも　あそびに　来て　くださいね。

ロベルト：ええ、ありがとうございます。

⚡37 8 音声を聞いて（　）に漢字を書きましょう。

〈トムさんとチョウさんとの会話〉

トム　：チョウさん、こんにちは。

チョウ：トムさん、ひさしぶりですね。漢字の勉強は、がんばっていますか。

トム　：はい、最近はa.（　　）や、b.（　　）や、c.（　　）などの漢字を勉強しました。

チョウ：そうですか。少しずつ覚えていますね。

トム　：はい。チョウさんは漢字が分かるからいいですね。

チョウ：ええ、でも、日本語と中国語は意味が違う漢字もありますよ。

トム　：そうなんですか。

チョウ：ええ、たとえば、d.（　　　）という漢字は日本語では"letter"の意味ですが、中国語では「トイレットペーパー」の意味です。

トム　：えっ！そうなんですか？　全然意味が違いますね。

チョウ：そうなんですよ。ところで、大学の*中間e.（　　　）が始まりましたね。

トム　：そうですね。今日は文学の試験でした。

チョウ：難しかったですか？

トム　：いいえ、昨日勉強しましたから、あまり難しくなかったです。でも、

*答案 f.(　　　)に名前を書いたかどうか覚えていません。

g.(　　　)です。

チョウ：そうですか。これから注意しなければなりませんね。

トム　：はい。チョウさんは何か試験がありましたか。

チョウ：h.(　　　)と i.(　　　)の文化のちがいについて意見を書く試験がありました。

トム　：どうでしたか。

チョウ：ええ、本をたくさん読みましたから、大丈夫だと思います。

トム　：明日も試験がありますか。

チョウ：ええ、明日は西洋の*哲学の試験です。

トム　：たいへんですね。試験が j.(　　　)ら何をしますか。

チョウ：ゆっくりおもしろい本を読みたいです。トムさんは？

トム　：わたしは山田さんたちと町へ遊びに行きます。

*答案／answer／jawaban／คำตอบ／đáp án

*哲学／philosophy／filsafat／วิชาปรัชญา／triết học

9 トムさんの日記を読んで、①～⑥の質問に答えましょう。

10月24日　土よう日

きのう a.試験が b.終わりました！今日は 山田さんと パクさんと ロロさんと まちへ あそびに 行きました。店で 赤い 服と 青い 服を c.試着しました。山田さんたちが 青い ほうが いいと 言いましたから、青い 服に しました。昼ご飯を 食べた あと ロロさんは d.急用が できて うちへ かえりました。それから パクさんの 好きな 外国の えいがを 見ました。えいがが 終わってから 二人と *やき鳥を 食べて おそくまで 飲みました。さいごに ラーメンを 食べました。ラーメンは 今まで *しょうゆ味を 二回 食べた ことが あります。今日は *とんこつ味を はじめて e.試しました。おいしかったです。それから f.終電で かえりました。月が きれいでしたから 駅から うちまで 少し g.遠回りして かえりました。自転車を 押して 歩きました。

Please read Tom's diary and answer questions ① to ⑥.
Bacalah buku harian Tom, lalu jawablah pertanyaan ①～⑥!
จงอ่านบันทึกประจำวันของทอม แล้วตอบคำถามข้อ ①～⑥
Đọc nhật ký của Tom và trả lời câu hỏi từ ①～⑥.

*やき鳥／skewered grilled chicken／ayam bakar／ไก่ย่าง／thịt gà nướng

*しょうゆ味／(soup of) soy sauce base／rasa shoyu (kecap)／รสชูปซีอิ๊วญี่ปุ่น／vị xì dầu

*とんこつ味／(soup of) pork belly and bones base／rasa tonkotsu (kuah dari tulang babi)／รสชูปกระดูกหมู／vị xương hầm

① ＿＿＿の 読み方を 書きましょう。

a.＿＿＿＿　b.＿＿＿＿　c.＿＿＿＿　d.＿＿＿＿

e.＿＿＿＿　f.＿＿＿＿　g.＿＿＿＿

②「c.試着」の 意味は 何ですか。 _____
　　　ちゃく

③ロロさんは どうして うちへ かえりましたか。

　　　　　　_____

④この日 トムさんは 何味の ラーメンを 食べましたか。

　　　　　　_____

⑤駅から うちまで すぐ かえりましたか。

　　　　　　_____

⑥駅から うちまで どうやって かえりましたか。

　　　　　　_____

日本語能力試験対策 第11回 JLPT Practice exercises

よみ / reading / membaca / การอ่าน / Đọc

もんだい1 ＿＿＿の ことばは どう よみますか。1・2・3・4から いちばん いい ものを ひとつ えらんで ください。

N4

[1] ばんご飯の <u>用意</u>を します。
　　1 じゅんび　　2 ようい　　3 よい　　4 よおい

[2] 車が 道を <u>通ります</u>。
　　1 とおります　2 とうります　3 かよります　4 つうります

[3] じてんしゃで 学校に <u>通います</u>。
　　1 とおいます　2 とういます　3 かよいます　4 つういます

[4] うちは 駅から <u>近い</u>です。
　　1 とおい　　2 とうい　　3 ちかい　　4 ちかしい

[5] 12時半に じゅぎょうが <u>終わります</u>。
　　1 まわります　2 おわります　3 かわります　4 をわります

[6] あしたは ぶんがくの <u>試験</u>が あります。
　　1 てすと　　2 しげん　　3 じっけん　　4 しけん

[7] かれの うちは ちょっと <u>遠い</u>です。
　　1 とおい　　2 ふるい　　3 せまい　　4 くらい

[8] ホアンさんは <u>牛肉</u>を 食べますか。
　　1 ぎゅにく　2 うしにく　3 ぎゅうにく　4 ぎょにく

[9] あおい <u>小鳥</u>を かって います。
　　1 しょうどり　2 ちいさとり　3 ことり　4 こどり

[10] まいあさ <u>犬</u>と さんぽします。
　　1 いね　　2 いぬ　　3 いめ　　4 いす

[11] 新しい <u>服</u>を きます。
　　1 ぶく　　2 ふうく　　3 ぶっく　　4 ふく

[12] もっと せが <u>低い</u> テーブルは ありますか。
　　1 ひろい　　2 ひくい　　3 おもい　　4 かるい

[13] 友だちを 駅まで <u>送ります</u>。
　　1 おくります　2 おわります　3 かります　4 おります

How do you read the underlined words? Choose the best one from 1, 2, 3 or 4.

Bagaimana cara membaca huruf yang diragis bawahi? Pilihlah salah satu jawaban yang tepat dari 1, 2, 3, atau 4!

คำที่ขีดเส้นใต้ต่อไปนี้อ่านว่าอะไร จงเลือกคำตอบที่ถูกต้องจาก 1, 2, 3, 4

Chọn trong 1, 2, 3, 4 cách đọc đúng nhất chữ Hán có gạch chân.

かき / writing / menulis / การเขียน / Viết

もんだい2 ＿＿＿の ことばは どう かきますか。1・2・3・4から いちばん いい ものを ひとつ えらんで ください。

N4

① 6時に しごとが おわります。
1 紡わります　2 絡わります　3 約わります　4 終わります

② てがみを 書きます。
1 手紙　2 手紙　3 手紙　4 手紙

③ スーパーで とりにくを 買いました。
1 烏肉　2 鳥肉　3 烏内　4 鳥内

④ となりの うちの いぬは げんきです。
1 太　2 大　3 犬　4 尤

⑤ 赤い ようふくが ほしいです。
1 洋服　2 羊服　3 和服　4 用服

⑥ 駅から ちかいと べんりです。
1 進い　2 遠い　3 近い　4 迫い

⑦ らいしゅうから しけんが はじまります。
1 試験　2 実験　3 試検　4 実駅

⑧ 友だちに メールを おくります。
1 運ります　2 返ります　3 送ります　4 述ります

⑨ 一日に さんかい はを みがきます。
1 三階　2 三会　3 三回　4 三買

⑩ 電車で 会社に かよいます。
1 通います　2 遅います　3 過います　4 運います

⑪ せいようの 本を 読みます。
1 正用　2 東洋　3 西用　4 西洋

⑫ わたしは ようしょくが すきです。
1 洋書　2 洋式　3 洋食　4 洋服

⑬ パーティーの よういを します。
1 意見　2 用意　3 容易　4 曜日

第12回

練習問題

Exercise / Soal Latihan / แบบฝึกหัด / Luyện tập

1 絵を見て、（　）に漢字を書きましょう。

① a.
　b.
　c. d.
　e. f. 私 g. h.
　25さい 22さい 20さい 18さい 16さい

② ③

① a.（家　）　b.（　　）
　c.（　　）　d.（　　）　e.（　　）　f.（　　）　g.（　　）　h.（　　）

② この　人は　（　　）です。

③ （　　）は　おいしいです。

Please look at the illustrations and write the appropriate kanji in each bracket.

Tulislah huruf kanji pada ( ) dengan melihat gambar!

จงดูภาพและเขียนตัวอักษรคันจิลงใน( )

Xem tranh và viết chữ Hán vào (　).

2 [A]　☐の漢字を①～②のグループに分けましょう。

① 地方公共団体
　（local government/pemerintah daerah/องค์กรปกครองส่วนท้องถิ่น/tổ chức công ích địa phương）
　（　　　　　　　　　　　　　）

② 存在 (existence/keberadaan/การมีอยู่/tồn tại)
　（　　　　　　　　　　　　　）

　　　　　市　有　町　無　村　区

Please divide the kanji in the box below into Group ① and Group ②.

Pilahlah huruf kanji dalam kotak ke dalam grup ①～②!

จงแบ่งกลุ่มตัวอักษรคันจิใน ☐ ตามกลุ่มที่กำหนดให้ ①～②

Phân loại các chữ Hán trong ☐ vào các nhóm từ ①～②.

[B] 反対の意味の漢字を書きましょう。

① 無　⇔　（　　）

② 長　⇔　（　　）

③ 白　⇔　（　　）

④ 生　⇔　（　　）

Please write the kanji whose meaning is opposite to the one given.

Tulislah huruf kanji yang artinya berlawanan!

จงเขียนตัวอักษรคันจิที่มีความหมายตรงกันข้าม

Viết chữ Hán ngược nghĩa.

3 次のことばの意味を考えて、a.～d.のなかから選びましょう。

① 事故　　　　　（　　）

② 有名（な）　　（　　）

③ 農村　　　　　（　　）

④ 菜食主義者　　（　　）

a. famous, well-known／terkenal／มีชื่อเสียง เป็นที่รู้จัก／nổi tiếng
b. farming village／wilayah pertanian／หมู่บ้านเกษตรกรรม／nông thôn
c. accident／kecelakaan／อุบัติเหตุ／tai nạn
d. vegetarian／vegetarian／ผู้ที่นิยมอาหารมังสวิรัติ／người ăn chay

Please choose the most appropriate definition from the box for the following words.

Pikirkan arti kosakata berikut dengan memilih a.～d.!

จงพิจารณาความหมายของคำศัพท์ต่อไปนี้ และเลือกคำตอบที่เหมาะสมจาก a.～d.

Chọn từ a.～d. ý nghĩa của các từ dưới đây.

④ 1.~4.のなかで、いちばんいいものを選びましょう。

①ある（　）　1. 有　2. 冇　3. 有　4. 右

②ない（　）　1. 無　2. 無　3. 無　4. 無

③かぞく（　）　1. 旅　2. 旋　3. 族　4. 挨

⑤ ＿＿＿の読み方を書きましょう。難しいときは、本冊 p.185-190 を見ましょう。

[無]①まだ *なっとうを　食べた　ことが　無いです。　＿＿＿＿＿

②それは　できません。無理です。　＿＿＿＿＿

③子どもが　無事で　よかったですね。　＿＿＿＿＿

[野]④春に　野原を　さんぽします。　＿＿＿＿＿

⑤おいしい　野菜を　食べます。　＿＿＿＿＿

⑥どんな　分野の　勉強が　好きですか。　＿＿＿＿＿

[黒]⑦ときどき　黒い　服を　きます。　＿＿＿＿＿

⑧先生が　黒板に　かんじを　書きます。　＿＿＿＿＿

[町]⑨おおきい　町に　住んで　います。　＿＿＿＿＿

⑩この　町の　町長は　あまり　わかくないです。　＿＿＿＿＿

[村]⑪ホアンさんは　小さい　村に　住みたいそうです。　＿＿＿＿＿

⑫あの　方は　となり村の　村長です。　＿＿＿＿＿

[方]⑬この　方は　日本語の　先生です。　＿＿＿＿＿

⑭夕方に　買いものに　行きます。　＿＿＿＿＿

⑮いろいろな　方法を　試します。　＿＿＿＿＿

⑯妹は　テニスが　上手です。一方　姉は　テニスが　上手じゃ　ありません。

＿＿＿＿＿

[旅]⑰せかいを　ゆっくり　旅したいです。　＿＿＿＿＿

⑱夏休みに　どこか　旅行に　行きますか。　＿＿＿＿＿

[短]⑲ホアンさんは　かみが　短いです。　＿＿＿＿＿

⑳短時間で　用意して　ください。　＿＿＿＿＿

[知]㉑学校の　住所を　知って　いますか。　＿＿＿＿＿

㉒チョウさんは　知識が　*ほうふです。　＿＿＿＿＿

[者]㉓会社の 者が うかがいます。　　　　　　　　　　＿＿＿＿＿

　　　㉔ロロさんは しょうらい 学者に なりたいそうです。

　　　　　　　　　　　　　　　　　　　　　　　　　　　＿＿＿＿＿

6 [A]＿＿＿のことばを漢字で書きましょう。

①しごとが いそがしいですから りょうりを しません。

②朝ご飯は たいてい パンと やさいジュースです。　＿＿＿＿＿

③山から となりの まちや むらが 見えます。　＿＿＿＿ ＿＿＿＿

④わたしは りょこうが 好きです。　　　　　　　　　＿＿＿＿＿

⑤家ぞくは とても だいじです。　　　　　　　家＿＿＿＿

⑥あの かたは ゆうめいな いしゃです。　＿＿＿ ＿＿＿＿ ＿＿＿＿

⑦電話の りょうきんを はらいます。　　　　　　　　＿＿＿＿＿

[B]＿＿＿のことばを漢字とひらがなで書きましょう。

⑧ホアンさんは かみが くろくて みじかいです。

　　　　　　　　　　　　　　　　　　　＿＿＿＿＿ ＿＿＿＿＿

⑨山田さんは たくさんの 人を しって います。　　＿＿＿＿＿

7 音声を聞いて適当な漢字を（ ）から選んで〇を書きましょう。

[A]①春休みに *九州を （族行・旅行）したいです。

　②これから （区役所・町役所）に 行きます。

　③午後は （用事・大事）が あります。

　④この *パンフレットは （無料・無理）です。

　⑤デパートで （里い・黒い）かさを 買いました。

　⑥えんぴつが （知く・短く）なりました

　⑦となり（村・材）に 大きい こうえんが あります。

[B] 〈大学のキャンパスで〉

トム：鈴木さん、こんにちは。

鈴木：あら、トムさん、おひさしぶりです。元気にしていましたか。

トム：はい。今日は山田さんと一緒じゃないんですね。

鈴木：ええ、山田さんはアルバイトに行きました。

トム：勉強のあとのa.(仕事・社事)は大変ですね。ところで、鈴木さん、あまり元気がありませんね。何かありましたか。

鈴木：ええ…。じつは、最近急に寒くなりましたから、*かっている犬が病気になってしまって…。

トム：そうですか。心配ですね。

鈴木：ええ。ご飯もあまり食べないし、水もあまり飲まなくて、調子が悪いんです。今まで、こんなb.(事・車)はc.(有かった・無かった)ので心配です。

トム：病院へ連れて行きましたか。

鈴木：はい。先週、近所の動物のd.(病者・医者)にみせました。

トム：重い病気ですか。e.(医考・医者)は何と言っていましたか。

鈴木：薬を飲んで休めば、だいじょうぶで、f.(死ぬ・列ぬ)ような病気じゃないと言っていました。

トム：それで、犬は薬を飲んでいますか。

鈴木：はい、飲んでいます。少し元気になりましたが、まだ不安で、わたしもあまり寝ることができません。

トム：そうですか。それは大変ですね…。

鈴木：ええ。犬もg.(大東な・大事な)h.(家旅・家族)ですから…。

トム：そうですね。早くよくなるといいですね。

鈴木：ええ。ありがとうございます。トムさんも体に気をつけてくださいね。

*かう／to have (a pet)／memelihara／เลี้ยง (สัตว์)／nuôi (động vật)

40 8 音声を聞いて（　）に漢字を書きましょう。

〈ミンさんの話〉

私はミンです。a.(　　)会社で働いています。いつもb.(　　)が終わってから、近所のスーパーでc.(　　品)を買います。スーパーはいつも安い

ですが、今日は鳥肉とd.（　　　）が特に安かったです。それから、*ほいくえんに子どもを*むかえに行きます。うちへ帰ったら、夜ご飯の用意をします。主人はe.（　　　）です。主人がうちへ帰って来たら、f.（家　）みんなでご飯を食べます。主人は和食が好きですから、日本のg.（　　　）の本を読んで勉強します。ときどき主人のお母さんに和食のh.（作り　）を聞きます。i.（　　　）が終わったら、主人がおさらを洗ってくれます。

*ほいくえん／nursery school／play grup／สถานรับเลี้ยงเด็ก／nhà trẻ

*むかえに行く／to go and pick up (someone)／menjemput／ไปรับ／đi đón

9 次の文を読んで、①～②の質問に答えましょう。

[A] 〈トムさんの話〉

　わたしのa.町に八百屋があります。その店のb.野菜やくだものは*新鮮で、安いので、*お客も多いです。八百屋のおじさんの名前は安川さんです。安川さんは野菜のc.知識があります。*有機野菜や、*無農薬野菜のこともよくd.知っています。それに、e.食事や生活のことも心配してくれます。f.料理のg.作り方も教えてくれます。とても親切です。ホアンさんは米について勉強していますから、安川さんとよく米の話をします。安川さんの話によると、ずっとむかし、人はh.黒い米を食べていたそうです。私は白い米しか知りませんが、いつか黒い米を試食したいです。ホアンさんは大学が休みのとき、ときどき八百屋のi.仕事を手伝っています。安川さんのお店は木曜日がお休みです。休みのとき、となり町の八百屋に行きました。その店は暗くて、おじさんは不親切でした。野菜も高かったです。やっぱり、安川さんの八百屋がいちばんいいです。

Please read the following passage and answer questions ① and ②.

Bacalah teks berikut, lalu jawablah pertanyaan ①～②!

จงอ่านเนื้อเรื่องต่อไปนี้ และตอบคำถามข้อ ①～②

Đọc đoạn văn dưới đây và trả lời các câu hỏi từ ①～②.

*新鮮(な)／fresh／segar／อาหารสด ใหม่／tươi

*お客／customer／pembeli／ลูกค้า／khách hàng

*有機野菜／organic vegetable／sayuran organik／ผักออร์แกนิค／rau hữu cơ

*無農薬野菜／chemical-free vegetable／sayuran bebas zat kimia／ผักปลอดสารพิษ／rau không dùng thuốc bảo vệ thực vật

① _____の　読み方を　書きましょう。

a._____　b._____　c._____　d._____

e._____　f._____　g._____　h._____

i._____

②次の文を読んで、あっているものに〇、まちがっているものに×を書きましょう。

1.（　）安川さんは八百屋で働いています。

2.（　）安川さんは野菜のことをよく知っています。

3.（　）トムさんは大学が休みのとき、八百屋の仕事を手伝います。

4.（　）トムさんは黒いお米を食べたことがあります。

Please read the sentences and draw a circle if it corresponds to the text given, and write an x if it does not.

Bacalah kalimat berikut lalu berikan tanda bulat jika sesuai dengan isi bacaan dan berikan tanda silang jika tidak sesuai dengan isi bacaan!

จงอ่านประโยคต่อไปนี้ แล้วใส่เครื่องหมาย〇 หน้าข้อที่ถูก และใส่เครื่องหมาย× หน้าข้อที่ผิด

Đọc những câu dưới đây và khoanh 〇 vào câu có nội dung đúng với đoạn văn và đánh dấu × vào câu có nội dung khác với đoạn văn.

10 トムさんの日記を読んで、①～③の質問に答えましょう。

11月16日　月よう日

　今日　大学で　すず木さんに　会いました。すず木さんは　犬が　びょうきに　なったと　言いました。さいきん　寒くなって　ご飯を　あまり　食べなくて　ちょうしが　悪いそうです。水も　あまり　飲まないので　すず木さんも　心ぱいして　います。動ぶつの　医者に　よると　くすりを　飲んで　休めば　もんだい　ないそうです。死ぬような　びょう気では　ないそうです。犬は　少し　元気に　なりましたが　すず木さんも　不安で　あまり　ねる　ことが　できないそうです。わたしも　国で　黒い　犬と　白い　鳥を　かって　います。姉に　電話を　して　犬たちが　元気に　して　いるか　聞きました。ペットの　*いのちは　短いですが　か族ですから　とても　大事です。すず木さんの　犬も　早く　元気に　なると　いいです。

*いのち／(one's) life span／umur/nyawa／ชีวิต／sinh mệnh

① 鈴木さんの　犬は　最近　どうして　ご飯を　食べませんでしたか。
　_____

② 医者は　何と　言いましたか。
　_____

③ トムさんは　ペットは　どうして　大事だと　書いて　いますか。
　_____

日本語能力試験対策　第12回　JLPT Practice exercises

よみ / reading / membaca / การอ่าน / Đọc

もんだい1 ＿＿＿の ことばは どう よみますか。1・2・3・4から いちばん いい ものを ひとつ えらんで ください。

N4

① さいきん 仕事が いそがしいです。
1 しこと　　2 じこと　　3 しごと　　4 じごと

② わたしは 料理が すきです。
1 りょおり　　2 りょうり　　3 りょり　　4 りょこう

③ この 本は とても 有名です。
1 ゆうめい　　2 ゆめい　　3 ようめい　　4 やめい

④ 来週から 旅行に 行きます。
1 りょうこ　　2 りょうこう　　3 りょこ　　4 りょこう

⑤ ことし おとうとは 医者に なりました。
1 いしや　　2 いしゃ　　3 いしょ　　4 いじゃ

⑥ 火事で となりの いえが やけました。
1 ひごと　　2 ひじ　　3 かじ　　4 かごと

⑦ 土よう日は 用事が あって 行けません。
1 ようい　　2 ようじ　　3 ようごと　　4 よじ

⑧ 1日に 3かい 食事を します。
1 しょくじ　　2 たべごと　　3 たべもの　　4 しょくどう

⑨ これは わたしの 大事な しゃしんです。
1 だいこと　　2 たいせつ　　3 だいじ　　4 たいごと

⑩ あの 黒い くつを 買いたいです。
1 あおい　　2 しろい　　3 くらい　　4 くろい

⑪ この かんじの 書き方を おしえて ください。
1 よみがた　　2 かきかた　　3 かきほう　　4 かきがた

⑫ その 小さい 方を ください。
1 かた　　2 がた　　3 ほう　　4 ぽう

⑬ どうぞ 無理を しないで ください。
1 ぶじ　　2 むちゃ　　3 むり　　4 むだ

How do you read the underlined words? Choose the best one from 1, 2, 3 or 4.

Bagaimana cara membaca huruf yang diragis bawahi? Pilihlah salah satu jawaban yang tepat dari 1, 2, 3, atau 4!

คำที่ขีดเส้นใต้ต่อไปนี้อ่านว่าอะไร จงเลือกคำตอบที่ถูกต้องจาก 1, 2, 3, 4

Chọn trong 1, 2, 3, 4 cách đọc đúng nhất chữ Hán có gạch chân.

かき／writing／menulis／การเขียน／Viết

もんだい2 ＿＿＿の ことばは どう かきますか。1・2・3・4から いちばん いい ものを ひとつ えらんで ください。

How do you write the underlined words? Choose the best one from 1, 2, 3 or 4.

Bagaimana menulis kata yang digaris bawahi? Pilihlah salah satu jawaban yang tepat dari 1, 2, 3, atau 4!

คำที่ขีดเส้นใต้ต่อไปนี้เขียนอย่างไร จงเลือกคำตอบที่ถูกต้องจาก 1, 2, 3, 4

Chọn trong 1, 2, 3, 4 cách viết đúng nhất chữ Hán có gạch chân.

N4

1 大きい まちに すみたいです。
　1 市　　　　2 村　　　　3 町　　　　4 里

2 この まちの ゆうめいな 食べものは なんですか。
　1 有名　　　2 有各　　　3 看名　　　4 右各

3 ゆうがたから 雨が ふりました。
　1 多形　　　2 夕方　　　3 夕方　　　4 夕形

4 あすは しごとが 休みです。
　1 仕笋　　　2 仕方　　　3 仕事　　　4 任事

5 学校の でんわばんごうを しって いますか。
　1 知って　　3 短って　　3 和って　　4 私って

6 かのじょは かみが みじかいです。
　1 知い　　　2 短かい　　3 知かい　　4 短い

7 兄は りょうりが 上手です。
　1 両埋　　　2 料埋　　　3 科理　　　4 料理

8 来月 りょこうに 行きます。
　1 旅行　　　2 族行　　　3 旅校　　　4 族校

9 毎日 やさいを 食べます。
　1 野采　　　2 野菜　　　3 野薬　　　4 野葉

10 あの おんなの 人は かみが くろいです。
　1 暗い　　　2 赤い　　　3 黒い　　　4 青い

11 あの かたは どなたですか。
　1 方　　　　2 人　　　　3 男　　　　4 片

12 むらから まちに ひっこします。
　1 材　　　　2 村　　　　3 杇　　　　4 杖

13 かっていた 魚が しんで しまいました。
　1 苑んで　　2 夜んで　　3 死んで　　4 閉んで

111

第9回〜第12回

練習・まとめ問題

Review Exercises / soal rangkuman / แบบฝึกหัดรวมครั้งที่ / Bài tập tổng hợp

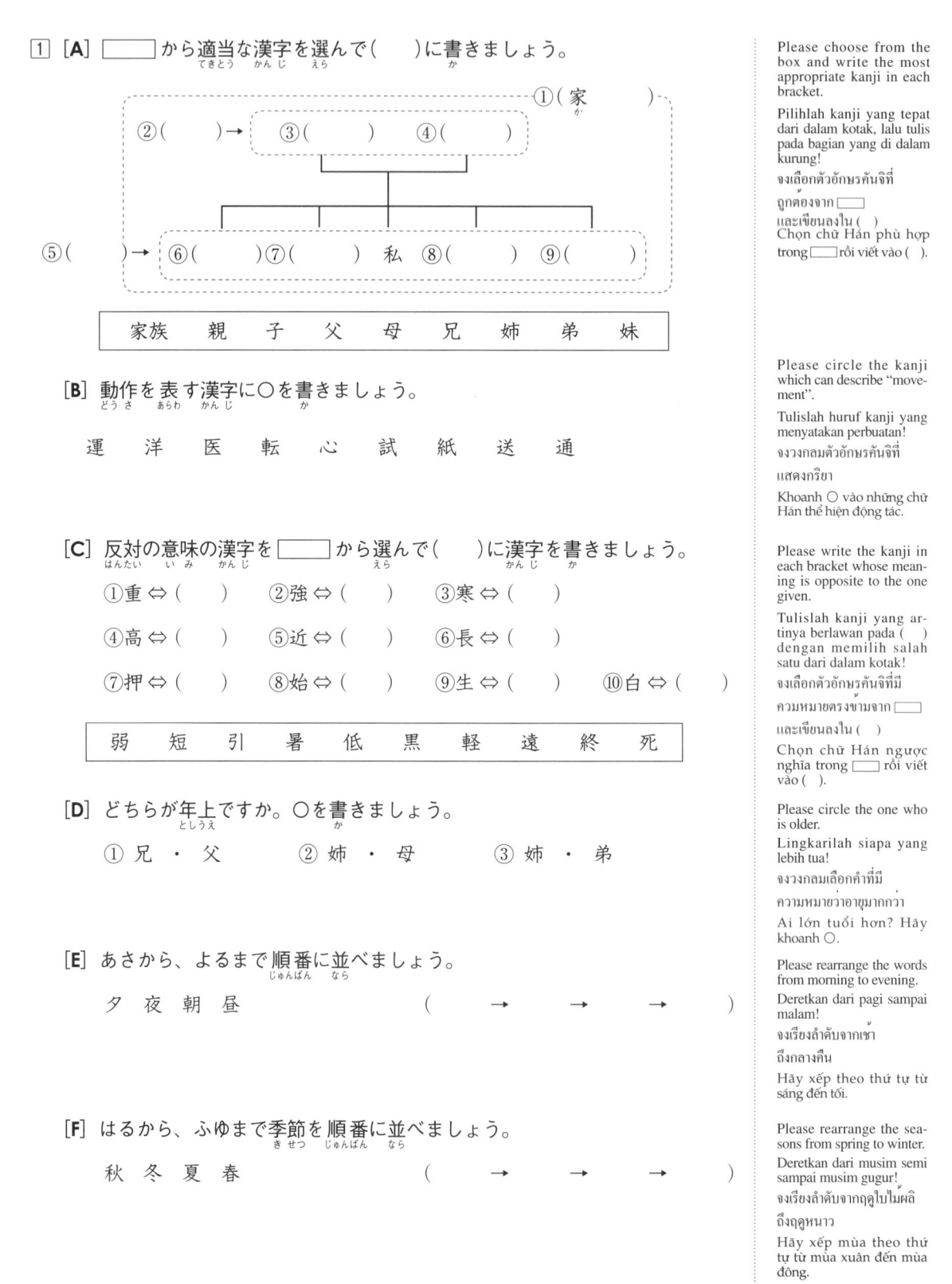

1 [A] □から適当な漢字を選んで（　）に書きましょう。

②（　）→ ③（　）　④（　）　①（家か　）

⑤（　）→ ⑥（　）⑦（　）私 ⑧（　）⑨（　）

家族　親　子　父　母　兄　姉　弟　妹

[B] 動作を表す漢字に〇を書きましょう。

運　洋　医　転　心　試　紙　送　通

[C] 反対の意味の漢字を□から選んで（　）に漢字を書きましょう。

①重 ⇔（　）　②強 ⇔（　）　③寒 ⇔（　）

④高 ⇔（　）　⑤近 ⇔（　）　⑥長 ⇔（　）

⑦押 ⇔（　）　⑧始 ⇔（　）　⑨生 ⇔（　）　⑩白 ⇔（　）

弱　短　引　暑　低　黒　軽　遠　終　死

[D] どちらが年上ですか。〇を書きましょう。

①兄・父　　②姉・母　　③姉・弟

[E] あさから、よるまで順番に並べましょう。

夕　夜　朝　昼　　　（　→　→　→　）

[F] はるから、ふゆまで季節を順番に並べましょう。

秋　冬　夏　春　　　（　→　→　→　）

112

② 1.~4.のなかで、いちばんいいものを選びましょう。

① あさ （ ）　1.朝　　2.幹　　3.朝　　4.明
② おす （ ）　1.押　　2.抽　　3.押　　4.狎
③ いみ （ ）　1.思味　2.意味　3.急味　4.悪味
④ おとうと（ ）1.親　　2.第　　3.妹　　4.弟
⑤ ふゆ （ ）　1.冬　　2.柊　　3.条　　4.各

Please choose the most appropriate kanji shape for each word.
Pilihlah satu jawaban yang benar dari 1.~4.!
จงเลือกคำตอบที่เหมาะสมจาก 1.~4.
Chọn từ 1.~4. câu trả lời phù hợp nhất.

③ ＿＿＿の読み方を書きましょう。

① 古田先生に　日本語を　習います。　　＿＿＿＿＿　＿＿＿＿＿
② 明日は　文学の　試験が　あります。　＿＿＿＿＿　＿＿＿＿＿
③ この　道を　通って　学校へ　行きます。　＿＿＿＿＿
④ 自転車で　通学して　います。　　　　＿＿＿＿＿
⑤ 区役所に　用が　あります。　　　　　＿＿＿＿＿
　　やくしょ
⑥ となり村の　村長は　いい人だそうです。　＿＿＿＿＿
⑦ 体の　調子が　悪いですから　医者に　みせます。
　　　ちょうし
　　　　　　　　　　　　　　　　　　　＿＿＿＿＿　＿＿＿＿＿
⑧ 日本で　いちばん　低い　山は　大阪の　天保山で　高さは　4.35mです。
　　　　　　　　　　　　　　　さか　　てんぽうざん
　　　　　　　　　　　　　　　　　　　＿＿＿＿＿　＿＿＿＿＿
⑨ ドアは　引いて　開けて　ください。　＿＿＿＿＿　＿＿＿＿＿
⑩ さくら大学に　通って　います。　　　＿＿＿＿＿
⑪ 山田さん親子は　親も　子も　親切です。＿＿＿＿＿
⑫ 母親に　手紙を　送ります。　　　　　＿＿＿＿＿　＿＿＿＿＿
⑬ あの　方は　有名な　学者です。　　　＿＿＿＿＿
⑭ 夕方に　雨が　ふりました。　　　　　＿＿＿＿＿
⑮ 台風で　*国道が　不通に　なりました。
　　　　　　　　　　　　　　　　　　　＿＿＿＿＿　＿＿＿＿＿　＿＿＿＿＿

Please write the reading of the underlined words.
Tulislah cara baca kanji yang digaris bawahi!
จงเขียนวิธีอ่านของตัวอักษรคันจิที่ขีดเส้นใต้
Viết cách đọc các chữ Hán có gạch chân.

*国道／national road／lalulintas darat／ทางหลวง／quốc lộ

4　＿＿＿のことばを漢字とひらがなで書きましょう。

① ミンさんの　ごしゅじんは　いしゃです。
　　　　　　　　　＿＿＿＿＿　＿＿＿＿＿

② 国に　いる　とき　くろい　いぬを　かって　いました。
　　　　　　　　　　　＿＿＿＿＿　＿＿＿＿＿

③ この　はなは　寒さに　よわいです。
　　　　　　　　　　　　　＿＿＿＿＿

④ 鈴木さんは　きょうだいが　いますか。
　　　　　　　　＿＿＿＿＿

⑤ ロロさんも　かんじを　べんきょうした　ほうが　いいと、こころから
　　おもいます。　＿＿＿＿＿　＿＿＿＿＿　＿＿＿＿＿

⑥ 駅まで　とおいですから　ロロさんが　車で　おくります。
　　　　　　　　　　　　　　　　　　　　　　　＿＿＿＿＿

⑦ ひるご飯に　とりにくの　カレーを　食べました。
　　　　　　　　＿＿＿＿＿

⑧ しごとが　おわったら　ビールを　飲みに　行きます。
　　　　　　　　　　　　　　　　　＿＿＿＿＿

⑨ いもうとは　フランス語を　ならって　います。
　　　　　　　　　　　　　　　＿＿＿＿＿

⑩ おとうとは　少し　目が　わるいです。
　　　　　　　　　　　　　　＿＿＿＿＿

⑪ 日本の　なつは　あついです。
　　　　　　＿＿＿＿＿　＿＿＿＿＿

⑫ けさ　かるい　うんどうを　しました。
　　　　　＿＿＿＿＿

⑬ この　みちは　つうこうどめです。
　　　　　＿＿＿＿＿　＿＿＿＿＿

⑭ おやと　いう　かんじの　かきかたを　おしえて　ください。
　　　　　　　　　　　　　　＿＿＿＿＿

⑮ 山田さんは　ふじみえきから　ちかい　ところに　すんで　います。
　　　　　　　　＿＿＿＿＿　＿＿＿＿＿　＿＿＿＿＿

Please rewrite the underlined portion with kanji and hiragana.

Tulislah huruf kanji dan hiragana dari kosakata yang digaris bawahi!

จงเขียนคำศัพท์ที่ขีดเส้นใต้เป็นอักษรคันจิ และฮิระงะนะ

Viết những từ có gạch chân sang chữ Hán và chữ Hiragana.

5 ☐から適当な漢字を選んで（ ）に書きましょう。

〈パクさんの話〉

　試験が終わって、山田さんやトムさん、ロロさんとa.（　）へ行きました。朝ご飯はうちでb.（　い）ものを食べました。ホアンさんは、人が多いところがあまり好きじゃありませんから来ませんでした。町までc.（　い）です。ロロさんの車で行こうと思いましたが、町の中に車を止めるところがありません。それにみんなでおさけを飲みたかったですから、電車で行きました。昼ご飯の後、ロロさんはd.（急　）で帰りました。土曜日に開いている銀行へ行かなければならないと言っていました。それから映画を見ました。フランスの映画です。e.（　名な）＊かんとくの作品ですからおもしろかったです。でも、ちょっと映画館の中が寒かったです。それからf.（やき　）を食べました。おさけを飲んで、ラーメンを食べました。わたしはいつも＊とんこつ味を食べます。おいしいですから、トムさんに試してみてと言いました。私ははじめて＊しょうゆ味のg.（　菜）ラーメンを食べました。おいしかったです。

| 有 | 用 | 洋 | 鳥 | 軽 | 遠 | 野 | 町 |

6 [A] 音声を聞いて適当な漢字を（　）から選んで○を書きましょう。

〈ロベルトさんの話〉

　a.（食事中・用事中）の人はごめんなさい。今からトイレの話をします。日本のトイレはおもしろいです。b.（和食・和式）のトイレとc.（用式・洋式）のトイレがあります。日本に来てから和式のトイレを試しましたが、わたしにはd.（無料・無理）でした。やっぱり洋式トイレのほうが安心できます。しかも、日本の洋式トイレはすごいです。すわるところがあたたかいものもあります。それから、下から＊おしりを洗う水や、あたたかいe.（風・風邪）が出るものもあります。トイレのf.（神・紙）を使わなくてもいいです。水や風のg.（弱さ・強さ）も自分でえらぶことができます。そしてトイレが終わった後、立ち上がると、水が自動で＊流れたり、トイレの＊ふたが自動で閉まったりするものもあります。はじめて見たときはびっくりしました。ミンさんに聞いた話ですが、h.（女性用・女性洋）のトイレには、「音姫」という＊装置もあるそうです。「音姫」の＊センサーに手をi.（近づける・辺づける）と、装置から水が流れる音が聞こえるそうです。それで自分のトイレの音がほかの人に分かりません。なにもj.（押さ・押さ）なくても自動的に音が止まります。男性用の「音姫」はどうしてk.（舞い・無い）のでしょう。日本の洋式トイレは便利でおもしろいです。でも、電気が止まったら、l.（木便・不便）になると思います。

115

42 [B] 音声を聞いて（　）に漢字を書きましょう。

〈山田さんの話〉

　先日、トムさんが季節でいつが一番好きか大学で*アンケートをしていました。私も家族に聞いてみました。母とa.（　　）はb.（　　）が好きだと言いました。

　「春分の日」は休日です。多くの人は働きません。*さくらの花がさいたら、木の下で花見をします。おいしいご飯を食べて、おさけを飲みます。五月の*草花はきれいで、c.（　　）が気持ちいいです。五月は休日が多いですから、d.（　　）をする人が多いです。

　父と妹はe.（　　）が好きだと言いました。秋は虫の*なき声がきれいです。すずしいですから、f.（　　）や、読書にいいです。*木の葉の色が赤くなって晴れた日は特にきれいです。ご飯がおいしいです。新米を食べることができます。「秋分の日」も休日です。g.（　　）や学校が休みの人が多いです。

　わたしとh.（　　）と弟は夏が好きです。夏はi.（　　い）ですが、青い海でおよぐことができます。*日にやけてj.（　　く）なります。日が早くのぼりますから、朝早く起きて、軽く運動します。大学の夏休みは長いです。ときどきk.（　　）が来て、そのときは風がl.（　　い）です。夏のm.（　　）はおいしいです。特に大きくて赤いトマトはおいしいです。

　わたしの家族でn.（　　）が好きな人はいません。トムさんとトムさんのo.（　　）は冬が好きだそうです。雪山で*スキーやスノーボードができます。寒いですから、たくさんp.（　　）をきます。風邪を引かないようにq.（　　）します。犬は寒い日も元気に外を走ります。昼の時間がr.（　　い）です。あたたかいs.（　　）を食べます。特に*なべがおいしいです。野菜やt.（　　）をたくさん食べます。冬休みはありますが、夏休みより短いです。みなさんは季節でいつが一番好きですか。どうしてですか。

7 次の文を読んで、①〜④の質問に答えましょう。

〈口口さんの話〉

Ⓐ　　Ⓑ（通行止）

Ⓐの意味は「車両通行止め」です。これがある道を車は通ることができませんが、歩行者は通ることができます。Ⓑの漢字は「ア」と読みます。これがある道を車は通ることができません。また、歩行者も通ることができません。車を運転しない人もこの意味は知っておかなければなりませんね。

ところで、私は車や交通のことばはよく知っていますが、ほかの漢字はあまり知りません。この間、トムさんに「イ」という漢字を習いました。大きい口の中に小さい口を書きます。口はカタカナのロにも見えます。ですからトムさんは、「これはロロさんの漢字だね。」と言いました。うれしかったです。私は漢字が好きじゃありませんでしたが、これから少し勉強しようと思いました。

① 「ア」に入ることばは次のうちどれですか。＿＿＿＿＿＿

　1. とおりこうどめ　2. つうこうとめ　3. つういくどまり　4. つうこうどめ

② 「イ」の漢字は次のうちどれですか。

　1. 日　2. 呂　3. 回　4. 中　＿＿＿＿＿＿

③ ⒶとⒷは何が同じですか。＿＿＿＿＿＿＿＿＿＿＿＿＿＿＿＿

④ ⒶとⒷは何がちがいますか。

＿＿＿＿＿＿＿＿＿＿＿＿＿＿＿＿＿＿＿＿＿＿＿＿＿＿＿＿

8 a.～d. の質問に答えましょう。

a. 好きな 季節は いつですか。どうしてですか。家族や 友だちにも インタビューして みましょう。

《ヒント》春　夏　秋　冬　寒い　暑い　など

れい　私は夏が好きです。夏は暑いですが、海でおよぐことができます。夏の山も好きです。風が気持ちいいです。花火を見ることができます。夏休みにゆっくり休んだり、川やプールであそんだりすることができます。弟も夏が好きだそうです。キャンプをして、BBQ（バーベキュー）で肉を食べたいと言いました。友だちは春が好きだそうです。あたたかくて花がきれいですからと言いました。

b. 毎日 何を しますか。あなたの 一日を 書いて みましょう。

《ヒント》朝　昼　夕方　夜　〜時に　〜時から〜時まで　起きます
　　　　食べます　勉強します　など

れい　私は朝七時に起きます。それから顔をあらって、七時半に朝ご飯を食べます。八時にいえを出て、学校へ行きます。九時から、午後四時まで学校で勉強します。夕方、いえへかえったら、ゲームをします。おふろに入って、夜十時から学校のしゅくだいをします。ねる前に本を少し読みます。

c. 家族に ついて 書きましょう。

《ヒント》親　両親　父　母　兄　姉　弟　妹　子ども
　　　　ペット（鳥　魚　犬　ねこ）　仕事　〜で働いています
　　　　〜につとめています

れい　私の父はパソコンの会社で働いています。父の話はおもしろいです。休みの日、いっしょに公園へ行きます。母は図書館につとめています。やさしくて料理が上手です。兄弟は、弟が2人います。上の弟はスポーツが上手で、話がおもしろいです。下の弟には、ときどき、勉強を教えてあげます。犬を一ぴきかっています。ハチという名まえです。白くてかわいいです。私は家族が大好きです。

日本語能力試験対策 第9回〜第12回 まとめ問題 JLPT Practice exercises

よみ / reading / membaca / การอ่าน / Đọc

もんだい1 ＿＿＿の ことばは どう よみますか。1・2・3・4から いちばん いい ものを ひとつ えらんで ください。

How do you read the underlined words? Choose the best one from 1, 2, 3 or 4.

Bagaimana cara membaca huruf yang diragis bawahi? Pilihlah salah satu jawaban yang tepat dari 1, 2, 3, atau 4!

คำที่ขีดเส้นใต้ต่อไปนี้อ่านว่าอะไร จงเลือกคำตอบที่ถูกต้องจาก 1, 2, 3, 4

Chọn trong 1, 2, 3, 4 cách đọc đúng nhất chữ Hán có gạch chân.

N4

① わたしの サッカーの チームは 弱いです。
　1 よわい　　2 つよい　　3 さむい　　4 あつい

② 今から しけんを 始めます。
　1 さめます　2 とめます　3 きめます　4 はじめます

③ 山田さんの お姉さんは おかしを つくるのが すきです。
　1 おばあさん　2 おかあさん　3 おねえさん　4 おにいさん

④ 朝 こうえんを さんぽします。
　1 あさ　　2 ひる　　3 よる　　4 けさ

⑤ けんこうの ために すこし 運動した ほうが いいですよ。
　1 さんぽ　2 うんてん　3 うんどう　4 りょうり

⑥ 妹は ワインの あじに ついて よく しって います。
　1 いもうと　2 あね　　3 おとうと　4 いとこ

⑦ 春に なると この こうえんは たくさんの ひとで こんで います。
　1 はな　　2 くさ　　3 もり　　4 はる

⑧ きのうは よるも 暑かったです。
　1 くらかった　2 おもかった　3 あつかった　4 かるかった

⑨ 兄は べんきょうが すきで よく 本を よんで います。
　1 あに　　2 おに　　3 あね　　4 おね

⑩ 一年の なかで 秋が いちばん すきです。
　1 はる　　2 なつ　　3 あき　　4 ふゆ

⑪ いろいろな 意見が でました。
　1 いみ　　2 はなし　　3 いけん　　4 あん

⑫ 今年の しけんは むずかしかったと 思います。
　1 いいます　2 といます　3 おもいます　4 あいます

13 もんだいありませんから 安心して ください。
   1 やくそく　　2 しんぱい　　3 いけん　　4 あんしん

14 かぞくに にもつを 送ります。
   1 きまります　2 とまります　3 かえります　4 おくります

15 おとうとは せが 低いです。
   1 たかい　　2 ほそい　　3 ひくい　　4 ふとい

16 あついので いちにちに 三回 シャワーを あびます。
   1 みかい　　2 みっかい　　3 さんかい　　4 さむかい

17 となりの 区に ひっこします。
   1 まち　　2 むら　　3 く　　4 し

18 あたらしい 洋服を 買いたいです。
   1 ふく　　2 よふく　　3 ようふく　　4 ようふくや

19 西洋の おんがくに きょうみが あります。
   1 にしよう　　2 せいよう　　3 せえよ　　4 にしよ

20 そぼは びょういんに 通って います。
   1 まよって　　2 かよって　　3 よって　　4 におって

21 あの ぼうしを かぶって いる 方は どなたですか。
   1 ひと　　2 こ　　3 もの　　4 かた

22 しごとの ために 黒い くつを かいます。
   1 あおい　　2 くらい　　3 くろい　　4 ちゃいろい

23 この 村には 古い たてものが たくさん あります。
   1 うち　　2 まち　　3 くに　　4 むら

24 先生の でんわばんごうを 知って いますか。
   1 もって　　2 わかって　　3 しって　　4 もらって

25 この 町には 大きな デパートが ありません。
   1 し　　2 むら　　3 まち　　4 ほし

26 体の ために 野菜ジュースを 飲みます。
   1 やさい　　2 やくさ　　3 やばな　　4 やちゃ

かき／writing／menulis／การเขียน／Viết

もんだい2 ＿＿＿の ことばは どう かきますか。1・2・3・4から いちばん いい ものを ひとつ えらんで ください。

How do you write the underlined words? Choose the best one from 1, 2, 3 or 4.

Bagaimana menulis kata yang digaris bawahi? Pilihlah salah satu jawaban yang tepat dari 1, 2, 3, atau 4!

คำที่ขีดเส้นใต้ต่อไปนี้เขียนอย่างไร จงเลือกคำตอบที่ถูกต้องจาก 1, 2, 3, 4

Chọn trong 1, 2, 3, 4 cách viết đúng nhất chữ Hán có gạch chân.

N4

1　たいふうで でんしゃが 止まって います。
　　1 台所　　　　2 台風　　　　3 怠所　　　　4 怠風

2　じてんしゃが こわれて しまいました。
　　1 自転車　　　2 自動車　　　3 自回車　　　4 自重車

3　いもうとは テニスを ならって います。
　　1 弟　　　　　2 兄　　　　　3 妹　　　　　4 姉

4　じしょで いみを しらべます。
　　1 味見　　　　2 意味　　　　3 話意　　　　4 語意

5　友だちと べんきょうするのが すきです。
　　1 勉強　　　　2 免強　　　　3 勉弘　　　　4 免教

6　けさは 五時に おきました。
　　1 今日　　　　2 今朝　　　　3 今夕　　　　4 今夜

7　でんしゃが まいります。ごちゅうい ください。
　　1 中意　　　　2 注意　　　　3 中以　　　　4 注以

8　さむい 日には コーヒーを のみたく なります。
　　1 暑い　　　　2 寒い　　　　3 暗い　　　　4 冷い

9　てんきが わるいので さんぽは あしたに しましょう。
　　1 悪い　　　　2 亜い　　　　3 惡い　　　　4 雲い

10　やまださんの お父さんは しんせつです。
　　1 親切　　　　2 新説　　　　3 進説　　　　4 心切

11　おとうとの ほうが あしの サイズが 大きいです。
　　1 弟　　　　　2 弟　　　　　3 号　　　　　4 第

12　そぼも いっしょに すんで います。
　　1 主んで　　　2 住んで　　　3 往んで　　　4 注んで

13　きょうだいが 4人 います。
　　1 教大　　　　2 今日大　　　3 京大　　　　4 兄弟

14 ぎゅうにくと 何が 入って いますか。
　　1 豚肉　　　2 羊肉　　　3 牛肉　　　4 鳥肉

15 こんしゅうは はれの 日が おおいです。
　　1 明れ　　　2 空れ　　　3 清れ　　　4 晴れ

16 すずきさんの いぬは 今年 3さいに なりました。
　　1 大　　　　2 太　　　　3 犬　　　　4 天

17 しごとは 7時半ごろに おわります。
　　1 冬わります　2 終わります　3 結わります　4 紙わります

18 ちかくに スーパーが 二つ あります。
　　1 遠く　　　2 近く　　　3 新く　　　4 弱く

19 パーティの よういを して います。
　　1 料理　　　2 計画　　　3 生産　　　4 用意

20 えいごの しけんの ために べんきょうして います。
　　1 試験　　　2 実験　　　3 試研　　　4 実研

21 ゆうめいな レストランですから よやくが できません。
　　1 名前　　　2 大名　　　3 有名　　　4 名者

22 りょこうの けいかくを たてます。
　　1 旅行　　　2 族行　　　3 旅往　　　4 族往

23 この くすりは しょくじの あとに のんで ください。
　　1 食事　　　2 食物　　　3 飲食　　　4 飲料

24 母に りょうりを ならって います。
　　1 理科　　　2 科理　　　3 理料　　　4 料理

25 この びょういんの いしゃは やさしくて にんきが あります。
　　1 医者　　　2 区者　　　3 匡者　　　4 區者

26 かぜで 一日 しごとを 休みました。
　　1 什書　　　2 任書　　　3 仕事　　　4 使事

第13回

練習問題

Exercise / Soal Latihan / แบบฝึกหัด / Luyện tập

1 絵を見て、（　）に漢字を書きましょう。

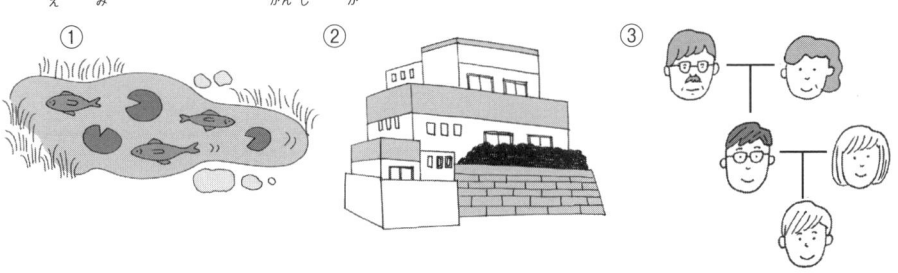

① ② ③

① （　）に（　）がいます。

② 大きい（　）

③ 三世（　）

2 意味がにている漢字を□から選んで書きましょう。

① 人 − （　　）

② 場 − （　　）

③ 都 − （　　）

④ 土 − （　　）

| 民 | 地 | 県 | 所 |

3 次のことばの意味を考えて、a.～d.のなかから選びましょう。

① 家内　　（　　）

② 本代　　（　　）

③ 開場時間（　　）

④ 土地　　（　　）

a. land／tanah／ที่ดิน／đất

b. my wife／istri saya／ภรรยาของผม／vợ tôi

c. opening time／waktu pembukaan／เวลาเปิดให้เข้างาน／thời gian mở cửa

d. cost for a book／biaya buku／ค่าหนังสือ／tiền sách

4 1.～4.のなかで、いちばんいいものを選びましょう。

① けん（　）　1. 県　2. 具　3. 具　4. 県

② いけ（　）　1. 泄　2. 池　3. 汜　4. 法

③ と　（　）　1. 陼　2. 都　3. 群　4. 都

123

5　＿＿＿の読み方を書きましょう。難しいときは、本冊 p.193-198 を見ましょう。

[同] ① 姉と 妹は たん生日が 同じです。　　　　　＿＿＿＿＿

　　② ひっこしと 同時に 新しい テレビを 買いました。
　　　　　　　　　　　　　　　　　　　　　　　　＿＿＿＿＿

[合] ③ この シャツに その ネクタイは 合いませんよ。
　　　　　　　　　　　　　　　　　　　　　　　　＿＿＿＿＿

　　④ りんごが 三百円、オレンジが 五百円。合計で 八百円です。
　　　　　　　　　　　　　　　　　　　　　　　　＿＿＿＿＿

　　⑤ 合宿には *バスタオルを 持って きて ください。　＿＿＿＿＿

[答] ⑥ 「A」と 答えた 人は 手を あげて ください。　＿＿＿＿＿

　　⑦ この 問題の 解答は 122ページに あります。　　＿＿＿＿＿

[家] ⑧ いちど 家に あそびに 来て ください。　　　　＿＿＿＿＿

　　⑨ 山田さんも トムさんも 六人家族です。　　　　　＿＿＿＿＿

[場] ⑩ 雨の 場合 試合は ありません。　　　　　　　　＿＿＿＿＿

　　⑪ この 工場では 小さい 車を つくって います。　＿＿＿＿＿

[所] ⑫ ゆっくり 食べられる 所は ありませんか。　　　＿＿＿＿＿

　　⑬ 台所は *リビングの となりに あります。　　　　＿＿＿＿＿

　　⑭ こちらに ご住所を お書き ください。　　　　　　＿＿＿＿＿

[代] ⑮ 今日は 社長の 代わりに わたしが お話しします。＿＿＿＿＿

　　⑯ バス代は 大人 一人 220円です。　　　　　　　＿＿＿＿＿

[洗] ⑰ 食べる 前に 手を 洗って ください。　　　　　＿＿＿＿＿

　　⑱ いい 天気なので たくさん 洗濯を しました。　　＿＿＿＿＿

[光] ⑲ あの 明るく 光って いる ほしは 何と 言いますか。＿＿＿＿＿

　　⑳ 夏休みに 京都に 観光に 行きます。　　　　　　＿＿＿＿＿

6　[A] ＿＿＿のことばを漢字で書きましょう。

　　① コンサートかいじょうは きんじょです。　　　＿＿＿＿＿　＿＿＿＿＿

　　② 妹が いぬの せわを して います。　　　　＿＿＿＿＿　＿＿＿＿＿

　　③ しみんホールの ばしょ、わかりますか。　　　＿＿＿＿＿　＿＿＿＿＿

*バスタオル／bath towel／handuk／ผ้าเช็ดตัว／khăn tắm

*リビング／living room／ruang tengah／ห้องนั่งเล่น／phòng khách

④学生 じだいは きょうとに 住んで いました。

_____ _____

[B] _____のことばを漢字とひらがなで書きましょう。

⑤三時の しあいに まに あいません。

_____ _____

⑥みなさん、こたえは おなじですか。   _____ _____

⑦ちりの 本を かして もらいました。   _____ _____

⑧なかなか つごうが あいませんね。   _____ _____

7 音声を聞いて適当な漢字を（ ）から選んで○を書きましょう。

[A]

山田さんのうちは、六人a.(家族・安族)です。ですが、b.(三世代・三代世)、七人が、c.(円じ・同じ)d.(家・宅)に住んでいます。山田さんのお父さんのお母さん、*つまり、山田さんのおばあさんもいっしょに住んでいます。七人いっしょに住んでいますから、家がせまいそうです。山田さんのおばあさんは足が悪いですから、山田さんのお父さんがe.(世話・電話)をしています。

[B] 〈トムさんの 話〉

わたしの 家族も 六人家族です。兄、姉、弟、妹が います。でも 兄は いま 仕事で ほかの 町に います。兄の へやが あいて いますから、母は ときどき その へやを *りゅうがくせいに 安く a.(貸して・借して) います。家に b.(お手洗い・お洗手い) は 二つ あります が c.(台所・台風) は 一つだけです。りゅうがくせいは わたしたち 家族と いっしょに つかいます。

あと わたしたちは 犬を かって います。犬の 名前は 「ハチ」です。わたしは 今 日本に いますから、妹が d.(代わりに・伏わりに) さんぽを して くれて います。

45 ⑧ 音声を 聞いて （ ） に 漢字を 書きましょう。

〈トムさんの 話〉

日よう日に 何を しているのか 友だちに 聞きました。ロロさんは 車を 週に 一回 a.（　　います）。ですから 車は いつも *ピカピカに b.（　　って）います。鈴木さんは 犬の さんぽを して いると c.（　え）ました。さんぽは いつも 同じ d.（　　）です。「いちょうこうえん」です。その こうえんには 大きい e.（　　）が あります。鈴木さんの 犬は 三年前に その 池に おちたそうです。ですから 池の 近くは 歩かないで、もりの ほうを 走るそうです。

⑨ トムさんの 日記を 読んで、①〜④の 質問に 答えましょう。

12月7日　月よう日

日本には アメリカの 「*しゅう」のような ものが 47 あります。それを 「a.県」と いいます。でも、ぜんぶ 「県」と いいません。「道、都、ふ」と いう 名前も あるそうです。「北海道」は 「北海道県」じゃなくて 「北海道」です。「おおさか」「京都」は 「おおさか県」「京都県」じゃなくて 「おおさかふ」「京都ふ」と いいます。「東京」は 「東京県」じゃなくて 「b.東京都」です。そして 北海道に 住んでいる 人は 「c.北海道民」、東京に 住んでいる 人は 「東京都民」や 「d.都民」と いうそうです。今日 チョウさんが 教えて くれました。

十月一日は 「都民の日」です。東京都民は *ただで びじゅつかんや *すいぞくかんに 行けます。いい *サービスです。「さくら大学」は 東京に ありますが、十月一日は 休みでは ありません。大学の 学生は 都民だけ じゃなくて さいたま県民や ちば県民など いろいろですから 休みに しません。ざんねんです。

---

① ＿＿＿の 読み方を 書きましょう。

　a.＿＿＿＿　b.＿＿＿＿　c.＿＿＿＿　d.＿＿＿＿

②「北海道民」は どういう いみですか。

　＿＿＿＿＿＿＿＿＿＿＿＿＿＿＿＿＿＿

③十月一日は 何の 日ですか。

　＿＿＿＿＿＿＿＿＿＿＿＿＿＿＿＿＿＿

④十月一日は 大学は 休みでは ありません。それは どうしてですか。

　＿＿＿＿＿＿＿＿＿＿＿＿＿＿＿＿＿＿

日本語能力試験対策 第13回 JLPT Practice exercises

よみ／reading／membaca／การอ่าน／Đọc

もんだい1 ＿＿＿の ことばは どう よみますか。1・2・3・4から いちばん いい ものを ひとつ えらんで ください。

N4

① 田中さんの ご都合は いかがですか。
　1 やくそく　　2 ようじ　　3 つごう　　4 よてい

② 日本には 県が 43 あります。
　1 し　　2 まち　　3 と　　4 けん

③ サッカーの 試合を 見に 行きます。
　1 しや　　2 しやい　　3 しあ　　4 しあい

④ しつもんに 答えます。
　1 みえます　　2 きえます　　3 こたえます　　4 かえます

⑤ 近所の 人たちと こうえんの ごみを ひろいます。
　1 くんじょ　　2 くんじょう　　3 きんじょ　　4 きんじょう

⑥ けいたいでんわを 家に わすれました。
　1 つくえ　　2 きょうしつ　　3 へや　　4 うち

⑦ くつしたの うり場は どこですか。
　1 ば　　2 ばしょ　　3 ところ　　4 じょう

⑧ 雨の 場合 テニスの しあいは ありません。
　1 とき　　2 ばめん　　3 ばあい　　4 じょうあい

⑨ パクさんが 住んで いる 所は べんりです。
　1 ばしょ　　2 じゅうしょ　　3 うち　　4 ところ

⑩ ご住所を 書いて ください。
　1 じゅしょ　　2 じゅうしょ　　3 じゅしょう　　4 じゅうしょう

⑪ しゅじんが お世話に なって おります。
　1 せかい　　2 よはなし　　3 せわ　　4 よわ

⑫ 古田先生の 代わりに わたしが おしえます。
　1 あわりに　　2 かわりに　　3 さわりに　　4 たわりに

⑬ トンネルの さきに 光が 見えます。
　1 ひかる　　2 ひかり　　3 あかる　　4 あかり

かき / writing / menulis / การเขียน / Viết

もんだい2 ＿＿＿の ことばは どう かきますか。1・2・3・4から いちばん いい ものを ひとつ えらんで ください。

How do you write the underlined words? Choose the best one from 1, 2, 3 or 4.

Bagaimana menulis kata yang digaris bawahi? Pilihlah salah satu jawaban yang tepat dari 1, 2, 3, atau 4!

คำที่ขีดเส้นใต้ต่อไปนี้เขียนอย่างไร จงเลือกคำตอบที่ถูกต้องจาก 1, 2, 3, 4

Chọn trong 1, 2, 3, 4 cách viết đúng nhất chữ Hán có gạch chân.

N4

1 とうきょうとの じんこうは おおいです。
　1 都　　　2 町　　　3 県　　　4 市

2 しみんホールは よる8時まで あいています。
　1 区民　　2 区員　　3 市民　　4 市員

3 まいにち おなじ きょうしつで べんきょうします。
　1 合じ　　2 答じ　　3 同じ　　4 色じ

4 走ったら 6時の バスに まに あいます。
　1 会います　2 合います　3 開います　4 有います

5 でんわで かぞくと はなします。
　1 家旅　　2 家親　　3 家族　　4 家衣

6 兄は 車の こうじょうで はたらいて います。
　1 工所　　2 工作　　3 工場　　4 工湯

7 チョウさんの うちの だいどころは きれいです。
　1 台風　　2 台所　　3 台場　　4 台地

8 バスだいが 210円から 220円に なりました。
　1 代金　　2 代　　　3 料金　　4 税

9 学生じだいは まいにち サッカーを して いました。
　1 時間　　2 時代　　3 時所　　4 時台

10 今 兄の へやを 学生に かして います。
　1 借して　2 帰して　3 貸して　4 代して

11 トムさんの お母さんは ちりを おしえて います。
　1 地面　　2 理地　　3 土地　　4 地理

12 すずきさんの いぬは この いけが こわいです。
　1 地　　　2 他　　　3 池　　　4 也

13 食べる まえに 手を あらいます。
　1 池います　2 洗います　3 注います　4 氾います

第14回

練習問題 Exercise / Soal Latihan / แบบฝึกหัด / Luyện tập

1 絵を見て、（　）に漢字を書きましょう。

① a.　　b.　　c.
②
③
④

① a.(　) b.(　) c.(　)

②（　）を（　）います。

③（　　　）

④（　）を（　）みます

2 ◻︎の漢字を①〜③のグループに分けましょう。

① 動作 (actions/movements/aktivitas/กริยา/động tác)　（　　　　　　　）

② 自然 (nature/alam/ธรรมชาติ/tự nhiên, thiên nhiên)　（　　　　　　　）

③ もの ((concrete) thing/barang/วัตถุ สิ่งของ/thứ, đồ)　（　　　　　　　）

```
使　物　林　作　品　歌　森
```

3 次のことばの意味を考えて、a.〜d.のなかから選びましょう。

① 国産品　　　　　（　）
② 館内飲食禁止　（　）
③ 便所　　　　　　（　）
④ 借金　　　　　　（　）

a. no food or drinks allowed inside the building／dilarang makan dan minum di dalam gedung／ห้ามรับประทานอาหารและเครื่องดื่มภายในอาคาร／cấm ăn uống trong tòa nhà

b. toilet／toilet／ห้องน้ำ／nhà vệ sinh

c. locally made product／produk dalam negeri／ผลิตภัณฑ์ของประเทศ／hàng nội địa

d. debt/loan／utang／หนี้สิน／tiền vay

129

④ 1.～4.のなかで、いちばんいいものを選びましょう。

①もの（　）　1. 物　2. 牞　3. 物　4. 豠

②たてる（　）　1. 建　2. 建　3. 赴　4. 建

③つくる（　）　1. 作　2. 伻　3. 依　4. 係

⑤ ＿＿＿の読み方を書きましょう。難しいときは、本冊 p.201-205 を見ましょう。

[映] ① 台風で　テレビが　よく　映りません。　＿＿＿＿

② 映画館で　映画を　見るのが　好きです。　＿＿＿＿

[歌] ③ ロロさんは　歌が　上手です。　＿＿＿＿

④ サッカーの　試合で　国歌を　歌います。　＿＿＿＿

[楽] ⑤ 楽しい　時間を　*すごしました。　＿＿＿＿

⑥ 楽な　仕事は　ありません。　＿＿＿＿

⑦ 音楽を　聞きながら　しゅくだいを　します。　＿＿＿＿

[薬] ⑧ 朝と　夜に　薬を　飲みます。　＿＿＿＿

⑨ *しょほうせんを　もらったら　薬局に　行きましょう。　＿＿＿＿

[産] ⑩ パンダが　子どもを　産みました。　＿＿＿＿

⑪ とよだ市は　自動車産業の　町です。　＿＿＿＿

[林] ⑫ 林の　むこうに　大きな　みずうみが　あります。　＿＿＿＿

⑬ 日本の　林業は　*コストが　とても　高いです。　＿＿＿＿

[森] ⑭ この　森には　めずらしい　鳥が　います。　＿＿＿＿

⑮ 日本の　*国土の　三分の二は　森林です。　＿＿＿＿

[物] ⑯ 何か　食べられない　物は　ありますか。　＿＿＿＿

⑰ 花や　草が　好きなので　生物の　先生に　なりたいです。　＿＿＿＿

[品] ⑱ ご注文の　お品物を　お送りしました。　＿＿＿＿

⑲ 食品は　地下一かいに　ございます。　＿＿＿＿

[建] ⑳ この　ビルは　三年前に　建てられました。　＿＿＿＿

㉑ *建築家と　話しながら　家の　デザインを　きめます。　＿＿＿＿

[図] ㉒ ここに　図を　入れると　わかりやすいですよ。　＿＿＿＿

㉓ 図書館に　行って　新聞を　読みます。　＿＿＿＿

Please choose the most appropriate kanji shape for each word.
Pilihlah satu jawaban yang benar dari 1.~4.!
จงเลือกคำตอบที่เหมาะสมจาก 1.~4.
Chọn từ 1.~4. câu trả lời phù hợp nhất.

Please write the reading of the underlined words. If you find them too difficult, you may want to reference page 201 to page 205 of the textbook.
Tulislah cara baca kanji yang digaris bawahi! Jika merasa kesulitan. Lihatlah buku teks hal 201~205!
จงเขียนวิธีอ่านของตัวอักษรคันจิที่ขีดเส้นใต้ กรณีที่ไม่ทราบ สามารถดูคำตอบในตำราหลักหน้า 201-205 ได้
Viết cách đọc các chữ Hán có gạch chân. Nếu không nhớ, bạn có thể xem p.201-205 của giáo trình chính.

*すごす／to spend or pass the time／melangsungkan／ใช้เวลา／trải qua

*しょほうせん／prescription／resep／ใบสั่งยา／đơn thuốc

*コスト／cost／biaya／ต้นทุน／chi phí

*国土／territory/ national land／daratan／พื้นที่ของประเทศ／lãnh thổ

*建築家／architect／arsitektur／สถาปนิก／kiến trúc sư

[使]㉔ この プリンタの 使い方、わかりますか。　_____

　㉕「使用中」とは 「いま、使っています。」と いう いみです。

　　　　　　　　　　　　　　　　　　　　　　　_____

[借]㉖ 鈴木さんは 山田さんに かさを 借ります。　_____

　㉗「借金だけは するな。」と 父に 言われて います。　_____

[作]㉘ この ホームページは ロベルトさんが 作りました。　_____

　㉙ この ゴッホの 作品は *本物です。　_____

*本物／original／asli／ของแท้ ของจริง／thật

6 [A] _____のことばを漢字で書きましょう。

① せかいで ワインの せいさんが 多いのは イタリアと フランスです。

　　　　　　　　　　　　　　　　　　　　_____ _____

② スマートフォンが 出てから デジタルカメラさんぎょうは きびしい

　ようです。　_____

③ 古田先生と いっしょに すもうを けんぶつしました。　_____

④ この ホテルは えきから 15分も かかるので ふべんです。

　　　　　　　　　　　　　　　　　　　　_____ _____

⑤ えいごの さくぶんの しゅくだいは 明日までです。

　　　　　　　　　　　　　　　　　　　　_____ _____

⑥ いぬを どうぶつの びょういんに つれて いきました。

　　　　　　　　　　　　　　　　　　　　_____ _____

Please rewrite the underlined portion with kanji.

Tulislah huruf kanji dari kosakata yang digaris bawahi!

จงเขียนคำศัพท์ที่ขีดเส้นใต้เป็นอักษรคันจิ

Viết chữ Hán những từ có gạch chân.

[B] _____のことばを漢字とひらがなで書きましょう。

⑦ かいものを する のが たのしいです。　_____ _____

⑧ この おかしは おみやげ屋さんだけでなく りょかんでも 買えます。

　　　　　　　　　　　　　　　　　　　_____ 屋 _____

Please rewrite the underlined portion with kanji and hiragana.

Tulislah huruf kanji dan hiragana dari kosakata yang digaris bawahi!

จงเขียนคำศัพท์ที่ขีดเส้นใต้เป็นอักษรคันจิ และฮิระงะนะ

Viết những từ có gạch chân sang chữ Hán và chữ Hiragana.

7 音声を聞いて適当な漢字を（　）から選んで○を書きましょう。

46 [A]〈トムさんの 話〉

きょうは、パクさんに ついて しょうかいします。パクさんは a.(映画・英画)が 大好きです。毎月一日に 映画 b.(館・建)に 行きます。この 日は「映画の日」と いって だれでも 安く なります。パクさんは 映画 c.(音薬・音楽)も よく d.(楽って・歌って) います。パクさんは 歌から e.(英語・語英)の ことばを おぼえて います。ですから 英語が 上手です。ときどき わたしと 英語で 話します。

47 [B]〈トムさんの話〉

つぎに、チョウさんについて話します。チョウさんは、読書が好きで、よく古本屋に行っていました。ですが、さいきん駅前に市立の a.(図書館・図書室)が b.(立てられ・建てられ)ました。それから、チョウさんは、そこを c.(便って・使って)います。d.(建物・書物)は、小さくて、本は少ないです。でも、e.(便利・有利)だとチョウさんはうれしそうです。

8 音声を聞いて（　）に漢字を書きましょう。

48 トム：*ハックション！

山田：トムさん、だいじょうぶですか？

トム：ええ…。さいきん、よく*はな水が出ます。あの…日本で「hay fever」の人がたくさんいますよね？

山田：「hay fever」？ あ…「*かふんしょう」のことですね？ a.(木・林)とか b.(花・森)から、*かふんがたくさんとんで来て、*くしゃみが出たり。

トム：はい、はい。

山田：でも、日本では、たいてい三月とか、四月ですよ。

トム：あぁ、そうですか。

山田：ぼくも*かふんしょうですが、まだだいじょうぶです。毎年二月ぐらいから、c.(草・薬)を飲んでいますが。

トム：あ、そうですか。山田さんは、何の*アレルギーですか。

山田：「*スギ」です。スギの木がたくさんあるんですよ。

トム：たくさん？何に d.(使う・便う)んでしょうか。家を e.(建てる・館てる)ためですか？

山田：はい。家のためなんですが、外国 f.(産・生)のスギのほうが安いから、

日本のスギはあまり使わなかったそうですよ。

トム：へぇ。

山田：でも、まだ一月ですからね。トムさんのは、かぜじゃないですか？

9 トムさんの日記を読んで、①〜④の質問に答えましょう。

1月31日　日よう日

　金よう日に　大学の　じゅぎょうが　おわりました。今日は　わたしの　日本語クラスで　パーティを　しました。学生たちは　自分の　国の　有名な　a.飲み物か　b.食べ物を　持って　きました。わたしは　アメリカ人ですから　たくさん　コーラを　買いました。そして　ピザを　買いました。ピザは　大学の　近くの　ピザやさんで　買いました。二まいで　4300円でした。わたしは　4000円しか　ありませんでしたから　ロロさんに　300円　c.借りて　しまいました。

　ロロさんは　インドネシアの　おかしを　持って　きました。おかしの　名前は　「ピサンゴレン」です。*フライド・バナナです。ロロさんが　d.作りました。チョコレートと　いっしょに　食べました。おいしかったです。古田先生は　「*たこやき」を　持って　きて　くれました。ロロさんが　インドネシア語の　歌を　おしえて　くれて　みんなで　e.歌いました。ことばは　わかりませんでしたが　みんなで　一つの　ことを　して　家族の　ような　気持ちに　なりました。f.楽しい　時間でした。

---

① ＿＿＿の　読み方を　書きましょう。

a.＿＿＿＿＿　b.＿＿＿＿＿　c.＿＿＿＿＿　d.＿＿＿＿＿

e.＿＿＿＿＿　f.＿＿＿＿＿＿＿＿

② トムさんは　ロロさんから　いくら　借りましたか。

＿＿＿＿＿＿＿＿＿＿

③ ロロさんは　何を　作りましたか。

＿＿＿＿＿＿＿＿＿＿

④ 何を　した　ときに　トムさんは　みんなと　家族の　ような　気持ちに　なりましたか。

＿＿＿＿＿＿＿＿＿＿

Please read Tom's diary and answer questions ① to ④.

Bacalah buku harian Tom, lalu jawablah pertanyaan ①~④!

จงอ่านบันทึกประจำวันของทอม แล้วตอบคำถามข้อ ①~④

Đọc nhật ký của Tom và trả lời câu hỏi từ ①~④.

*フライド／deep-fried／goreng (pisang goreng)／ทอด／rán

*たこやき／lit. octopus ball (Japanese golf ball sized snack made with flour with a piece of octopus inside)／takoyaki／ทาโกะยากิ／bánh bạch tuộc nướng

日本語能力試験対策 第14回 JLPT Practice exercises

よみ／reading／membaca／การอ่าน／Đọc

もんだい1 ＿＿＿の ことばは どう よみますか。1・2・3・4から いちばん いい ものを ひとつ えらんで ください。

N4

① しけんが あるので 英語を べんきょうして います。
　1 ええご　　2 えいご　　3 えご　　4 いえご

② こうえんの となりに 大使館が あります。
　1 すいぞくかん　2 えいがかん　3 はくぶつかん　4 たいしかん

③ ホアンさんは よく うたを 歌って います。
　1 のこって　　2 うたって　　3 ふとって　　4 おどって

④ 音楽を ききながら しごとを します。
　1 おんきゃく　2 おんかく　3 おんぎゃく　4 おんがく

⑤ しょうらい 世界を りょこうしたいです。
　1 せかい　　2 せかいじゅう　3 せいかい　4 せいかいじゅう

⑥ この まちは ＩＴ産業で ゆうめいです。
　1 さんぎょう　2 せいぎょう　3 こうぎょう　4 こうじょう

⑦ とりの こえが 林から 聞こえます。
　1 もり　　2 こうえん　　3 しぜん　　4 はやし

⑧ 動物の なかで なにが いちばん すきですか。
　1 しょくぶつ　2 のみもの　3 たべもの　4 どうぶつ

⑨ この ビルは 10年まえに 建てられました。
　1 たてられ　2 かけてられ　3 あけてられ　4 こてられ

⑩ 日よう日は 図書館で べんきょうします。
　1 どしょがん　2 どしょかん　3 としょがん　4 としょかん

⑪ 駅から 30分 かかりますから 不便です。
　1 べんり　　2 ふべん　　3 ふつごう　　4 つごう

⑫ 本を 三さつ 借ります。
　1 かります　2 とります　3 よります　4 かえります

⑬ お母さんと ケーキを 作ります。
　1 つくります　2 よります　3 きります　4 わります

How do you read the underlined words? Choose the best one from 1, 2, 3 or 4.

Bagaimana cara membaca huruf yang diragis bawahi? Pilihlah salah satu jawaban yang tepat dari 1, 2, 3, atau 4!

คำที่ขีดเส้นใต้ต่อไปนี้อ่านว่าอะไร จงเลือกคำตอบที่ถูกต้องจาก 1, 2, 3, 4

Chọn trong 1, 2, 3, 4 cách đọc đúng nhất chữ Hán có gạch chân.

かき / writing / menulis / การเขียน / Viết

もんだい2 ＿＿＿の ことばは どう かきますか。1・2・3・4から いちばん いい ものを ひとつ えらんで ください。

How do you write the underlined words? Choose the best one from 1, 2, 3 or 4.

Bagaimana menulis kata yang digaris bawahi? Pilihlah salah satu jawaban yang tepat dari 1, 2, 3, atau 4!

คำที่ขีดเส้นใต้ต่อไปนี้เขียนอย่างไร จงเลือกคำตอบที่ถูกต้องจาก 1, 2, 3, 4

Chọn trong 1, 2, 3, 4 cách viết đúng nhất chữ Hán có gạch chân.

N4

① はやしさんは うたが じょうずです。
1 歌　　　2 飲　　　3 声　　　4 音

② きのうの パーティは とても たのしかったです。
1 光しかった　2 臭しかった　3 薬しかった　4 楽しかった

③ いちばん ちかい くすりやは どこですか。
1 薬　　　2 草　　　3 茶　　　4 花

④ この こうじょうでは ぎゅうにゅうを せいさんして います。
1 産出　　2 産生　　3 生産　　4 出生

⑤ この もりには たくさんの 鳥が すんで います。
1 林　　　2 森　　　3 禁　　　4 栄

⑥ のみものを 買いましょう。
1 飲み物　2 飲み事　3 飲み品　4 飲み者

⑦ こちらの しなもので よろしいですか。
1 品物　　2 産物　　3 買物　　4 送物

⑧ この はさみ つかっても いいですか。
1 便って　2 使って　3 用って　4 作って

⑨ 自分の うちを いつか たてたいです。
1 建てたい　2 建てたい　3 書てたい　4 筆てたい

⑩ はじめて りょかんに とまりました。
1 旅官　　2 旅宮　　3 旅館　　4 旅飴

⑪ ちずを 見ながら まちを 歩きます。
1 地理　　2 土地　　3 地図　　4 図紙

⑫ 友だちに かさを かりました。
1 貸りました　2 代りました　3 借りました　4 持りました

⑬ この スープの つくりかたを おしえて ください。
1 件り　　2 作り　　3 作り　　4 依り

第14回 ● JLPT

135

第15回

練習問題 (れんしゅうもんだい)
Exercise / Soal Latihan / แบบฝึกหัด / Luyện tập

1 絵を見て、（ ）に漢字を書きましょう。

① （　　　）さん

② （　　　）に（　　　）ります。

③ （　　　）

④ （　　　）

⑤ （　　　）を（　　　）ます

2 [A] ☐ の漢字を①〜②のグループに分けましょう。

① 店 (store/toko/ร้านค้า/cửa hàng)　　（　　　　　　　　　）

② 学校 (school/sekolah/โรงเรียน/trường học)　（　　　　　　　　　）

| 教室　本屋　研究室　肉屋 |

[B] 反対の意味の漢字を書きましょう。

① 習 ⇔ （　　　）

② 発 ⇔ （　　　）

③ せまい ⇔ （　　　）い

③ 次のことばの意味を考えて、a.～d. のなかから選びましょう。

① 私立　（　）
② 室内　（　）
③ 画家　（　）
④ 内科　（　）

a. indoor/ inside the room／di dalam kelas／ภายในห้อง／trong phòng
b. painter／pelukis／จิตรกร／họa sĩ
c. internal medicine／bagian dalam／แผนกอายุรกรรม／khoa nội
d. private／swasta／เอกชน／dân lập, tư thục

④ 1.～4. のなかで、いちばんいいものを選びましょう。

① きょうしつ（　）　1. 室　2. 室　3. 宲　4. 宏
② びょういん（　）　1. 病　2. 痾　3. 痾　4. 痾
③ のる（　）　1. 垂　2. 乗　3. 重　4. 東

⑤ ＿＿＿の読み方を書きましょう。難しいときは、本冊 p.208-212 を見ましょう。

[広] ① パクさんの　今の　へやは　広いです。　＿＿＿＿＿
　　② 広告を　見て　スキーに　行きたく　なりました。　＿＿＿＿＿
[私] ③ 私の　へやは　四かいに　あります。　＿＿＿＿＿
　　④ さくら大学は　私立大学です。　＿＿＿＿＿
[屋] ⑤ 八百屋の　おじさんは　こえが　大きいです。　＿＿＿＿＿
　　⑥ ミンさんの　家の　屋上から　花火が　きれいに　見えます。　＿＿＿＿＿

[教] ⑦ 古田先生は　教え方が　上手です。　＿＿＿＿＿
　　⑧ ロロさんは　教室の　いちばん　前に　すわります。　＿＿＿＿＿
[着] ⑨ ロベルトさんは　毎日　スーツを　着て　います。　＿＿＿＿＿
　　⑩ 今　電車に　乗りました。あと　10分で　着きます。

　　⑪ この　ひこうきは　東京8時発、ふくおか9時50分着です。

[乗] ⑫ *新幹線に　乗った　ことが　ありません。　＿＿＿＿＿
　　⑬ 新幹線に　乗るには「乗車券」と「*特急券」が　いります。

*新幹線／bullet train／shinkansen (kreta super eskpres)／รถไฟชินกันเซ็น／tàu cao tốc

*特急券／super (limited) express train ticket／tiket shinkansen／ตั๋วด่วนพิเศษ／vé đặc biệt (dùng khi đi tàu cao tốc)

第15回 ● Exercise

137

[計] ⑭ マラソンの *タイムを 計ります。　＿＿＿＿＿

⑮ 300円の パンと 150円の コーヒーで *合計450円です。
　　＿＿＿＿＿

6 [A]＿＿＿のことばを漢字で書きましょう。

① ようふく屋で 新しい したぎを 買います。　＿＿＿＿　＿＿＿＿

② だいがくいんで かがくを 学んで います。
　　＿＿＿＿　＿＿＿＿

③ けいかくを ごせつめい いたします。　＿＿＿＿　＿＿＿＿

④ 広島はつ きょうとちゃくの *新幹線は いくらですか。
　　＿＿＿＿　＿＿＿＿

⑤ きょうしつに とけいが ないので 時間が わかりません。
　　＿＿＿＿　＿＿＿＿

⑥ この えいがは しょうせつを もとに して います。
　　＿＿＿＿　＿＿＿＿

⑦ この びょうきの くすりを けんきゅうして います。
　　＿＿＿＿　＿＿＿＿　＿＿＿＿

[B]＿＿＿のことばを漢字とひらがなで書きましょう。

⑧ チョウさんは わたしに かんじを おしえて くれます。
　　＿＿＿＿　＿＿＿＿

⑨ ロベルトさんは いちども ふねに のった ことが ありません。
　　＿＿＿＿　＿＿＿＿

7 音声を聞いて適当な漢字を（　）から選んで○を書きましょう。

49 [A]① 今の パクさんの へやは （広い・去い）です。

② ホアンさんは （肉屋・魚屋）の においが きらいです。

③ ロロさんは 日本語の （発音・発車）が きれいです。

④ ホアンさんは （去年・今年） 山で ころびました。一週間（入学・入院）しました。そのときから（病気・病院）が きらいだそうです。

⑤ 食堂の *おそば、おいしいですよ。（一度・今度）いっしょに 行きましょう。

138

[B]

　ミンさんのご主人は、*歯医者です。ご主人は、小さいとき、*虫歯がたくさんありました。そして、よく歯医者に行きました。歯医者は、子どもにはこわい所ですが、ミンさんのご主人の場合は、ちがいました。家のちかくの歯医者が、特別だったからです。ここの先生のa.(説明・言明)は、とてもわかりやすく、子どもにもよくわかりました。そして終わったあとに先生はいつも小さいおもちゃをくれました。それから、先生はガムをかんで大きい*ふうせんをb.(作って・科って)くれました。ですから、ご主人は、歯医者に行くのが好きでした。

　大人になってから、ご主人は、歯科大学で勉強して、歯医者になりました。いまは、大きいc.(病気・病院)で仕事をしています。ですが、月にd.(今度・一度)、大学のe.(研究室・教室)に行って、研究をしているそうです。

*歯医者／dentist／dokter gigi／หมอฟัน／nha sĩ

*虫歯／cavity／gigi kropos／ฟันผุ／răng sâu

*ふうせん／balloon／balon／ลูกโป่ง／bóng bay

8　音声を聞いて（　）に漢字を書きましょう。

〈トムさんの　話〉

　三月は　大学は　休みですが　たくさんの　a.(　　　)では　*合宿をします。b.(　　　)は　*りゅうがくせいですが　c.(　　　)部の　先生が「合宿に　いっしょに　行きませんか。」と　言って　くださいました。山田さんも　さそわれたそうです。山田さんも　合宿に　行くと　言うので　ぼくも行こうと　思います。合宿の　*よていを　もらいました。

	1日目	2日目	3日目
		8:00　朝食	8:00　朝食
10:00	大学北門　バス出発	10:00　町でサイクリング	9:00-12:00　勉強会③
13:30	合宿所　着	12:00　昼食	
14:00-17:00	勉強会①	14:00-17:00　勉強会②	13:30-15:00　*イチゴがり
17:00-18:00	夕飯	17:00-18:00　BBQ じゅんび	15:00　バス出発
19:30	までに　入浴	18:00-20:00　BBQ	18:30　大学着　解散
20:00-	ゲームなど	20:30-　入浴	

　一日目は　10時に　大学の　北門から　d.(　　)します。一時半ごろに合宿所に　e.(　きます)。勉強会は　三回　あります。二日目の　夜の「BBQ」は　*「バーベキュー」と　いう　意味です。みんな　いっしょに　外で　お肉を　やいて、食べます。三日目の　午後は　「イチゴがり」に　行きます。2000円　はらったら　30分間　イチゴが　*食べほうだいです。ですが　天気によって　この　f.(　　　)は　かわる　かもしれません。

Please listen to the audio file and write the appropriate kanji/kanji word in the brackets.

Dengarkanlah rekaman, lalu tulislah kanji pada bagian dalam kurung!

จงฟังไฟล์เสียง แล้วเขียนตัวอักษรคันจิลงใน（　）

Nghe giọng đọc rồi viết chữ Hán vào (　).

*合宿／studying camp／asrama (menginap)／การเข้าค่ายฝึกอบรมร่วมกัน／sinh hoạt tập trung

*りゅうがくせい／student from abroad／mahasiswa asing／นักศึกษาต่างชาติ／lưu học sinh

*よてい／schedule／rencana／กำหนดการ／kế hoạch

*イチゴがり／strawberry picking／memetik stroberi／การเก็บสตรอเบอรี่ที่ไร่／hái dâu tây

*バーベキュー barbeque／barberkyu／บาร์บีคิว／thịt nướng

*食べほうだい／all-you-can-eat／makan sepuasnya／บุฟเฟต์／ăn thoải mái sau khi đã trả một khoản tiền nhất định

⑨ ⑧の文を読んで、質問に答えましょう。

①下の文は、正しいですか。○か×を書いてください。

a. 山田さんは　合宿に　行きません。　（　　）
b. 勉強会は　四回　あります。　　　　（　　）
c. 二日目の　夜に　お肉を　食べます。（　　）
d. 天気が　雨でも　計画は　同じです。（　　）

②下の　質問に　答えましょう。

a. 一日目は　どこから　出発しますか。
　　　　　　　　　　　　　　　_____

b. イチゴは　30分間で　どのぐらい　食べられますか。
　　　　　　　　　　　　　　　_____

c. 三日目　何時に　大学に　着きますか。
　　　　　　　　　　　　　　　_____

Please read the text of ⑧ and answer the questions below.
Bacalah teks ⑧ lalu jawablah pertanyaan berikut!
จงอ่านเนื้อเรื่องในข้อ ⑧ และตอบคำถาม
Đọc đoạn văn ⑧ và trả lời các câu hỏi.

日本語能力試験対策 第15回 JLPT Practice exercises

よみ／reading／membaca／การอ่าน／Đọc

もんだい1 ＿＿＿の ことばは どう よみますか。1・2・3・4から いちばん いい ものを ひとつ えらんで ください。

N4

① この へやは 一人には 広いです。
　1 せまい　　2 ひろい　　3 みじかい　　4 ほそい

② これは 去年 買った セーターです。
　1 おととし　　2 きょねん　　3 ことし　　4 らいねん

③ 屋上から 花火が 見えます。
　1 やね　　2 やがみ　　3 おくじょ　　4 おくじょう

④ いとうさんの お母さんは 大学で 教えて います。
　1 おしえて　　2 きこえて　　3 きえて　　4 か

⑤ タンミさんの ご主人は 研究して います。
　1 けんきゅ　　2 けんきゅう　　3 げんきゅ　　4 げんきゅう

⑥ ニックさんは 発音が きれいです。
　1 ぱるおん　　2 はるのん　　3 はつおん　　4 はつのん

⑦ 駅に 3時に 着きました。
　1 かきました　　2 ききました　　3 たきました　　4 つきました

⑧ つぎの 駅で ほかの きゅうこうに 乗りかえます。
　1 はりかえ　　2 とりかえ　　3 のりかえ　　4 よりかえ

⑨ 計画では ここに 新しい ビルが たてられます。
　1 けえか　　2 けえかく　　3 けいか　　4 けいかく

⑩ 説明が むずかしくて わかりませんでした。
　1 せつみょう　　2 せつめい　　3 かいせつ　　4 かいしゃく

⑪ 兄は 先週から 入院して います。
　1 にゅいん　　2 にゅういん　　3 にゅうにん　　4 にゅにん

⑫ スーパーで 下着を 買いたいです。
　1 しもぎ　　2 したぎ　　3 しもき　　4 したき

⑬ シンジさんに 一度も 会った ことが ありません。
　1 いっかい　　2 いっさい　　3 いちど　　4 いままで

かき／writing／menulis／การเขียน／Viết

もんだい2 ＿＿＿の ことばは どう かきますか。1・2・3・4から いちばん いい ものを ひとつ えらんで ください。

N4

1. ここが わたしの へやです。
   1 私　　　　2 札　　　　3 礼　　　　4 払

2. きょうしつの うしろの せきに すわります。
   1 教室　　　2 教屋　　　3 教場　　　4 教所

3. さかなやの となりに スーパーが あります。
   1 魚店　　　2 鳥店　　　3 魚屋　　　4 鳥屋

4. パクさんは まいにち えいがを 見て います。
   1 英語　　　2 映画　　　3 英画　　　4 映像

5. あしたの しゅっぱつは 10時です。
   1 出発　　　2 発着　　　3 発時　　　4 出時

6. 子どもの とき かがくの じっけんが すきでした。
   1 科学　　　2 料理　　　3 理科　　　4 料学

7. きょうは あたらしい セーターを きて います。
   1 来て　　　2 木て　　　3 黄て　　　4 着て

8. 4時半の でんしゃに のります。
   1 香ります　2 乗ります　3 東ります　4 車ります

9. たんじょうびに とけいを 買って もらいました。
   1 時計　　　2 時図　　　3 時理　　　4 時料

10. この しょうせつを 書いた 人は だれですか。
    1 少説　　　2 少書　　　3 小説　　　4 小書

11. のどが いたいので びょういんに 行きます。
    1 病院　　　2 疲院　　　3 病室　　　4 疲室

12. また こんど いきましょう。
    1 今回　　　2 今度　　　3 次回　　　4 来度

13. 大きな びょうきを した ことが ありますか。
    1 疲気　　　2 疫気　　　3 病気　　　4 両気

How do you write the underlined words? Choose the best one from 1, 2, 3 or 4.

Bagaimana menulis kata yang digaris bawahi? Pilihlah salah satu jawaban yang tepat dari 1, 2, 3, atau 4!

คำที่ขีดเส้นใต้ต่อไปนี้เขียนอย่างไร จงเลือกคำตอบที่ถูกต้องจาก 1, 2, 3, 4

Chọn trong 1, 2, 3, 4 cách viết đúng nhất chữ Hán có gạch chân.

第16回

練習問題 Exercise / Soal Latihan / แบบฝึกหัด / Luyện tập

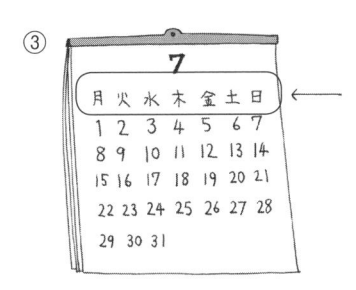

① 絵を見て、（　）に漢字を書きましょう。

① a.(　　) → b.(　　)

② (　　　　)

③ (　　　　)

④ (　　　)へ(　　　)ります

② [A] ☐ の漢字を①〜③のグループに分けましょう。

① 動作 (actions/movements/aktivitas/กริยา/động tác)　(　　　　　　　)

② 人 (person/orang/คน/người)　(　　　　　　　)

③ 建物 (building/banguna/อาคาร ตึก/tòa nhà)　(　　　　　　　)

進　顔　屋　声　集　帰　店　堂

[B] どちらが大きいですか。＞か＜を書きましょう。

① 税込み(　　) 外税

② 5人以下(　　) 6人

③ 次のことばの意味を考えて、a.～d. のなかから選びましょう。

①文字　（　）
②顔色　（　）
③進歩　（　）
④題名　（　）

a. character／huruf／ตัวอักษร／chữ cái
b. progress／maju／ความก้าวหน้า／tiến bộ
c. title／judul／ชื่อเรื่อง／tiêu đề
d. complexion／raut wajah／สีหน้า／sắc mặt

④ 1.～4. のなかで、いちばんいいものを選びましょう。

①いじょう　（　）　1. 北　　2. 似　　3. 仪　　4. 以
②かお　　　（　）　1. 親　　2. 顴　　3. 頰　　4. 顔
③あつまる　（　）　1. 集　　2. 隹　　3. 焦　　4. 隻

⑤ ＿＿＿の読み方を書きましょう。難しいときは、本冊 p.215-220 を見ましょう。

[頭]①魚を　食べると　頭が　よく　なると　聞きました。＿＿＿＿
　　②きのうは　頭痛で　会社を　休んで　しまいました。＿＿＿＿

[顔]③ホアンさんは　女の　子の　前では　顔が　赤く　なります。＿＿＿＿
　　④この　洗顔せっけんは　レモンの　においが　します。＿＿＿＿

[声]⑤姉と　妹の　声は　とても　*にて　います。＿＿＿＿
　　⑥この　声優さんの　声が　とても　好きです。＿＿＿＿

[色]⑦ロロさんの　車の　色は　白です。＿＿＿＿
　　⑧学校の　屋上からの　景色は　とても　きれいです。＿＿＿＿

　　⑨「さくら大学」には　どんな　特色が　ありますか。＿＿＿＿

[写]⑩チョウさんの　ノートを　写しても　いいですか。＿＿＿＿
　　⑪今日　とった　写真は　あした　メールで　送ります。＿＿＿＿

[考]⑫スキーに　行こうか　考えましたが　やめました。＿＿＿＿
　　⑬考古学の　チームが　むかしの　町の　門を　さがして　います。
　　　　　　　　　　　　　　　　　　　　　　　　　　　　　　＿＿＿＿

[真]⑭さくら大学の　真ん中に　大きな　池が　あります。
　　　　　　　　　　　　　　　　　　　　　　　　　　　　　＿＿＿＿

　　⑮科学を　勉強して　世界の　真実を　知りたいです。＿＿＿＿

Please choose the most appropriate definition from the box for the following words.
Pikirkan arti kosakata berikut dengan memilih a.~d.!
จงพิจารณาความหมายของคำศัพท์ต่อไปนี้ และเลือกคำตอบที่หมาะสมจาก a.~d.
Chọn từ a.~d. ý nghĩa của các từ dưới đây.

Please choose the most appropriate kanji shape for each word.
Pilihlah satu jawaban yang benar dari 1.~4.!
จงเลือกคำตอบที่เหมาะสมจาก 1.~4.
Chọn từ 1.~4. câu trả lời phù hợp nhất.

Please write the reading of the underlined words. If you find them too difficult, you may want to reference page 215 to page 220 of the textbook.
Tulislah cara baca kanji yang digaris bawahi! Jika merasa kesulitan. Lihatlah buku teks hal 215~220!
จงเขียนวิธีอ่านของตัวอักษรคันจิที่ขีดเส้นใต้ กรณีที่ไม่ทราบ สามารถดูคำตอบในตำราหลักหน้า 215~220 ได้
Viết cách đọc các chữ Hán có gạch chân. Nếu không nhớ, bạn có thể xem p.215-220 của giáo trình chính.

*にている／to resemble／mirip／เหมือนกัน คล้ายกัน／giống

[集]⑯来週は ホアンさんの 誕生日ですから 集まりましょう。 _____

⑰集合場所は 駅の 北口で 時間は 六時半です。 _____

[進]⑱何も 問題ありません。計画を 進めて ください。 _____

⑲高校を 出たら 働きますか。進学しますか。 _____

[帰]⑳ミンさんの ご主人は 毎日 七時ごろに 帰ります。 _____

㉑わたしは 一年後に 帰国する よていです。 _____

[別]㉒ロベルトさんは 二年前に かの女と 別れました。 _____

㉓それから ロベルトさんに 特別な 人は いません。 _____

[申]㉔はじめまして。アメリカから 来た トムと 申します。 _____

㉕三月までに 税金の 申告を しなれければ なりません。 _____

6 [A] ____のことばを漢字で書きましょう。

①この しょうせつの だいめいが わかりません。
　　　　　_____　_____

②この うわぎ、ちゃいろと 青、どちらが いいと 思いますか。
　　　　　_____　_____

③私の 話は いじょうです。なにか しつもんは ありますか。
　　　　　_____　_____

[B] ____のことばを漢字とひらがなで書きましょう。

④ちょっと ねむいので かおを あらって きます。
　　　　　_____　_____

⑤友だちの レポートを うつしたら もんだいに なりますよ。
　　　　　_____　_____

⑥この しゃしんの まんなかに うつって いるのが 兄です。
　　　　　_____　_____

⑦ロベルトさんは もう *30か国の お金を あつめたそうです。
　　　　　_____

⑧今日は　しずかですから　仕事が　かなり　すすみました。

_____

7　音声を聞いて適当な漢字を（　）から選んで○を書きましょう。

52 [A]
　　四月から　a.(税金・兄金)が　上がります。ロベルトさんは　料理が　とくいでは　ありませんから　よく　会社の　b.(食事・食堂)に　行きます。ロベルトさんは　そこの　「親子どん」が　大好きです。「親子どん」は　鳥肉と　たまごが　ご飯の　上に　のっている　料理です。「親子どん」は　今c.(税込み・税入)380円です。ロベルトさんは　いつも　110円の　アイスも　食べますので、合計490円です。ですが、四月からは　「親子どん」とアイス、*合わせて　500円d.(以上・以下)に　なります。ロベルトさんは　お昼ご飯は　500円e.(以内・以外)と　きめて　います。四月から　アイスは　f.(特別な・特急な)　日だけに　なりそうです。

53 [B] 〈トムさんの話〉
　　*合宿のa.(写真・真実)を見ながら、いろいろと思い出します。三日目、大学でb.(別れる・利れる)前に、*全員でc.(合成写真・集合写真)をとりました。
　　特に楽しかったのは、二日目の夜と三日目です。二日目の夜は、バーベキューの後、山田さんのへやにd.(集まって・会まって)e.(色々な・声々な)ことを朝の4時ごろまで話しました。大学の授業のこと、バイトで楽しいこと、たいへんなこと、大学を出た後の仕事のことなどです。山田さんは、いつ、どこで鈴木さんに*出会ったかも教えてくれました。
　　朝、七時半に起きましたが、私は、f.(題・頭)がとてもいたかったです。山田さんも、g.(顔色・頭色)がわるかったです。朝は、h.(音・声)が出ませんでしたが、がんばって勉強会をして、午後は、イチゴがりに行きました。イチゴがりは、人気でとてもi.(込んで・多んで)いました。ですから、ほとんどのイチゴは食べられていて、見つけるのがたいへんでした。

8　音声を聞いて（　）に漢字を書きましょう。

54 〈トムさんの話〉
　　合宿のあとで、大学は春休みになりました。私の帰国は一年後です。この休みは、アメリカに帰りませんから、時間があります。私は、英語を教える*アルバイトをすることにしました。

日本では、英語を勉強している人がたくさんいます。ビジネスのためや a.(　　　)のためです。ですが、*ただ世界の色々な人と会話がしたい、とか、映画が見たい、という人もいます。私は、どんな人に教えられるかと b.(　　え)ました。私はいろいろな人と話すのが好きなので、会話のレッスンの先生に c.(　し　　もう)と思いました。今週の d.(　　　)*りれきしょを持って、英語学校に行きます。今日、りれきしょを書きました。そして、スーツを着て e.(　　　)もとって、りれきしょにはりました。りれきしょは、英語で書きましたが、住所だけ日本語で書きました。私の住所の f.(　　　)はむずかしいので、チョウさんに手伝ってもらいました。g.(　　　)がきた（つだ）ないので、はずかしいです。

*ただ／simply/just／hanya sekedar／เพียงแค่／chỉ là

*りれきしょ／curriculum vitae (C.V.)／resume／daftar riwayat hidup／ประวัติส่วนตัว／sơ yếu lý lịch

⑨ トムさんの日記を読んで、①〜④の質問に答えましょう。

3月4日（金曜日）

　今日は 英語学校に 行きました。*バイトの *めんせつでした。めんせつには 二人の 先生が いました。一人は 日本人の おじさんで この 学校の 校長先生です。少し こわい a.顔を して いました。もう 一人は スウェーデン人の 女の人です。この 学校で 英語を 教えて いる 先生です。名前は サラさんです。サラさんの 話では 外国人の 先生は サラさん以外に 五人 いるそうです。
　めんせつでは「b.何曜日に 来られますか。」や「今まで 教えた ことが ありますか。」と いう 質問が ありました。私は 学校で 教えた ことが ありません。しかし、ときどき パクさんや 山田さんに 英語に ついて 聞かれるので 教えるのには なれて います。「c.問題ないと 思います。」と 答えました。めんせつに 通ったら たぶん 来週から 仕事です。うまく いくと いいです。

Please read Tom's diary and answer questions ① to ④.
Bacalah buku harian Tom, lalu jawablah pertanyaan ①〜④!
จงอ่านบันทึกประจำวันของทอม แล้วตอบคำถามข้อ ①〜④
Đọc nhật ký của Tom và trả lời câu hỏi từ ①〜④.

*バイト＝アルバイト／part-time job／kerja pasrt time／งานพิเศษ／công việc làm thêm

*めんせつ／(job) interview／wawancara／การสัมภาษณ์／phỏng vấn

① ＿＿＿の 読み方を 書きましょう。

　a.＿＿＿＿＿　b.＿＿＿＿＿　c.＿＿＿＿＿

② めんせつで トムさんは だれと 話しましたか。

　＿＿＿＿＿＿＿＿＿＿＿＿＿＿＿＿＿＿

③ この 学校に 外国人の先生は ぜんぶで 何人 いますか。

　＿＿＿＿＿＿＿＿＿＿＿＿＿＿＿＿＿＿

④ トムさんは 英語を 教える ことが できると 思って いますか。

　＿＿＿＿＿＿＿＿＿＿＿＿＿＿＿＿＿＿

日本語能力試験対策 第16回 JLPT Practice exercises

よみ／reading／membaca／การอ่าน／Đọc

もんだい1 ＿＿＿の ことばは どう よみますか。1・2・3・4から いちばん いい ものを ひとつ えらんで ください。

N4

[1] わらって いる 顔が すきです。
　　1 かお　　　2 がお　　　3 かを　　　4 かよ

[2] じっけんを すると たいてい 問題が おきます。
　　1 じけん　　2 かだい　　3 もんだい　4 じこ

[3] 茶色の くつを かいました。
　　1 くろいろ　2 あかいろ　3 あおいろ　4 ちゃいろ

[4] この 漢字は どう よみますか。
　　1 じ　　　　2 すうじ　　3 かんじ　　4 もじ

[5] クラスの 友だちと 写真を とります。
　　1 しゃしん　2 しょしん　3 しゃじん　4 しゅうしん

[6] 学校の 門の まえに 集まります。
　　1 とまります　2 きまります　3 あつまります　4 こまります

[7] どんどん 話が 進みます。
　　1 のみます　2 よみます　3 すすみます　4 たのみます

[8] 日よう日は おまつりですから 特別な ものを 食べます。
　　1 とくだい　2 べつべつ　3 とっきゅう　4 とくべつ

[9] はたち以下の 人は おさけを のめません。
　　1 いじょう　2 いか　　　3 いない　　4 みまん

[10] 食堂は やすいですが あまり おいしく ありません。
　　1 しょくどお　2 しょくどう　3 しょっどお　4 しょっどう

[11] 金よう日以外は だいじょうぶです。
　　1 いじょう　2 いこう　　3 いがい　　4 いない

[12] 今日は ようじが あるので また 別の 日に きます。
　　1 ほかの　　2 またの　　3 べつの　　4 べっこの

[13] びょういんは 土曜日は とても こんで います。
　　1 とようび　2 どようび　3 とよおび　4 どよおび

148

かき／writing／menulis／การเขียน／Viết

もんだい2 ＿＿＿の ことばは どう かきますか。1・2・3・4から いちばん いい ものを ひとつ えらんで ください。

How do you write the underlined words? Choose the best one from 1, 2, 3 or 4.

Bagaimana menulis kata yang digaris bawahi? Pilihlah salah satu jawaban yang tepat dari 1, 2, 3, atau 4!

คำที่ขีดเส้นใต้ต่อไปนี้เขียนอย่างไร จงเลือกคำตอบที่ถูกต้องจาก 1, 2, 3, 4

Chọn trong 1, 2, 3, 4 cách viết đúng nhất chữ Hán có gạch chân.

N4

1 じしんの ときは あたまを つくえの 下に いれて ください。
　　1 頭　　　　2 顔　　　　3 題　　　　4 須

2 こうえんから 子どもの こえが 聞こえます。
　　1 色　　　　2 戸　　　　3 声　　　　4 巴

3 いろいろな もんだいが あります。
　　1 門題　　　2 題目　　　3 題名　　　4 問題

4 そらの いろが きれいです。
　　1 世　　　　2 ヒ　　　　3 色　　　　4 巴

5 いろいろな 国の きってを あつめて います。
　　1 集めて　　2 雀めて　　3 焦めて　　4 准めて

6 ノートを うつします。
　　1 考します　2 孝します　3 写します　4 与します

7 この しゃしんの まん中の かたは どなたですか。
　　1 真ん中　　2 写ん中　　3 中ん中　　4 間ん中

8 なんようびが あいて いますか。
　　1 何曜日　　2 何躍日　　3 同曜日　　4 何晒日

9 雨が ふりそうですから うちに かえります。
　　1 掃ります　2 帯ります　3 帰ります　4 回ります

10 えきで 友だちと わかれました。
　　1 別れました　2 帰れました　3 分かれました　4 通かれました

11 わたしの はっぴょうは いじょうです。
　　1 以上　　　2 今上　　　3 以終　　　4 今終

12 ミリさんは じが きれいです。
　　1 学　　　　2 学　　　　3 字　　　　4 宇

13 冬休みに どこに 行こうか かんがえて います。
　　1 写えて　　2 孝えて　　3 考えて　　4 老えて

149

第13回〜第16回

練習・まとめ問題

Review Exercises / soal rangkuman / แบบฝึกหัดรวมครั้งที่ / Bài tập tổng hợp

---

1 [A] ▢から適当な漢字を選んで（ ）に書きましょう。

① 映画（ ）　② 運動（ ）　③ 研究（ ）
　　図書　　　　　　工　　　　　　　教

④ 魚（ ）　⑤ 台（ ）
　　本　　　　　近

| 場 | 所 | 屋 | 館 | 室 |

[B] 意味がにている漢字を▢から選んで書きましょう。

① 屋－（ ）　② 場－（ ）　③ 度－（ ）

④ 品－（ ）　⑤ 産－（ ）

| 店 | 所 | 物 | 作 | 回 |

[C] 反対の意味の漢字を▢から選んで（ ）に書きましょう。

① 貸⇔（ ）　② 教⇔（ ）　③ 着⇔（ ）　④ 病気⇔（ ）気

| 発 | 習 | 元 | 借 |

[D] 順番に並べましょう。

① 今年・来年・去年　（おととし→　　　→　　　→　　　→再来年）

② 12月・7日・2015年・月曜日　（　　　　　　　　　　　　）

---

2 1.〜4.のなかで、いちばんいいものを選びましょう。

① つかう　（ ）　1. 使　2. 倢　3. 便　4. 倹

② いえ　　（ ）　1. 家　2. 宕　3. 字　4. 寡

③ おしえる（ ）　1. 敎　2. 敎　3. 教　4. 教

④ さんぎょう（ ）　1. 業　2. 粟　3. 業　4. 業

⑤ もんだい（ ）　1. 題　2. 題　3. 題　4. 題

③ _____の読み方を書きましょう。

①この 薬を 売って いる 場所を 知って いますか。
　　　　　　　　　　　　　　　　　_____　_____

②インドの 映画 産業は 大きいです。　_____　_____

③山を のぼる とき、歌を 歌うと 楽しいです。
　　　　　　　　　　　　　　　　　_____　_____

④カレーの 作り方を 教えて もらいます。　_____　_____

⑤宇宙旅行の 計画が あります。　_____　_____

⑥今月の 水道代は 税込みで 4320円です。　_____　_____

⑦私は トム・バークスと 申します。　_____

⑧今度 会社の 食堂で 食べましょう。　_____

⑨小説の 題名を わすれて しまいました。　_____

⑩チョウさんは 漢字が きれいです。　_____

⑪学校の 前で 別れて すぐ 帰りました。　_____　_____

⑫世界 地図を かべに はります。　_____　_____

⑬食品 売り場は 地下一かいです。　_____　_____

⑭注文した 品物が とどきません。　_____　_____

⑮朝七時に 出発して 十時に 着きます。　_____　_____

④ _____のことばを漢字とひらがなで書きましょう。

①うたいすぎて こえが 出ません。　_____　_____

②ぜいきんが 何に つかわれて いるか しらべます。
　　　　　　　　　　　　　　　　　_____　_____

③この とちを 売る ことを かんがえて います。
　　　　　　　　　　　　　　　　　_____　_____

④ちょっと かおを あらって きます。　_____　_____

⑤はつおんクラスと さくぶんクラスを うけて います。
　　　　　　　　　　　　　　　　　_____　_____

⑥けんきゅうを 先に すすめます。　_____　_____

⑦けんないで いちばん 大きい えいがかんです。
　　　　　　　＿＿＿＿＿＿ ＿＿＿＿＿＿

⑧名古屋は じどうしゃ こうぎょうの 町として 有名です。
　　　　　　　　　　　＿＿＿＿＿＿ ＿＿＿＿＿＿

⑨18さいいかの 人は 一人で アパートを かりられません。
　　　　＿＿＿＿＿＿

⑩もりの 中で おんがくかいを 開きます。＿＿＿＿ ＿＿＿＿

⑪この がかは ひかりの *ひょうげんが 上手です。

*ひょうげん／
expression／ekspresi／
การแสดงออก／thể hiện

⑫あたまが いたいので びょういんに 行きます。
　　　　　　　　　　　　＿＿＿＿＿＿

⑬この じだい、けいたい電話が ないと ふべんです。
　　　　　　　　　　　　　　　　　＿＿＿＿＿＿

⑭かえりが おそかったので タクシーに のりました。
　　　　　　　　　　　　　　　　　＿＿＿＿＿＿

⑮コートと セーターの いろが よく あって います。
　　　　　　　　　　　　＿＿＿＿＿＿ ＿＿＿＿＿＿

5 ▭から 適当な 漢字を 選んで（　）に 書きましょう。

〈ミンさんの 話〉

　私は 料理が 好きですが、もう 一つ しゅみが あります。それは タイの ダンスです。私は ふだんは 仕事で いそがしいのですが 月に 一回 a.(市　)ホールで 日本人に ダンスを b.(　えて) います。そのときは c.(特　)な ドレスを d.(　て) e.(　)に かざりを つけます。f.(　)には たくさん *メイクを します。手の 動きや g.(　)で いろいろな 気持ちを *あらわします。いつもと ちがいますから 私のむすこは いつも 「こわいー！ママじゃない！」と ないて います。

| 教 | 顔 | 別 | 頭 | 声 | 民 | 着 |

Please choose from the box and write the most appropriate kanji in each bracket.

Pilihlah kanji yang tepat dari dalam kotak, lalu tulis pada bagian yang di dalam kurung!

จงเลือกตัวอักษรคันจิที่ถูกต้องจาก ▭ และเขียนลงใน (　)

Chọn chữ Hán phù hợp trong ▭ rồi viết vào (　).

*メイクをする／
to put on some make-up／bermake-up/berhias／แต่งหน้า／trang điểm

*あらわす／to express／mengekspresikan／แสดงออก ถ่ายทอด (ความรู้สึก)／biểu lộ

152

55 [A] 音声を聞いて適当な漢字を（　）から選んで○を書きましょう。

〈山田さんの 話〉

*合宿の とき トムさんが「山田さんは 鈴木さんと いつ どこで 会いましたか。」と 聞いて きました。私は *なつかしいと 思いました。私は 一年前 鈴木さんに はじめて 会いました。私は そのとき a.(入院・入学) していました。海で あそんで いる ときに *クラゲに 足を *さされたからです。水を 買おうと 思って、*車いすで b.(疲院・病院) の 一かいの コンビニに 行きました。重い 水を *レジまで 運ぶのが たいへんでしたが、そのとき ある 女の 人が たすけて くれました。やさしい 人だと 思いました。その 三か月後 さくら大学の 入学試験の 日に c.(固じ・同じ) 女の 人が いました。「あの、d.(一度・一回) 会いませんでしたか。」と *話しかけました。それが 鈴木さんでした。それから 私たちは なかよく なりました。同じ 大学 ですが 私は 文学を、鈴木さんは *人間 e.(料学・科学) を 勉強して います。

56 [B] 音声を聞いて（　）に漢字を書きましょう。

〈鈴木さんの 話〉

私は a.(　い) b.(　) が 好きです。よく 山や こうえんに 行きます。山田くんと 先月 ハイキングに 行きました。そのときの c.(　) が つくえに かざって あります。d.(　) と e.(　) の 前で f.(　しました)。山田くんは お父さんが 旅行会社の 人ですから 子どもの ときから たくさん 旅行を して います。山田くんは *しぜんよりも g.(　) が 好きです。古い 家や お寺の 写真を h.(　めて) います。山田くんは i.(　) を 旅行したいそうですが「まずは 日本から」と 言って います。47 j.(　府県) の うち もう 20 *かしょ は 行ったそうです。

7 [A] 次の文を読んで、①〜④の質問に答えましょう。

〈トムさんの話〉

　バイトの*面接の次の日、英語学校から電話がありました。「まずは、週に一回来てください。」と言われました。*うかって、よかったです。先週から、火曜日の夕方に教えています。私の生徒は大学生と60さいくらいの男性です。授業では、スーツを着ないといけません。学校がスーツを貸してくれるので、たすかります。ただ、サイズが合わなくて、すこし大きいです。生徒の質問は、むずかしくて、ときどき答えが分かりません。そんなときは、図書館に行って、しらべるようにしています。

① トムさんは、英語の学校でいつバイトをしていますか。
　　　　　　　_____

② 生徒は、どんな人ですか。　_____

③ トムさんは、仕事のために、スーツを買いましたか。
　　　　　　　_____

④ トムさんは、どんなときに図書館に行きますか。
　　　　　　　_____

Please read the following passage and answer questions ① to ④.
Bacalah teks berikut, lalu jawablah pertanyaan ①〜④!
จงอ่านเนื้อเรื่องต่อไปนี้ และตอบคำถามข้อ ①〜④
Đọc đoạn văn dưới đây và trả lời các câu hỏi từ ①〜④.

*面接／(job) interview／wawancara／การสัมภาษณ์／phỏng vấn

*うかる／to pass／lulus／(สอบ) ผ่าน／đỗ

[B] 次の会話を読んで、①〜④の質問に答えましょう。

トム：山田さん、けいたい電話代って高いですよね。

山田：今、いくらはらっているの？

トム：一か月6000円ぐらいです。

山田：わー、高いね。ぼくは、4500円ぐらいかな。税込みでね。

トム：えー、いいですね。

山田：うん、*スマホじゃないからね。それに、家族がみんな同じ会社を使っているから、「家族割」があるんだ。

トム：「家族割」？

山田：うん。家族の*「割引」。三世代、同じ会社なんですよ。おばあちゃんも持っているんです。それに、私たち、「学割」もあるでしょう？

トム：「がくわり」？

Please read the following script of the conversation and answer questions ① to ④.
Bacalah percakapan berikut, lalu jawablah pertanyaan ①〜④!
จงอ่านบทสนทนาต่อไปนี้ และตอบคำถามข้อ ①〜④
Đọc đoạn hội thoại dưới đây và trả lời các câu hỏi từ ①〜④.

*スマホ（=スマートフォン）／smartphone／sumaho (sumaatofon: sejenis perusahan telkom)／สมาร์ทโฟน／smartphone

*割引／discount／diskon／ส่วนลด／giảm giá

山田：学生の「わりびき」ですよ。トムさんは「学割(わり)」に入っていないのかな？

トム：あー。私は、そのわりびきに入っているか分かりません。説明もむずかしくて。

山田：そっか。あとで、いっしょにお店に行きましょうか。「学割(わり)」は、*学生証(しょう)を見せれば、かんたんに申し込めますよ。

トム：わぁ、ありがとう。

*学生証／student ID／kartu mahasiswa／บัตรนักศึกษา／thẻ sinh viên

① 山田さんのけいたい電話代は、税込みでいくらですか。

　　　　　　　　　　　　　　　　　＿＿＿＿＿＿＿＿＿＿＿

② 山田さんは、スマートフォンを使っていますか。　＿＿＿＿＿＿＿＿＿＿＿

③ 山田さんは、どんな「割引(わりびき)」に入っていますか。

　　　　　　　　　　　　　　　　　＿＿＿＿＿＿＿＿＿＿＿

④ トムさんは、「学割(わり)」に入っていますか。

　　　　　　　　　　　　　　　　　＿＿＿＿＿＿＿＿＿＿＿

8 a、b. の質問(しつもん)に 答(こた)えましょう。

Please answer questions "a" and "b" about yourself.
Jawablah pertanyaan a~b!
จงตอบคำถามข้อ a.~b.
Trả lời các câu hỏi từ a.~b.

a. あなたが 買うより 借りた ほうが いいと 思う ものは 何ですか。どうしてですか。

れい）家です。→ひっこすかもしれませんから。
　　　結婚式のドレスです。→一度しか着ませんから。
　　　（　　　　　　　　　　　　　　　　　　　　　　　）

b. あなたの 町や 国では、何さい以上の 人が おさけを 飲めますか。車が運転できますか。けっこんできますか。

れい）日本では、20さい以上の人はおさけを飲めます。

　　　18さい以上の人は、車が運転できます。

　　　男の人は、18さい以上の人はけっこんできますが、女の人は、

　　　16さい以上です。

　　　（　　　　　　　　　　　　　　　　　　　　　　　）
　　　（　　　　　　　　　　　　　　　　　　　　　　　）
　　　（　　　　　　　　　　　　　　　　　　　　　　　）

155

日本語能力試験対策 第13回〜第16回 JLPT Practice exercises

よみ/reading/membaca/การอ่าน/Đọc

もんだい1 ＿＿＿の ことばは どう よみますか。1・2・3・4から いちばん いい ものを ひとつ えらんで ください。

How do you read the underlined words? Choose the best one from 1, 2, 3 or 4.

Bagaimana cara membaca huruf yang diragis bawahi? Pilihlah salah satu jawaban yang tepat dari 1, 2, 3, atau 4!

คำที่ขีดเส้นใต้ต่อไปนี้อ่านว่าอะไร จงเลือกคำตอบที่ถูกต้องจาก 1, 2, 3, 4

Chọn trong 1, 2, 3, 4 cách đọc đúng nhất chữ Hán có gạch chân.

N4

① きれいな デザインですが、サイズが 合いません。
　1 わらいません　2 あいません　3 さそいません　4 よいません

② 友だちに CDを 貸して います。
　1 かりて　　2 かして　　3 たおして　　4 なおして

③ 市民は だれでも この プールを つかう ことが できます。
　1 とみん　　2 けんみん　3 くみん　　4 しみん

④ 朝は 池の まわりを さんぽします。
　1 いけ　　　2 かいがん　3 はやし　　4 みずうみ

⑤ ぎゅうにゅうの 工場を 見に いきます。
　1 ぼくじょう　2 のうじょう　3 こうじょう　4 かいじょう

⑥ 先月の ガス代を はらいます。
　1 ひ　　　　2 び　　　　3 たい　　　4 だい

⑦ 来週 お品物を おくりします。
　1 しょうひん　2 かいもの　3 しなもの　4 ひんもの

⑧ おととし うちを 建てました。
　1 かてました　2 かけてました　3 もてました　4 たてました

⑨ この びじゅつかんは 森の 中に あります。
　1 しぜん　　2 たんぼ　　3 はたけ　　4 もり

⑩ ロロさんは 歌が じょうずです。
　1 おどり　　2 うた　　　3 きょく　　4 うそ

⑪ 先生に 薬を もらいました。
　1 やさい　　2 おちゃ　　3 くすり　　4 はな

⑫ りょこうの まえに 地図を 買わないと いけません。
　1 ちず　　　2 ちづ　　　3 ちけい　　4 ちと

156

13 子どもと かみで ひこうきを 作ります。
　1 とおります　2 はかります　3 つくります　4 きります

14 魚屋は 人気で いつも こんで います。
　1 にくや　　2 さかなや　　3 とりや　　4 やおや

15 ロロさんは いつも くろい シャツを 着て います。
　1 かけて　　2 はいて　　3 きて　　4 なれて

16 この きょうしつには 時計が ありません。
　1 とけい　　2 かびん　　3 ほし　　4 かがみ

17 すみません。また 今度 いっしょに いきましょう。
　1 らいしゅう　2 こんしゅう　3 こんかい　4 こんど

18 キムさんの うちより 私の うちの ほうが とおいです。
　1 じたく　　2 おたく　　3 わたし　　4 うち

19 大学の 門の まえから 出発します。
　1 しゅっぱつ　2 しゅっぱつ　3 しゅぱつ　4 しゅぱつ

20 ゆうはんに 何を つくろうか 考えて います。
　1 もえて　　2 かんがえて　　3 ふえて　　4 こたえて

21 ゆきが ふって いるので バスで 帰ります。
　1 のります　2 とおります　3 かえります　4 もどります

22 ねつが あって 頭が いたいです。
　1 のど　　2 くび　　3 こし　　4 あたま

23 まちの 真ん中に がっこうを つくります。
　1 まんなか　2 まなか　3 ちゅうしん　4 ちゅうおう

24 あさって 科学の しけんが あります。
　1 しゅうがく　2 かがく　　3 すうがく　4 ぶんがく

25 ごちゅうもんは 以上でしょうか。
　1 べつべつ　2 いっしょ　3 いじょう　4 てんない

26 つぎの 文を 読んで 問題に こたえて ください。
　1 しつもん　2 かだい　　3 めいだい　4 もんだい

かき / writing / menulis / การเขียน / Viết

もんだい2 ＿＿＿の ことばは どう かきますか。1・2・3・4から いちばん いい ものを ひとつ えらんで ください。

N4

① 土よう日は つごうが わるいです。
 1 用事 2 時間 3 都合 4 日付

② たいふうの ばあい しあいは ちゅうしに なります。
 1 場所 2 腸合 3 揚会 4 場合

③ ひっこしたので じゅうしょが かわりました。
 1 住所 2 住宅 3 住場 4 住家

④ お金を 入れると ここが ひかります。
 1 先ります 2 米ります 3 赤ります 4 光ります

⑤ テニスの しあいを テレビで 見ます。
 1 試合 2 練習 3 本選 4 大会

⑥ 母の かわりに りょうりを します。
 1 伐わりに 2 代わりに 3 仕わりに 4 化わりに

⑦ 今は うちに だれも いません。
 1 内 2 宅 3 家 4 帰

⑧ 新しい さんぎょうを つくる ひつようが あります。
 1 工業 2 生産 3 事業 4 産業

⑨ この へんは いろいろな 国の たいしかんが あります。
 1 太使館 2 大使館 3 大仕館 4 大使官

⑩ この たてものには どうぶつの ための びょういんが あります。
 1 獣物 2 動物 3 働物 4 勲物

⑪ 雨が ふって きましたから 友だちに かさを かりました。
 1 借りました 2 代りました 3 返りました 4 貸りました

⑫ しずかな おんがくが すきです。
 1 晋楽 2 音学 3 晋学 4 音楽

⑬ ただしい こたえは なんですか。
 1 同え 2 合え 3 菅え 4 答え

14 チョウさんに わからない かんじを おしえて もらいます。
　1 数えて　　　2 教えて　　　3 教えて　　　4 教えて

15 つぎの えきで バスに のりかえます。
　1 垂りかえ　　2 東りかえ　　3 重りかえ　　4 乗りかえ

16 したぎを わすれたので スーパーに 買いに 行きます。
　1 下善　　　　2 下美　　　　3 下姜　　　　4 下着

17 コピーの しかたを せつめいして くださいますか。
　1 説明　　　　2 説明　　　　3 説暗　　　　4 説暗

18 ことしは きょねんより ゆきが 多かったです。
　1 今年　　　　2 来年　　　　3 昨年　　　　4 去年

19 この ことばは はつおんが むずかしいです。
　1 笑音　　　　2 発音　　　　3 立音　　　　4 言音

20 この みちは あぶないので 40キロいかで うんてんします。
　1 必下　　　　2 以下　　　　3 必上　　　　4 以上

21 あかちゃんに おもしろい かおを 見せます。
　1 顔　　　　　2 頭　　　　　3 額　　　　　4 願

22 この きょうしつは ひろくて きもちが いいです。
　1 光くて　　　2 区くて　　　3 去くて　　　4 広くて

23 まっすぐ すすむと 右がわに ゆうびんきょくが ありますよ。
　1 進む　　　　2 焦む　　　　3 隻む　　　　4 集む

24 どようびは ホテルも りょかんも 高いです。
　1 土弱日　　　2 土習日　　　3 土曜日　　　4 土燿日

25 しゃしんを アルバムに はります。
　1 写真　　　　2 写直　　　　3 考真　　　　4 考直

26 この ちゃいろの カバンは だれのですか。
　1 草色　　　　2 花色　　　　3 茶色　　　　4 答色

日本語能力試験対策 N5 対策まとめ JLPT Practice exercises

よみ／reading／membaca／การอ่าน／Đọc

もんだい1 ＿＿＿の ことばは どう よみますか。1・2・3・4から いちばん いい ものを ひとつ えらんで ください。

How do you read the underlined words? Choose the best one from 1, 2, 3 or 4.

Bagaimana cara membaca huruf yang diragis bawahi? Pilihlah salah satu jawaban yang tepat dari 1, 2, 3, atau 4!

คำที่ขีดเส้นใต้ต่อไปนี้อ่านว่าอะไร จงเลือกคำตอบที่ถูกต้องจาก 1, 2, 3, 4

Chọn trong 1, 2, 3, 4 cách đọc đúng nhất chữ Hán có gạch chân.

1 目の おおきい いぬが います。
　1 みみ　　2 む　　3 め　　4 かお

2 アイスクリームは ひとつ 百えんです。
　1 ひゅく　2 ひゃく　3 じゅう　4 じょう

3 あそこに すわって いるのが 母です。
　1 そぼ　　2 そふ　　3 はは　　4 ちち

4 あめですから、電車で かえります。
　1 てんしょ　2 でんしょ　3 てんしゃ　4 でんしゃ

5 ゆうびんきょくは 午後五じに しまります。
　1 ごぜん　2 ごまえ　3 ごご　　4 ごあと

6 水ようびに テニスを ならって います。
　1 げつようび　2 かようび　3 すいようび　4 もくようび

7 きょうの ニュースを 見ましたか。
　1 でました　2 みました　3 かしました　4 あみました

8 ページの 上から よんで ください。
　1 となり　2 まんなか　3 した　　4 うえ

9 ぜんぶで 六百円です。
　1 ろっひゃくえん　2 ろくひゃくえん　3 ろっぴゃくえん　4 ろっびゃくえん

10 山が よく みえます。
　1 かわ　　2 うみ　　3 もり　　4 やま

11 りんごは 一つ 100えんです。
　1 ひたつ　2 ひとつ　3 ふたつ　4 ふとつ

12 この おみせは おんなの ひとが 多いです。
　1 すくない　2 うるさい　3 きれい　4 おおい

⑬ かんじが すこし 分かります。
　1 しかります　2 かかります　3 うかります　4 わかります

⑭ まいあさ 七時半に おきます。
　1 しちじはん　2 ははんじ　3 くじはん　4 くはんじ

⑮ ホアンさんは 大学の ともだちです。
　1 がっこう　2 だいがく　3 がくせい　4 きょうしつ

⑯ 「はしらないで ください。」と 書いて あります。
　1 ひいて　2 きいて　3 さいて　4 かいて

⑰ わたしの にほんごの 先生は きびしいです。
　1 せんせえ　2 せんせい　3 しけん　4 しんけん

⑱ この こうえんは とても 大きいです。
　1 おきい　2 おうきい　3 おっきい　4 おおきい

⑲ 天気の いい ひに うみに いきましょう。
　1 てんき　2 でんき　3 きこう　4 ようき

⑳ 日本語の じしょを かります。
　1 におんこ　2 におんご　3 にほんこ　4 にほんご

㉑ 高い やまに のぼります。
　1 きれい　2 ひくい　3 たかい　4 とおい

㉒ わたしの うちは この まちの 東の ほうです。
　1 ひがし　2 ひだり　3 にし　4 みぎ

㉓ やおやの 前に ほんやが あります。
　1 まえ　2 まい　3 うしろ　4 うろし

㉔ ともだちは 来年 にほんに あそびに きます。
　1 まいねん　2 まいとし　3 らいねん　4 きょねん

㉕ わたしの 右に ロロさんが すわって います。
　1 ひだり　2 みぎ　3 まえ　4 うしろ

㉖ かぜで 一週間 やすみました。
　1 いっしゅかん　2 いっしゅうかん　3 いちしゅかん　4 いちしゅうかん

かき / writing / menulis / การเขียน / Viết

もんだい2 ＿＿＿の ことばは どう かきますか。1・2・3・4から いちばん いい ものを ひとつ えらんで ください。

1. まいつき えいごの テストを うけます。
   1 苺月　　　2 海月　　　3 毎月!　　　4 毎月

2. はこに チョコレートが ななつ はいって います。
   1 四つ　　　2 六つ　　　3 七つ　　　4 八つ

3. この みせの やさいは いつも やすいです。
   1 大い　　　2 甘い　　　3 多い　　　4 安い

4. あには ひとりで りょこうを して います。
   1 一人で　　2 一入で　　3 二入で　　4 二人で

5. ははの たんじょうびは はちがつ はつかです。
   1 二日　　　2 八日　　　3 十日　　　4 二十日

6. となりの えきまで あるきます。
   1 足きます　2 止きます　3 歩きます　4 起きます

7. そとから あめの おとが します。
   1 雨　　　　2 雪　　　　3 雲　　　　4 電

8. この ワインは ごせんえん します。
   1 五十円　　2 五千円　　3 五干円　　4 五百円

9. いちにちに にかい いぬの さんぽを します。
   1 一日　　　2 一回　　　3 一月　　　4 一目

10. まっすぐ いくと、みぎに でぐちが あります。
    1 山口　　　2 入口　　　3 缶口　　　4 出口

11. しょくじの まえに てを あらいます。
    1 干　　　　2 午　　　　3 毛　　　　4 手

12. ホアンさんより さきに がっこうに つきました。
    1 先に　　　2 生に　　　3 元に　　　4 年に

13. まいしゅう もくようびは サッカーを します。
    1 水よう日　2 氷よう日　3 木よう日　4 本よう日

How do you write the underlined words? Choose the best one from 1, 2, 3 or 4.

Bagaimana menulis kata yang digaris bawahi? Pilihlah salah satu jawaban yang tepat dari 1, 2, 3, atau 4!

คำที่ขีดเส้นใต้ต่อไปนี้เขียนอย่างไร จงเลือกคำตอบที่ถูกต้องจาก 1, 2, 3, 4

Chọn trong 1, 2, 3, 4 cách viết đúng nhất chữ Hán có gạch chân.

14 パクさんの おとうさんは エンジニアです。
　1 お父さん　　2 お文さん　　3 お姉さん　　4 お兄さん

15 えいがの チケットは がくせいは 1500えんです。
　1 学生　　　2 学先　　　　3 学者　　　　4 大学生

16 クラスに おんなの ひとが よにん います。
　1 三人　　　2 四人　　　　3 五人　　　　4 六人

17 きょねんは さんがつに ゆきが ふりました。
　1 三日　　　2 三月　　　　3 四日　　　　4 四月

18 しごとの あとで ともだちに でんわを します。
　1 后で　　　2 前で　　　　3 後で　　　　4 時で

19 ごぜんちゅうに しごとが おわります。
　1 午前中　　2 牛前中　　　3 午崩中　　　4 牛崩中

20 ことし あねが けっこんします。
　1 今五　　　2 今年　　　　3 令年　　　　4 合年

21 ときどき さかなを たべます。
　1 鳥　　　　2 馬　　　　　3 魚　　　　　4 牛

22 かえるときは でんきを けして ください。
　1 電器　　　2 雷器　　　　3 電気　　　　4 雷気

23 そらの しゃしんを とります。
　1 室　　　　2 空　　　　　3 突　　　　　4 究

24 せんげつ かぞくと りょこうを しました。
　1 先年　　　2 先週　　　　3 先日　　　　4 先月

25 ここから うちまで にじかん かかります。
　1 二時半　　2 二半時　　　3 二時間　　　4 二間時

26 ときどき この みちを はしります。
　1 道　　　　2 歩道　　　　3 町　　　　　4 進

日本語能力試験対策 N4 対策まとめ　JLPT Practice exercises

よみ / reading / membaca / การอ่าน / Đọc

もんだい1 ＿＿＿の ことばは どう よみますか。1・2・3・4から いちばん いい ものを ひとつ えらんで ください。

How do you read the underlined words? Choose the best one from 1, 2, 3 or 4.

Bagaimana cara membaca huruf yang diragis bawahi? Pilihlah salah satu jawaban yang tepat dari 1, 2, 3, atau 4!

คำที่ขีดเส้นใต้ต่อไปนี้อ่านว่าอะไร จงเลือกคำตอบที่ถูกต้องจาก 1, 2, 3, 4

Chọn trong 1, 2, 3, 4 cách đọc đúng nhất chữ Hán có gạch chân.

1 すずきさんは ダンスを 習って います。
　1 おどって　　2 もどって　　3 かよって　　4 ならって

2 来年 あねが 日本に くると 思います。
　1 いいます　　2 わらいます　3 おもいます　4 ひろいます

3 ここから いちばん 近い えきは どこですか。
　1 みじかい　　2 はやい　　3 ちかい　　4 とおい

4 雨の 日は バスを 使います。
　1 よいます　　2 つかいます　3 のいます　　4 かよいます

5 チョウさんは 字が きれいです。
　1 かんじ　　2 もじ　　3 ぢ　　4 じ

6 いちねんで 冬が いちばん すきです。
　1 あき　　2 あきい　　3 ふゆ　　4 ふゆう

7 パスポートの ばんごうを 写します。
　1 もどします　2 うつします　3 うずします　4 かえします

8 雨の まえに 急いで かえります。
　1 およいで　　2 いそいで　　3 かせいで　　4 きゅういで

9 車の かぎは 引き出しの 中に 入れて おきました。
　1 しきだし　　2 しきたし　　3 ひきだし　　4 ひきたし

10 となりの 学校は サッカーチームが 強いです。
　1 きびしい　　2 よわい　　3 こわい　　4 つよい

11 コンビニは 昼休みに とても こんで います。
　1 ひるやすみ　2 おひるやすみ　3 はるやすみ　4 おはるやすみ

12 あたらしい 仕事を さがして います。
　1 しょく　　2 しごと　　3 ようじ　　4 ぎょうむ

13 ことしの ふゆやすみは、短いです。
　1 みじかい　　2 ながい　　3 はやい　　4 おそい

164

14 夕方から さむく なります。
　　1 よる　　　2 ゆうべ　　　3 ひるま　　　4 ゆうがた

15 ホアンさんと 同じ じゅぎょうを うけて います。
　　1 どおじ　　2 どうじ　　　3 うなじ　　　4 おなじ

16 来月の 試験の ために べんきょうします。
　　1 じっけん　2 しけん　　　3 けんさ　　　4 けんしん

17 ドイツの 小説を よんで います。
　　1 しょせつ　2 しょっせ　　3 しょうせ　　4 しょうせつ

18 何曜日に アルバイトを して いますか。
　　1 なによ？うび　2 なむようび　3 なんようび　4 なんよおび

19 ともだちの じてんしゃを 借ります。
　　1 かります　2 とります　　3 よります　　4 もどります

20 この こうじょうは りんごの ジュースを 生産して います。
　　1 さいさん　2 せいさん　　3 せいぞう　　4 ぞうさん

21 教室の まえの ほうに すわって ください。
　　1 きょひつ　2 きょうひつ　3 きょしつ　　4 きょうしつ

22 こんど はじめて ふねに 乗ります。
　　1 もります　2 はります　　3 ふります　　4 のります

23 かおを 洗って きます。
　　1 そって　　2 はって　　　3 あらって　　4 かざって

24 いつも 台所を きれいに して います。
　　1 たいところ　2 だいところ　3 たいどころ　4 だいどころ

25 ほしい 色が ありません。
　　1 しな　　　2 もの　　　　3 いろ　　　　4 こえ

26 ふるい ともだちに 手紙を かきます。
　　1 てがみ　　2 てかみ　　　3 はかき　　　4 はがき

かき / writing / menulis / การเขียน / Viết

もんだい2 ＿＿＿の ことばは どう かきますか。1・2・3・4から いちばん いい ものを ひとつ えらんで ください。

How do you write the underlined words? Choose the best one from 1, 2, 3 or 4.

Bagaimana menulis kata yang digaris bawahi? Pilihlah salah satu jawaban yang tepat dari 1, 2, 3, atau 4!

คำที่ขีดเส้นใต้ต่อไปนี้เขียนอย่างไร จงเลือกคำตอบที่ถูกต้องจาก 1, 2, 3, 4

Chọn trong 1, 2, 3, 4 cách viết đúng nhất chữ Hán có gạch chân.

① 来週から なつやすみが はじまります。
　1 百休み　　2 真休み　　3 県休み　　4 夏休み

② じしょで いみを しらべます。
　1 味意　　2 意味　　3 真味　　4 思味

③ しごとで えいごが ひつようです。
　1 央語　　2 映語　　3 英語　　4 史語

④ きょうしつに いすを はこびます。
　1 運びます　2 軍びます　3 庫びます　4 連びます

⑤ わたしの うちからは スーパーも コンビニも とおいです。
　1 猿い　　2 短い　　3 早い　　4 遠い

⑥ エベレストは せかいで いちばん 高い 山です。
　1 世海　　2 世界　　3 世会　　4 世開

⑦ きょうは かぜが つめたいです。
　1 風邪　　2 台風　　3 風　　4 台所

⑧ この みちは たくさん タクシーが とおります。
　1 桶ります　2 通ります　3 道ります　4 進ります

⑨ りょこうの けいかくを たてます。
　1 映画　　2 予定　　3 日程　　4 計画

⑩ けっこんしきで でんとうてきな ふくを きます。
　1 服　　2 洋服　　3 着物　　4 衣服

⑪ この りょかんは おふろが ひろくて きもちいいです。
　1 広くて　　2 石くて　　3 去くて　　4 宏くて

⑫ にちようびは ようじが あって 行けません。
　1 仕事　　2 用事　　3 様子　　4 都合

⑬ ミンさんの ごしゅじんは 大学で けんきゅうして います。
　1 研究　　2 建究　　3 験究　　4 勉究

14 この じだいの ファッションが いま また にんきです。
　　1 日時　　　2 日月　　　3 時台　　　4 時代

15 かぜを ひいて いて あじが よく わかりません。
　　1 妹　　　2 味　　　3 昧　　　4 抹

16 ごみの もんだいに ついて 話します。
　　1 間題　　　2 問題　　　3 間額　　　4 問額

17 この スープには やさいと とりにくが はいって います。
　　1 魚肉　　　2 牛肉　　　3 鳥肉　　　4 馬肉

18 トムさんは アメリカの ちりに ついて よく しって います。
　　1 地理　　　2 地図　　　3 土地　　　4 世界

19 もんだい3の こたえを おしえて ください。
　　1 会え　　　2 合え　　　3 答え　　　4 荅え

20 いもうとが いぬの せわを して います。
　　1 世話　　　2 也話　　　3 区話　　　4 地話

21 とくべつな 日は この レストランで 食べます。
　　1 持別　　　2 特別　　　3 持捌　　　4 特捌

22 となりの けんに ひっこします。
　　1 県　　　2 村　　　3 果　　　4 集

23 のどが いたいので びょういんに いきます。
　　1 病院　　　2 病完　　　3 疲院　　　4 疲完

24 いなかの せいかつに ふべんを かんじます。
　　1 不使　　　2 下使　　　3 不佼　　　4 不便

25 とっきゅう でんしゃは よやく できます。
　　1 急行　　　2 準急　　　3 特急　　　4 特快

26 会社の しょくどうは ちかくて 安いので べんりです。
　　1 食営　　　2 食掌　　　3 食當　　　4 食堂

COLUMN 1

▶ **What should I know about kanji for the Japanese Language Proficiency Test (JLPT)?**

The Japanese Language Proficiency Test (JLPT) has five levels from N5 to N1: N5 is the easiest and N1 is the most difficult one. Three hundred basic kanji are introduced in this book, which conforms to the range of possible questions for N4. You are expected to know approximately one hundred among those three hundred kanji if you wish to prepare for N5. (See "Note".)

The following elements are evaluated in the JLPT:

1) Knowledge about the characters, vocabulary and grammar of Japanese Language, and
2) Proficiency through accomplishing tasks in communication using this knowledge.

While Element 1) above is evaluated through questions on Language Knowledge (characters, vocabulary and grammar), Element 2) is evaluated through reading and listening comprehension questions. As you see in the table below, there are three different tests both in N5 and N4; characters and vocabulary are tested in Test ①, grammar and reading comprehension in Test ② and listening comprehension in Test ③.

It is Test ① (characters and vocabulary) that is particularly relevant to kanji, which you can see with a circle in the table. The reading and writing of kanji are both tested in N5 and N4. Since kanji without its reading written below it can be used in the vocabulary and grammar sections as well as in the passages for reading comprehension, you will need to know the meaning of the kanji character even if you do not know how to read it.

		Tests	N5	N4
Language Knowledge	Characters	Test ①	○ Reading (12 questions) · Writing (8 questions)	○ Reading (9 questions) · Writing (6 questions)
	Vocabulary		× No kanji used	○ Kanji used without its reading written below it
	Grammar	Test ②	× Kanji used with its reading written below it	○ Kanji used without its reading written below it
Task Accomplishment	Reading Comprehension		× Kanji used with its reading written below it	○ Kanji used without its reading written below it
	Listening Comprehension	Test ③	× No kanji used	× Kanji used with its reading written below it

○ = Kanji knowledge required in answering the questions
× = Kanji knowledge not necessarily required in answering the questions

Firstly, an understanding of the concepts of kanji as well as its reading and writing in order to prepare for the test is required. You will also need to achieve some skills to read and understand the passages written with kanji and to answer questions about them. The preparatory questions for the JLPT in this workbook are simulated questions for the actual "reading" and "writing" questions. The reading comprehension questions in each exercise and review questions are helpful when you prepare for the reading comprehension questions of the JLPT. Lesson 1 to Lesson 8 are for N5 and N4 and the remaining lessons for N4.

(Note)
The guideline of N5 and N4 of the Japanese Language Proficiency Test (JLPT) is not made publicly available. It is, however, considered that N5 is equivalent to Level 4 of the old Japanese Language Proficiency Test and that N4 to its Level 3. The indicator of the levels used in this workbook are based on the guideline of Level 4 and Level 3 of the old Japanese Language Proficiency Test.

KOLOM 1

▶ **Kanji yang diperlukan Tes Kemampuan Berbahasa Jepang (JLPT)?**

Tes Kemampuan Berbahasa Jepang (JLPT) ada beberapa level, mulai dari N5 sampai dengan N1. N5 adalah level yang paling mudah, dan N1 adalah level yang paling sulit. Buku ini memuat 300 kanji dasar yang isinya mengacu pada N4 dalam JLPT. Untuk N5 perlu mengetahui 100 kanji yang juga sudah tercantum di dalamnya. (Catatan)

Dalam JLPT ditanya dua hal berikut.

1) Pengetahuan tentang huruf, kosakata, dan tata bahasa
2) Kemampuan untuk menggunakan pengetahuan tersebut ke dalam berkomunikasi.

Dalam 1) menyangkut pengetahuan bahasa (huruf, kosakata, tata bahasa), dalam 2) menyangkut persoalan membaca dan menyimak. Seperti yang tampak pada tabel di bawah, ada tiga jenis tes yang muncul pada N5 dan N4. Tes ① tentang huruf dan kosakata, tes ② tentang tata bahasa dan membaca, dan tes ③ tentang menyimak.

Hal yang berhubungan dengan kanji (dalam tabel diberi tanda ○) yaitu tes ① tentang huruf dan kosakata. Dalam N5 dan N4 sama-sama muncul pertanyaan tentang cara baca kanji dan cara menulisnya. Kemudian, pada N4 digunakan pula kanji yang tidak ada furiganya, baik dalam kosakata, tata bahasa, maupun dalam teks bahan membaca. Meskipun kita tidak mengetahui cara baca kanjinya, tetapi perlu memahami artinya.

		Jenis Tes	N5	N4
Pengetahuan Bahasa	huruf	Tes ①	○membaca (12 soal) · menulis (8 soal)	○membaca (9 soal) · menulis (6 soal)
	kosakata		×tanpa kanji	○kanji dicampur tanpa furigana
	tata bahasa	Tes ②	×ada kanji dengan furigana	○kanji dicampur tanpa furigana
Aplikasinya	Memabaca		×ada kanji dengan furigana	○kanji dicampur tanpa furigana
	menyimak	Tes ③	×tanpa kanji	×ada kanji dengan furigana

○= perlu pengetahuan kanji
×= bisa jawab soal walau tidak mengetahui kanji

Untuk mengikuti tes diperlukan pengetahuan yang berhubungan dengan konsep kanji, membaca, menulis dan sebagainya. Ditambah dengan kemampuan membaca teks yang bertuliskan campuran kanji dan huruf lainnya, pemahaman isi bacaan, dan kemampuan untuk menjawab berbagai pertanyaan. Latihan soal untuk JLPT dalam buku kerja ini merupakan model tes yang menyangkut 'membaca' dan 'menulis'. Kemudian, soal latihan membaca yang berupa soal latihan tiap pelajaran atau soal rangkuman, akan bermanfaat untuk menjawab soal-soal membaca dalam JLPT. Dari pelajaran 1 sampai pelajaran 8 untuk N5 dan N4, sedangkan untuk N4 dari pelajaran 9 sampai pelajaran terakhir.

(Catatan)
Kisi-kisi untuk Tes Kemampuan Berbahasa Jepang (JLPT) N5 dan N4 tidak dipublikasikan. Tetapi, N5 sejajar dengan L4, dan N4 sejajar dengan L3 dalam Tes Kemampuan Berbahasa jepang model lama. Tanda level yang digunakan dalam buku kerja ini mengacu pada kisi-kisi L4 dan L3 Tes Kemampuan Berbahasa Jepang model lama. (The Japan Foundation (2006) "Nihongo Nouryoku Shiken Shutsudai Kijun (revisi), Bonjinsha")

คอลัมน์ 1

▶ อักษรคันจิที่จำเป็นสำหรับการสอบวัดระดับภาษาญี่ปุ่น หมายถึง ?

การสอบวัดระดับภาษาญี่ปุ่น (ต่อไปจะเรียกย่อๆ ว่า JLPT) มีตั้งแต่ระดับ N5 ถึง N 1 โดย N5 เป็นระดับที่ง่ายที่สุด และ N 1 เป็นระดับที่ยากที่สุด หนังสือเล่มนี้ ประกอบด้วยอักษรคันจิพื้นฐาน 300 ตัว ซึ่งยึดตามเนื้อหาในข้อสอบระดับ N4 ของ JLPT สำหรับการสอบระดับ N5 ผู้เรียนจำเป็นต้องรู้อักษรคันจิประมาณ 100 ตัวในจำนวนนั้น(ดูเชิงอรรถประกอบ)

ใน JLPT มีการทดสอบ 2 ประเด็นดังต่อไปนี้

1) ความรู้เกี่ยวกับตัวอักษร คำศัพท์ และไวยากรณ์ภาษาญี่ปุ่น
2) ความสามารถในการสื่อสารโดยใช้ความรู้ดังกล่าว

สำหรับข้อ 1) เป็นข้อสอบความรู้เกี่ยวกับตัวภาษา (ตัวอักษร คำศัพท์ ไวยากรณ์) และข้อ 2) เป็นข้อสอบเกี่ยวกับการอ่าน และการฟัง ในระดับ N5 และ N4 ประกอบด้วยข้อสอบ 3 ประเภท ดังตารางด้านล่าง ข้อสอบ ① เป็นข้อสอบตัวอักษร และคำศัพท์ ข้อสอบ ② เป็นข้อสอบไวยากรณ์ และการอ่าน ข้อสอบ ③ เป็นข้อสอบการฟัง

ส่วนที่เกี่ยวข้องเป็นพิเศษกับคันจิได้แก่ ข้อสอบ ① ซึ่งเกี่ยวกับตัวอักษร และคำศัพท์ (ในตารางได้แก่ส่วนที่มีเครื่องหมาย ○) โดยระดับ N5 และ N4 มีทั้งข้อสอบการอ่านและการเขียนอักษรคันจิ นอกจากนี้ ในระดับ N4 ข้อสอบคำศัพท์ ไวยากรณ์ และการอ่าน จะปรากฏคำศัพท์ที่ไม่มีอักษรฮิระงะนะกำกับ จึงจำเป็นต้องเข้าใจความหมาย ถึงแม้จะไม่รู้วิธีอ่าน

		ประเภทข้อสอบ	N5	N4
ความรู้เกี่ยวกับตัวภาษา	ตัวอักษร	ข้อสอบ ①	○ การค้าน (12ข้อ) • การเขียน (8ข้อ)	○ การอ่าน (9ข้อ) • การเขียน (6ข้อ)
	คำศัพท์		× ไม่มีอักษรคันจิ	○ มีอักษรคันจิ แต่ไม่มีอักษรฮิระงะนะกำกับ
	ไวยากรณ์	ข้อสอบ ②	× มีอักษรคันจิ และกำกับด้วยอักษร ฮิระงะนะ	○ มีอักษรคันจิ แต่ไม่มีอักษรฮิระงะนะกำกับ
ความสามารถในการสื่อสาร	การอ่าน		× มีอักษรคันจิ และกำกับด้วยอักษร ฮิระงะนะ	○ มีอักษรคันจิ แต่ไม่มีอักษรฮิระงะนะกำกับ
	การฟัง	ข้อสอบ ③	× ไม่มีอักษรคันจิ	× มีอักษรคันจิ และกำกับด้วยอักษรฮิระงะนะ

○ = หมายถึงจำเป็นต้องรู้คันจิ
× = หมายถึงไม่รู้คันจิ ก็ทำข้อสอบได้

เพื่อการเตรียมสอบ ผู้เรียนจำเป็นต้องรู้ความหมายหลักของคันจิ การอ่าน และการเขียนเป็นลำดับแรก ยิ่งไปกว่านั้น ยังต้องมีความสามารถในการอ่านเนื้อเรื่องที่มีคำศัพท์คันจิปะปนอยู่ ทำความเข้าใจ และตอบคำถาม แบบฝึกหัดเพื่อเตรียมสอบ JLPT ในหนังสือเล่มนี้ เป็นแนวข้อสอบจริงด้านการอ่าน และการเขียน ทั้งนี้แบบฝึกหัดการอ่านที่อยู่ในแบบฝึกหัดในแต่ละครั้ง และแบบฝึกหัดรวม ยังเป็นประโยชน์ต่อข้อสอบการอ่านในการสอบ JLPT โดยครั้งที่ 1-8 เป็นเนื้อหาเพื่อเตรียมสอบ N5, N4 และครั้งที่ 9 เป็นต้นไปเป็นเนื้อหาเพื่อเตรียมสอบ N4

[เชิงอรรถ]

เกณฑ์การออกข้อสอบวัดระดับภาษาญี่ปุ่น (JLPT) N4 และ N5 ไม่ได้เปิดเผยทั่วไป อย่างไรก็ตามระดับ N 5 สามารถเทียบได้กับระดับ 4 และ ระดับ N 4 สามารถเทียบได้กับระดับ 3 ของการสอบวัดระดับภาษาญี่ปุ่นแบบเก่า แบบฝึกหัดเล่มนี้ระบุระดับการสอบวัดระดับภาษาญี่ปุ่นโดยยึดตามเกณฑ์การออกข้อสอบระดับ 4 และ ระดับ 3 แบบเก่า

Chuyên mục 1

▶ **Những chữ Hán cần thiết trong kỳ thi năng lực tiếng Nhật (JLPT) là gì?**

Kỳ thi năng lực tiếng Nhật (dưới đây gọi tắt là JLPT) có các cấp độ từ N5 đến N1. N5 là cấp độ dễ nhất và N1 là cấp độ khó nhất. Trong sách này, chúng tôi sử dụng 300 chữ Hán cơ bản và nội dung nằm trong phạm vi ra đề của JLPT cấp độ N4. Trường hợp thi cấp độ N5, các bạn cần biết khoảng 100 chữ Hán trong số đó. (Chú ý)

JLPT kiểm tra 2 nội dung dưới đây

1) **Kiến thức về chữ viết, từ vựng và ngữ pháp tiếng Nhật.**
2) **Năng lực sử dụng những kiến thức đó để giải quyết các vấn đề về mặt giao tiếp**

1) là những bài kiểm tra về kiến thức ngôn ngữ (chữ viết, từ vựng, ngữ pháp), 2) là những bài kiểm tra về đọc hiểu, nghe hiểu. Cả cấp độ N5 và cấp độ N4 đều có 3 dạng bài giống như bảng dưới đây. Dạng bài ① là chữ viết, từ vựng, dạng bài ② là ngữ pháp, đọc hiểu, dạng bài ③ là nghe hiểu.

Dạng bài có liên quan đến chữ Hán (những chỗ có dấu ○ trong bảng) là dạng bài ① chữ viết, từ vựng. Cả cấp độ N5 và N4 đều hỏi về cách đọc và viết chữ Hán. Ngoài ra, ở cấp độ N4, ngay cả phần từ vựng, ngữ pháp và bài đọc hiểu cũng sử dụng những chữ Hán không có phiên âm (hiragana). Vì vậy, cần phải hiểu ý nghĩa của các chữ Hán đó, dù không biết cách đọc.

	Dạng bài		N5	N4
Kiến thức ngôn ngữ	Chữ viết	Dạng bài ①	○ Đọc(12 câu) · Viết(8 câu)	○ Đọc(9 câu) · Viết(6 câu)
	Từ vựng		× Không viết bằng chữ Hán	○ Có chữ Hán · Không phiên âm
	Ngữ pháp	Dạng bài ②	× Có phiên âm tất cả chữ Hán	○ Có chữ Hán · Không phiên âm
Giải quyết vấn đề	Đọc hiểu		× Có phiên âm tất cả chữ Hán	○ Có chữ Hán · Không phiên âm
	Nghe hiểu	Dạng bài ③	× Không viết bằng chữ Hán	× Có phiên âm tất cả chữ Hán

○ = Cần có kiến thức về chữ Hán
× = Không hiểu chữ Hán cũng có thể làm được

Để vượt qua kỳ thi, trước hết, các bạn cần nắm được các kiến thức như khái niệm về chữ Hán, cách đọc, cách viết chữ Hán. Thêm vào đó, các bạn cần có khả năng đọc những đoạn văn có lẫn chữ Hán, hiểu nội dung và trả lời được các câu hỏi. Các bài tập ôn thi JLPT của sách bài tập này là các bài thi thử của các bài "đọc" "viết" trên thực tế. Ngoài ra, những bài luyện tập của từng bài và bài tập đọc hiểu trong phần Bài tập tổng hợp sẽ hữu ích trong việc hoàn thành các bài đọc hiểu của kỳ thi JLPT. Từ bài 1 đến bài 8 là các bài ôn thi N5, N4, từ bài 9 trở đi là các bài ôn thi N4.

[Chú ý]
Tiêu chí ra đề thi năng lực tiếng Nhật (JLPT) cấp độ N5, N4 không được công khai. Tuy nhiên, người ta thường coi N5 tương đương với cấp độ 4, N4 tương đương với cấp độ 3 trong kỳ thi năng lực tiếng Nhật cũ. Tất cả các ký hiệu cấp độ trong sách bài tập này đều dựa trên tiêu chí ra đề của cấp độ 4 và cấp độ 3 trong kỳ thi năng lực tiếng Nhật cũ.

COLUMN 2 ▶ Potential common questions of "Reading" and "Writing" of the Japanese Language Proficiency Test (JLPT)

The format of the questions in the Language Knowledge (characters and vocabulary) of the JLPT is to choose the appropriate answer from four choices. The focus on questions varies between "Reading" and "Writing".

Potential common questions in "Reading":

1) Asking about special sounds such as small "つ", "ん" and long vowels.
   ex) 一本 ください。
       1 いぽん   ②いっぽん   3 いっぽ   4 いちぽん
   ex) 高校へ いきます。
       1 こうこ   2 ここう   ③こうこう   4 こっこ

2) Asking whether or not certain sounds are written with two short lines on the upper right area such as "だ" or "ざ".
   ex) 大学で べんきょうします。
       1 たいがく   ②だいがく   3 たいかく   4 だいかく

3) Asking if the kanji is read with *on*-reading or *kun*-reading.
   ex) 入口は どこですか。
       ①いりぐち   2 いりこう   3 にゅうくち   4 にゅうこう

4) Choosing the appropriate counter.
   ex) 一人で いきます。
       ①ひとり   2 ふたり   3 ひとつ   4 いちにん

5) Choosing the appropriate word from those with a similar concept.
   ex) 川で あそびました。
       1 やま   ②かわ   3 うみ   4 まち

6) Choosing the appropriate reading from the list where similar shapes (人; 入) are presented, however, have very different readings and meaning.
   ex) 人口が おおいです。
       1 いりぐち   ②じんこう   3 じんろ   4 ひとくち

Potential common questions in "Writing":

1) Choosing the appropriate shape (Choices may include kanji which might not exist.)
   ex) やまへ いきます。
       1 凸   2 ⊎   ③山   4 ⼭

2) Choosing the appropriate shape (Choices may include kanji which look alike.)
   ex) うちで やすみます。
       ①休みます   2 体みます   3 本みます   4 伐みます

3) Choosing the appropriate kanji from those whose concept is alike.
   ex) めが おおきいです。
       1 顔   2 耳   3 口   ④目

4) Choosing the appropriate kanji from those which may have the same reading as the one questioned.
   ex) きょうは てんきが よくて、あついです。
       1 熱い   ②暑い   3 厚い   4 圧い

   In addition, you may find questions where two or more of the above (#1 to #4) are combined. You will find it easy to choose the appropriate answer as long as you pay attention to the points above while you learn kanji.

→日本語訳は別冊 p.13

KOLOM 2

▶ Kecenderungan soal 'membaca' dan 'menulis' dalam Tes Kemampuan Berbahasa Jepang (JLPT)

Tes pengetahuan bahasa (huruf dan kosakata) dalam JLPT disajikan dalam bentuk memilih salah satu jawaban yang tepat dari 4 buah pilihan. Hal-hal yang sering dipertanyakan untuk 'membaca' dan 'menulis' tentunya berbeda.

Dalam tes 'membaca' biasanya muncul soal seperti berikut.

1) Menanyakan bunyi khusus seperti bunyi rangkap, bunyi sengau, atau bunyi panjang.
   Mis.) 一本 ください。
   　　　1 いぽん　②いっぽん　3 いっぽ　4 いちぽん
   Mis.) 高校へ いきます。
   　　　1 こうこ　2 ここう　③こうこう　4 こっこ

2) Menanyakan bunyi 'dakuon'.
   Mis.) 大学で べんきょうします。
   　　　1 たいがく　②だいがく　3 たいかく　4 だいかく

3) Menanyakan gabungan 'kun-yomi' dan 'on-yomi'.
   Mis.) 入口は どこですか。
   　　　①いりぐち　2 いりこう　3 にゅうくち　4 にゅうこう

4) Memilih partikel yang tepat.
   Mis.) 一人で いきます。
   　　　①ひとり　2 ふたり　3 ひとつ　4 いちにん

5) Memilih jawaban yang tepat dari pilihan yang konsepnya berdekatan.
   Mis.) 川で あそびました。
   　　　1 やま　②かわ　3 うみ　4 まち

6) Memilih jawaban yang tepat tentang cara baca kanji dari pilihan tentang kanji yang mirip seperti 人 dan 入.
   Mis.) 人口が おおいです。
   　　　1 いりぐち　②じんこう　3 じんろ　4 ひとくち

Dalam membaca biasanya muncul pertanyaan seperti berikut.

1) Menanyakan bentuk kanji yang tepat (kanji yang sebenarnya tidak ada dicampur dalam pilihannya).
   Mis.) やまへ いきます。
   　　　1 山　2 山　③山　4 中

2) Menanyakan bentuk kanji yang tepat (kanji yang sangat mirip bercampur dalam pilihan)
   Mis.) うちで やすみます。
   　　　①休みます　2 体みます　3 本みます　4 伐みます

3) Memilih jawaban yang tepat dari pilihan yang konsepnya berdekatan.
   Mis.) めが おおきいです。
   　　　1 顔　2 耳　3 口　④目

4) Memilih jawaban yang tepat dari pilihan yang bunyinya sama.
   Mis.) きょうは てんきが よくて、あついです。
   　　　1 熱い　②暑い　3 厚い　4 圧い

Terkadang muncul juga soal gabungan 1~4. Pada saat belajar kanji, jika memperhatikan dan mengingat poin-poin di atas, kita akan dapat memilih jawaban dengan tepat.

คอลัมน์ 2

▶ แนวโน้มข้อสอบการอ่าน และการเขียนในการสอบวัดระดับภาษาญี่ปุ่น (JLPT)

การสอบความรู้เกี่ยวกับตัวภาษา (ตัวอักษร คำศัพท์) ใน JLPT เป็นข้อสอบปรนัยคือให้เลือกคำตอบที่เหมาะสมจากตัวเลือกทั้ง 4 โดยประเด็นการทดสอบจะแตกต่างกันไประหว่างการอ่าน และการเขียน

สำหรับการอ่าน มักมีลักษณะข้อสอบดังต่อไปนี้

1) ทดสอบเกี่ยวกับพยางค์พิเศษได้แก่ เสียง っ เล็ก เสียง ん และเสียงยาว

   ตย.) 一本 ください。
      1 いぽん   ②いっぽん   3 いっぽ   4 いちぽん

   ตย.) 高校へ いきます。
      1 こうこ   2 ここう   ③こうこう   4 こっこ

2) ทดสอบเกี่ยวกับเสียงขุ่น เสียงใส (มี ゙ หรือไม่มี ゙)

   ตย.) 大学で べんきょうします。
      1 たいがく   ②だいがく   3 たいかく   4 だいかく

3) ทดสอบเกี่ยวกับการประกอบกันของเสียงอ่านแบบจีน และเสียงอ่านแบบญี่ปุ่น

   ตย.) 入口は どこですか。
      ①いりぐち   2 いりこう   3 にゅうくち   4 にゅうこう

4) เลือกวิธีอ่านที่ถูกต้องของลักษณะนาม

   ตย.) 一人で いきます。
      ①ひとり   2 ふたり   3 ひとつ   4 いちにん

5) เลือกวิธีอ่านที่ถูกต้องจากคำที่มีความหมายหลักใกล้เคียงกัน

   ตย.) 川で あそびました。
      1 やま   ②かわ   3 うみ   4 まち

6) เลือกคำตอบที่ถูกต้องจากตัวเลือกที่เป็นวิธีอ่านของตัวอักษรที่มีรูปร่างใกล้เคียงกัน (เช่น 人、入)

   ตย.) 人口が おおいです。
      1 いりぐち   ②じんこう   3 じんろ   4 ひとくち

สำหรับการเขียน มักมีลักษณะข้อสอบดังต่อไปนี้

1) เลือกตัวอักษรที่ถูกต้อง (มีอักษรที่เป็นตัวหลอก ปะปนอยู่ในตัวเลือกด้วย)

   ตย.) やまへ いきます。
      1 凶   2 凸   ③山   4 屮

2) เลือกตัวอักษรที่ถูกต้อง (มีอักษรที่รูปร่างคล้ายคลึงกัน ปะปนอยู่ในตัวเลือกด้วย)

   ตย.) うちで やすみます。
      ①休みます   2 体みます   3 本みます   4 伐みます

3) เลือกคำตอบที่ถูกต้อง จากตัวเลือกที่มีความหมายหลักใกล้เคียงกัน

   ตย.) めが おおきいです。
      1 顔   2 耳   3 口   ④目

4) เลือกคำตอบที่ถูกต้อง จากตัวอักษรที่มีเสียงอ่านเหมือนกัน

   ตย.) きょうは てんきが よくて、あついです。
      1 熱い   ②暑い   3 厚い   4 圧い

ทั้งนี้ คำถามบางข้อจะมีลักษณะผสมผสานกันระหว่างข้อ 1.-4. เวลาเรียนรู้อักษรคันจิ ควรสังเกตจุดต่างๆ ข้างต้น ซึ่งจะช่วยให้สามารถเลือกคำตอบที่ถูกต้องได้อย่างรวดเร็ว

Chuyên mục 2

▶ **Khuynh hướng ra đề của các dạng bài "đọc" "viết" của kỳ thi năng lực tiếng Nhật (JLPT)**

Các bài kiểm tra kiến thức ngôn ngữ (chữ viết, từ vựng) của JLPT có hình thức chọn một phương án thích hợp trong 4 phương án lựa chọn. Những nội dung thường được hỏi trong bài "đọc" và "viết" khác nhau.

Ở dạng bài "đọc" thường xuất hiện những câu như dưới đây.

1) Hỏi về các âm đặc biệt "っ"、"ん", âm kéo dài (trường âm)

   VD: 一本 ください。
   　　1 いぽん　　②いっぽん　　3 いっぽ　　4 いちぽん

   VD: 高校へ いきます。
   　　1 こうこ　　2 ここう　　③こうこう　　4 こっこ

2) Hỏi về âm đục

   VD: 大学で べんきょうします。
   　　1 たいがく　　②だいがく　　3 たいかく　　4 だいかく

3) Hỏi về sự kết hợp giữa cách đọc theo âm Hán và đọc theo âm Nhật

   VD: 入口は どこですか。
   　　①いりぐち　　2 いりこう　　3 にゅうくち　　4 にゅうこう

4) Chọn trợ số từ đúng

   VD: 一人で いきます。
   　　①ひとり　　2 ふたり　　3 ひとつ　　4 いちにん

5) Chọn phương án đúng từ các phương án lựa chọn có khái niệm gần giống nhau

   VD: 川で あそびました。
   　　1 やま　　②かわ　　3 うみ　　4 まち

6) Chọn phương án đúng từ các phương án lựa chọn có lẫn cách đọc chữ Hán khác có hình dạng tương tự (人、入)

   VD: 人口が おおいです。
   　　1 いりぐち　　②じんこう　　3 じんろ　　4 ひとくち

Ở dạng bài "viết" thường xuất hiện những câu như dưới đây.

1) Hỏi cách viết đúng (trường hợp những chữ Hán không tồn tại lẫn trong các phương án lựa chọn)

   VD: やまへ いきます。
   　　1 山　　2 山　　③山　　4 山

2) Hỏi cách viết đúng (trường hợp những chữ Hán gần giống lẫn trong các phương án lựa chọn)

   VD: うちで やすみます。
   　　①休みます　　2 体みます　　3 本みます　　4 伐みます

3) Chọn chữ Hán đúng từ các phương án lựa chọn có khái niệm gần giống

   VD: めが おおきいです。
   　　1 顔　　2 耳　　3 口　　④目

4) Chọn chữ Hán đúng từ những chữ có cách đọc đồng âm

   VD: きょうは てんきが よくて、あついです。
   　　1 熱い　　②暑い　　3 厚い　　4 圧い

Ngoài ra, cũng có những bài tập kết hợp cả 4 kiểu trên. Khi học chữ Hán, nếu chú ý tới những điều nêu trên, các bạn sẽ chọn được câu trả lời phù hợp ngay.

COLUMN 3 ▶ Difficult Reading

Since kanji are ideograms, even if you do not know how to read the kanji used, you may be able to understand what is written as long as you know the meaning of the kanji used in the context. You might, however, be troubled if you do not know the appropriate reading of kanji in the situations below:

○ when you want to check the meaning of words using an electronic dictionary or a computer, and/or

○ when you want to write a passage using a smart phone or a computer.

Moreover, you may have difficulties in having yourself understood when you speak because you do not know how to read some words appropriately. Below you will find some words which have challenging sounds.

● The first syllable of the second word, when two words coined to be one word, have " ゛" at times.

棚(たな)　→本(ほん) ＋ 棚(たな)　＝ 本棚(ほんだな)
箱(はこ)　→靴(くつ) ＋ 箱(はこ)　＝ 靴箱(くつばこ)
北(ほく)　→南(なん) ＋ 北(ほく)　＝ 南北(なんぼく)
紙(かみ)　→手(て) ＋ 紙(かみ)　＝ 手紙(てがみ)
方(かた)　→夕(ゆう) ＋ 方(かた)　＝ 夕方(ゆうがた)
所(ところ)　→台(だい) ＋ 所(ところ) ＝ 台所(だいどころ)

● Sounds such as "く" and "つ" are treated to be double consonants.

北(ほく)　　北海道：ほくかいどう→ほっかいどう
学(がく)　　学校：がくこう　　　→がっこう
出(しゅつ)　出発：しゅつはつ　　→しゅっぱつ

● A vowel can rarely be heard when placed either between two voiceless consonants or at the end of the sentence.

音楽(おんがく)： ongaku
私(わたし)：　　watashi
計画(けいかく)： keikaku
来月(らいげつ)： raigetsu
机(つくえ)：　　tsukue

The words including the abovementioned pronunciation which have been well recognized and widely accepted are spelled as pronounced. For example, the word "北海道" is typed "hokkaidou", not "hokukaidou" which will not give you the appropriate kanji when you type the word.

Sounds pronounced voiceless, on the other hand, become apparent when you pronounce them, but their spelling are not affected. For example, the word " おんがく / 音楽 " can be heard "ongak" but it must be spelled "o-n-g-a-k-u" including the last vowel, otherwise the kanji will not transition properly. Whether or not some sounds become voiceless varies from region to region.

There are some special readings besides *on*-reading and *kun*-reading. It is challenging but hopefully you will well learn them one by one.

→日本語訳は別冊 p.14

KOLOM 3

▶ Cara baca yang sulit

Karena kanji merupakan huruf mengandung makna, jika kita memahami makna kanji tersebut, kendatipun tidak mengetahui cara bacanya, kita akan tetap dapat memahami maksud yang disampaikannya. Akan tetapi, jika kita tidak mengetahui cara bacanya dengan benar, mungkin akan menagalami kesulitan pada saat saat seperti berikut.

○ Ketika mencari makna kata dalam kamus elektrik atau komputer.
○ Ketika ingin menulis kalimat dalam HP atau komputer.

Kemudian, jika tidak memahami cara bacanya, ada kemungkinan tidak akan dapat menyampaikan atau menyerap apa-apa yang diucapkan secara lisan. Untuk kosakata yang cara bacanya dianggap sulit, ada beberapa hal berikut.

● Rendaku: dua buah kata yang digabungkan menjadi satu kata, pada kata terakhir ada kalanya berubah bunyi dengan ditandai tanda 「゛」

棚(たな)　→本(ほん)　＋　棚(たな)　＝本棚(ほんだな)
箱(はこ)　→靴(くつ)　＋　箱(はこ)　＝靴箱(くつばこ)
北(ほく)　→南(なん)　＋　北(ほく)　＝南北(なんぼく)
紙(かみ)　→手(て)　　＋　紙(かみ)　＝手紙(てがみ)
方(かた)　→夕(ゆう)　＋　方(かた)　＝夕方(ゆうがた)
所(ところ)→台(だい)　＋　所(ところ)＝台所(だいどころ)

● Sokuonka: bunyi [く], [つ] dan sejenisnya berubah menjadi [っ]

北(ほく)　　北海道：ほくかいどう→ほっかいどう
学(がく)　　学校：がくこう　　　→がっこう
出(しゅつ)　出発：しゅつはつ　　→しゅっぱつ

● Museika: bunyi vocal bila diapit oleh konsonan tak bersuara atau berada di akhir kalimat, diucapkannya lemah hamper tak terdengar.

音楽(おんがく)：　ongaku
私(わたし)：　　　watashi
計画(けいかく)：　keikaku
来月(らいげつ)：　raigetsu
机(つくえ)：　　　tsukue

Jika *rendaku* dan *sokuonka* ini sudah dikuasai, maka penulisannya disesuaikan dengan bunyi pengucapannya. Misalnya, untuk menulis huruf「北海道」, harus ditik dengan「ほっかいどう / hokkaidou」. Jika ditik apa adanya dengan「ほくかいどう /hokukaidou」tidak akan muncul huruf yang benar.

Sementara itu, untuk *museika* memang berpengaruh pada pengucapannya, tetapi tidak berpengaruh pada penulisannya. Misalnya, ketika mendengar bunyi [ongak], harus ditik dengan [ongaku], vokal terakhir dituntaskan menjadi bunyi [ku], sehingga akan muncul huruf「おんがく／音楽」.

Dalam cara baca, bukan hanya *on-yomi* dan *kun-yomi* saja, ada juga cara baca khusus seperti di atas. Memang ini cukup rumit, tetapi kita perlu mempelajari dan menguasainya satu persatu.

คอลัมน์ 3 ▶ วิธีอ่านที่ยาก

อักษรคันจิ เป็นอักษรแสดงความหมาย ดังนั้นแม้จะไม่รู้วิธีอ่าน แต่หากรู้ความหมายของคันจิตัวนั้น ก็จะเข้าใจสิ่งที่ต้องการสื่อ อย่างไรก็ตาม หากไม่รู้วิธีอ่านที่ถูกต้อง อาจเกิดความลำบากในสถานการณ์ต่อไปนี้

○ เมื่อต้องการตรวจสอบความหมายของคำศัพท์จากพจนานุกรมไฟฟ้า หรือคอมพิวเตอร์

○ เมื่อต้องการพิมพ์ภาษาญี่ปุ่นในสมาร์ทโฟน หรือคอมพิวเตอร์

ทั้งนี้ หากไม่รู้วิธีอ่านที่ถูกต้อง เวลาพูดอาจไม่สามารถสื่อสารได้อย่างถูกต้อง โดยวิธีอ่านที่ยากเกิดขึ้นในกรณีต่อไปนี้

● คำสองคำเมื่อประสมกันกลายเป็นหนึ่งคำ บางครั้งคำหลังจะมีการใส่เครื่องหมาย ゛

　棚(たな)　→本(ほん)　＋　棚(たな)　＝　本棚(ほんだな)
　箱(はこ)　→靴(くつ)　＋　箱(はこ)　＝　靴箱(くつばこ)
　北(ほく)　→南(なん)　＋　北(ほく)　＝　南北(なんぼく)
　紙(かみ)　→手(て)　　＋　紙(かみ)　＝　手紙(てがみ)
　方(かた)　→夕(ゆう)　＋　方(かた)　＝　夕方(ゆうがた)
　所(ところ)→台(だい)　＋　所(ところ)＝　台所(だいどころ)

● เสียง 「く」「つ」 เปลี่ยนเป็นเสียง っ เล็ก
　北(ほく)　　北海道：ほくかいどう→ほっかいどう
　学(がく)　　学校：がくこう　　→がっこう
　出(しゅつ)　出発：しゅつはつ　→しゅっぱつ

● เสียงสระที่ถูกขนาบด้วยเสียงพยัญชนะไม่ก้อง หรืออยู่ท้ายประโยค จะออกเสียงเบาลง บางครั้งจึงไม่ค่อยได้ยินเสียง
　音楽(おんがく)：　ongaku
　私(わたし)：　　　watashi
　計画(けいかく)：　keikaku
　来月(らいげつ)：　raigetsu
　机(つくえ)：　　　tsukue

คำศัพท์ที่เสียงอ่านได้เปลี่ยนแปลงไป จากการที่เสียงพยัญชนะไม่ก้อง กลายเป็นเสียงก้อง หรือเสียง 「く」「つ」 เปลี่ยนเป็นเสียง っ เล็ก เวลาเขียนจะต้องสะกดตามการออกเสียงจริง เช่นคำว่า 「北海道」 ต้องพิมพ์ด้วย 「ほっかいどう hokkaidou」 หากพิมพ์ด้วย 「hokukaidou ほくかいどう」 เครื่องจะไม่สามารถเปลี่ยนเป็นคันจิที่ถูกต้อง

อย่างไรก็ตาม การที่เสียงสระกลายเป็นเสียงไม่ก้อง ไม่ส่งผลกระทบต่อการสะกดคำ เช่นคำว่า 「音楽」 ได้ยินเป็น 「ongak」 แต่เวลาพิมพ์ต้องพิมพ์ 「ongaku」 เครื่องจึงจะสามารถเปลี่ยนเป็น 「おんがく／音楽」 ที่ถูกต้อง ทั้งนี้ การที่เสียงสระกลายเป็นเสียงไม่ก้อง มีความแตกต่างกันไปแล้วแต่ภูมิภาค

จากที่กล่าวมาจะเห็นได้ว่า นอกจากเสียงอ่านแบบจีน และเสียงอ่านแบบญี่ปุ่นแล้ว ยังมีวิธีอ่านที่พิเศษออกไป จึงเป็นเรื่องลำบาก อย่างไรก็ตามผู้เรียนจำเป็นที่จะต้องค่อยๆ เรียนรู้ไปทีละตัว

Chuyên mục 3

▶ **Cách đọc khó**

　Chữ Hán là dạng chữ viết biểu ý, nên chỉ cần hiểu được ý nghĩa của chữ Hán, dù không biết cách đọc, ta vẫn có thể hiểu được thông điệp chữ đó muốn truyền tải. Tuy nhiên, nếu không biết cách đọc đúng, có thể sẽ gặp khó khăn trong những trường hợp sau.

　　○ Khi muốn tra nghĩa của từ trên từ điển điện tử hoặc trên máy tính
　　○ Khi muốn viết văn bản trên smart phone hoặc máy tính

Ngoài ra, nếu không biết cách đọc đúng, cũng có thể không truyền đạt đúng ý nghĩa khi nói chuyện. Có những dạng từ đọc khó như dưới đây.

● **Khi 2 từ kết hợp làm một, có trường hợp âm đầu của từ đứng sau sẽ có thêm " ゛"**

　　棚（たな）　→本（ほん）　＋　棚（たな）　　＝　本棚（ほんだな）
　　箱（はこ）　→靴（くつ）　＋　箱（はこ）　　＝　靴箱（くつばこ）
　　北（ほく）　→南（なん）　＋　北（ほく）　　＝　南北（なんぼく）
　　紙（かみ）　→手（て）　　＋　紙（かみ）　　＝　手紙（てがみ）
　　方（かた）　→夕（ゆう）　＋　方（かた）　　＝　夕方（ゆうがた）
　　所（ところ）→台（だい）　＋　所（ところ）＝　台所（だいどころ）

● **Những âm như "く" "つ" chuyển thành "っ"**

　　北（ほく）　　北海道：ほくかいどう→ほっかいどう
　　学（がく）　　学校：がくこう　　　→がっこう
　　出（しゅつ）　出発：しゅつはつ　　→しゅっぱつ

● **Có trường hợp nguyên âm đứng giữa hai phụ âm vô thanh hoặc đứng cuối câu, được phát âm yếu, hầu như không nghe thấy.**

　　音楽（おんがく）：　ongak̶u
　　私（わたし）：　　　watash̶i
　　計画（けいかく）：　keikak̶u
　　来月（らいげつ）：　raigets̶u
　　机（つくえ）：　　　ts̶ukue

　Những chữ Hán trong trường hợp phụ âm vô thanh nằm giữa hai nguyên âm chuyển thành phụ âm hữu thanh và trường hợp những âm như "く" "つ" chuyển thành "っ", viết giống như phát âm. Để có được chữ "北海道", cần phải đánh máy là "ほっかいどう hokkaidou". Nếu đánh máy là "hokukaidou ほくかいどう", sẽ không xuất hiện chữ Hán đúng.

　Trong khi đó, trường hợp phụ âm hữu thanh được phát âm như những phụ âm vô thanh, tuy có ảnh hưởng đến phát âm nhưng không ảnh hưởng đến cách viết. Nghe là "ongak", nhưng khi đánh máy, chỉ khi đánh máy đến nguyên âm cuối cùng "ongaku", mới xuất hiện được chữ "おんがく／音楽". Trường hợp phụ âm hữu thanh được phát âm như những phụ âm vô thanh cũng có sự khác nhau theo từng địa phương.

　Cách đọc chữ Hán không chỉ có cách đọc theo âm Hán và cách đọc theo âm Nhật mà còn có cách đọc đặc thù như trên. Hãy học kỹ từng trường hợp một nhé!

COLUMN 4 ▶ Do you use kanji for everything?

Since you are studying kanji very hard, there is no doubt that you might want to use as many kanji as possible when you spell words. Although some words can be written with kanji, they are often written with hiragana such as:

「時間が<u>あ</u>ります」（△有ります）

「食べて<u>み</u>ます」（△食べて見ます）

「食べる<u>こと</u>が好きです」（△食べる事）

「ゆっくり話せる<u>ところ</u>は、ありますか。」（△所）

Other examples are "<u>あと</u>で（後で）", "テニスが<u>でき</u>ます（出来ます）", "<u>いろいろ</u>な（色々な）", "帰る<u>とき</u>に（時に）", "<u>わ</u>かります（分かります）", "<u>ときどき</u>（時々）" and so forth. The spelling in the brackets is less commonly used.

Some prefer to use kanji over hiragana and others vice versa. You might find some words like those in question written above spelled with kanji in the exercises of this workbook. In this manner, you will become familiar with their spelling in case you ever encounter them.

How about writing numerals? You usually write Arabic numerals horizontally.

2015 年 12 月 7 日（木）午後 2 時 40 分

大人 4 人、子ども 2 人

大人は 1 人 280 円、子どもは 140 円。

ぜんぶで 1,400 円です。

You may see kanji numerals written vertically, often seen in novels, newspapers, and Japanese restaurants such as those which serve buckwheat noodles and sushi.

→日本語訳は別冊 p.15

KOLOM 4

▶ Apakah kanji selalu digunakan?

Jika kita mempelajari kanji dengan sungguh-sungguh, sehingga nantinya akan tumbuh keinginan untuk menulis kosakata dengan menggunakan kanji sebanyak mungkin. Akan tetapi, meskipun kosakata tersebut ada huruf kanjinya, tidak semua kata selalu ditulis dengan kanji. Misalnya, pada contoh berikut.

「時間が<u>あ</u>ります」（△有ります）

「食べて<u>み</u>ます」（△食べて見ます）

「食べる<u>こと</u>が好きです」（△食べる事）

「ゆっくり話せる<u>ところ</u>は、ありますか。」（△所）

Contoh lainnya,「<u>あとで</u>」ditulis dengan（△後で）,「テニスが<u>でき</u>ます」ditulis dengan（△出来ます）,「<u>いろいろな</u>」ditulis dengan（△色々な）,「帰る<u>とき</u>に」ditulis dengan（△時）,「<u>わかります</u>」ditulis dengan（△分かります）,「<u>ときどき</u>」ditulis dengan（△時々）, dan seterusnya. Yang diberi tanda（△）menunjukkan kurang lazim digunakan.

Apakah harus memakai kanji atau hiragana, terkadang ada perbedaan secara individu. Soal-soal latihan dalam buku ini ada juga yang menyajikan kosakata seperti di atas dengan disertai huruf kanjinya, agar tidak menyulitkan kita untuk membacanya.

Selanjutnya, bagaimana dengan angka? Jika penulisannya menyamping (dari kiri ke kanan), umumnya digunakan angka dalam huruf latin.

2015 年 12 月 7 日（木）午後 2 時 40 分

大人 4 人、子ども 2 人

大人は 1 人 280 円、子どもは 140 円。

ぜんぶで 1,400 円です。

Jika penulisannya ke bawah, maka penulisan angkanya dengan menggunakan kanji. Tulisan pada novel, surat kabar, toko mie, toko sushi, atau restoran Jepang, umumnya digunakan angka dengan huruf kanji.

คอลัมน์ 4

▶ ใช้คันจิตลอดเวลาเลยใช่ไหม ?

คนที่พยายามเรียนรู้คันจิ มักจะอยากเขียนคำศัพท์ต่างๆ ด้วยอักษรคันจิ ให้มากที่สุดเท่าที่จะทำได้ อย่างไรก็ตาม มีคำศัพท์จำนวนมากที่ถึงแม้จะมีคันจิ แต่ก็นิยมเขียนด้วยอักษรฮิระงะนะมากกว่า ตัวอย่างเช่น

「時間が<u>あ</u>ります」（△有ります）

「食べて<u>み</u>ます」（△食べて見ます）

「食べる<u>こと</u>が好きです」（△食べる事）

「ゆっくり話せる<u>ところ</u>は、ありますか。」（△所）

นอกจากนี้ ยังมีตัวอย่างอื่นๆ ที่ไม่นิยมเขียนด้วยอักษรคันจิ ได้แก่ 「<u>あと</u>で」（△後で）、「テニスが<u>でき</u>ます」（△出来ます）、「<u>いろいろ</u>な」（△色々な）、「帰る<u>とき</u>に」（△時に）、「<u>わ</u>かります」（△分かります）、「<u>ときどき</u>」（△時々）เป็นต้น

การจะเลือกใช้อักษรคันจิ หรืออักษรฮิระงะนะ แตกต่างกันไปตามแต่ละบุคคล อย่างไรก็ตาม สำหรับแบบฝึกหัดเล่มนี้ คำศัพท์ต่างๆ ที่กล่าวไปข้างต้น บางครั้งจะเขียนด้วยอักษรคันจิ ทั้งนี้เพื่อให้ผู้เรียนไม่ต้องประสบปัญหา เมื่อพบกับคันจิของคำเหล่านี้

ลำดับต่อไปคือตัวเลข สำหรับข้อความแนวนอน ปกติจะเขียนด้วยเลขอาหรับ

2015年12月7日（木）午後2時40分

大人4人、子ども2人

大人は1人280円、子どもは140円。

ぜんぶで1,400円です。

และสำหรับข้อความแนวตั้ง สามารถเขียนเป็นอักษรคันจิได้ ซึ่งมักจะพบบ่อยในนิยาย หนังสือพิมพ์ และร้านอาหารญี่ปุ่นเช่นร้านโซบะ ร้านซูชิ เป็นต้น

Chuyên mục 4

▶ **Lúc nào cũng sử dụng chữ Hán?**

Sau khi đã cố gắng học chữ Hán, ai cũng muốn viết nhiều từ bằng chữ Hán. Tuy nhiên, nhiều từ có cách viết bằng chữ Hán nhưng lại thường được viết bằng chữ Hiragana. Chẳng hạn như những trường hợp dưới đây.

「時間が<u>あ</u>ります」（△有ります）

「食べて<u>み</u>ます」（△食べて見ます）

「食べる<u>こと</u>が好きです」（△食べる事）

「ゆっくり話せる<u>ところ</u>は、ありますか。」（△所）

Ngoài ra, cũng có những trường hợp như "<u>あと</u>で"（△後で）、"テニスが<u>でき</u>ます"（△出来ます）、"<u>いろいろ</u>な"（△色々な）、"帰る<u>とき</u>に"（△時に）、"<u>わか</u>ります"（△分かります）、"<u>ときどき</u>"（△時々）

Việc dùng chữ Hán hay chữ Hiragana cũng tùy thuộc vào mỗi người. Để người học không gặp khó khăn trong việc đọc ngay cả khi được viết bằng chữ Hán, trong bài luyện tập của sách này, cũng có lúc chúng tôi viết chữ Hán những từ được nêu ra ở trên.

Vậy, còn chữ số thì sao? Khi viết theo hàng ngang, thông thường sẽ sử dụng chữ số Ả rập.

2015年12月7日（木）午後2時40分

大人4人、子ども2人

大人は1人280円、子どもは140円。

ぜんぶで1,400円です。

Khi viết theo hàng dọc, có nhiều trường hợp sử dụng chữ số chữ Hán. Có thể thấy nhiều chữ số chữ Hán trong tiểu thuyết, báo, hay các nhà hàng phục vụ món ăn Nhật như cửa hàng mỳ Soba, cửa hàng Sushi.

COLUMN 5

▶ How do you count things?／Bagaimana cara menghitung benda?／นับสิ่งของอย่างไร／Đếm đồ vật như thế nào?

The way to count things is one of the challenging features in learning Japanese. You count things differently based on how it looks and what it is. The counter which follows the numeral is also pronounced differently based on the amount. Let's break it down here.

Salah satu hal sulit dalam belajar bahasa Jepang adalah cara menghitung benda. Cara menghitung berbeda menurut bentuk atau objek yang dihitungnya, bahkan dari jumlahnya pun terjadi adanya perubahan bunyi. Mari kita coba menata kembali!

หัวข้อหนึ่งซึ่งนับว่ายากสำหรับการเรียนภาษาญี่ปุ่น คือการนับสิ่งของ โดยวิธีนับจะแตกต่างกันไปขึ้นอยู่กับรูปร่าง และสิ่งของนั้นๆ อีกทั้งวิธีออกเสียงยังแตกต่างกันไปขึ้นอยู่กับจำนวนที่นับด้วย ดังตารางต่อไปนี้

Một trong những khó khăn khi học tiếng Nhật là cách đếm đồ vật, sự vật. Cách đếm khác nhau tùy thuộc vào hình dạng của đồ vật cũng như đối tượng đếm và phát âm cũng thay đổi theo số lượng. Hãy thử tổng hợp lại cách đếm.

	objects / benda สิ่งของ / đồ vật, sự vật	persons / orang คน / người	small objects/benda kecil สิ่งของชิ้นเล็กๆ / những thứ nhỏ	frequency / frekwensi จำนวนครั้ง / số lần
Examples/ contoh/ ตัวอย่าง Ví dụ	oranges, keys, hamburgers, etc. / jeruk, kunci, hanburger, dll. / เช่น ส้ม กุญแจ แฮมเบอร์เกอร์ ฯลฯ / quả cam, chìa khóa, bánh kẹp thịt v.v..	persons, adults, children, friends, etc./orang, dewasa, anak, teman, dll. / เช่น คน ผู้ใหญ่ เด็ก เพื่อน / người, người lớn, trẻ em, bạn v.v..	erasers, paper clips, etc./ penghapus, klip, dll. / เช่น ยางลบ ลวดหนีบกระดาษ ตะปู, เข็มกลัด ฯลฯ..	how often one went to Kyoto, etc./ frekwensi pergi ke Kyoto, dll. / เช่น จำนวนครั้งที่ไปเกียวโต số lần đến Kyoto v.v..
1	一つ（*ひとつ）	一人（*ひとり）	一個（*いっこ）	一回（*いっかい）
2	二つ（*ふたつ）	二人（*ふたり）	二個（にこ）	二回（にかい）
3	三つ（*みっつ）	三人（さんにん）	三個（さんこ）	三回（さんかい）
4	四つ（*よっつ）	四人（*よにん）	四個（よんこ）	四回（よんかい）
5	五つ（*いつつ）	五人（ごにん）	五個（ごこ）	五回（ごかい）
6	六つ（*むっつ）	六人（ろくにん）	六個（*ろっこ）	六回（*ろっかい）
7	七つ（*ななつ）	七人（しちにん/ななにん）	七個（ななこ）	七回（ななかい）
8	八つ（*やっつ）	八人（はちにん）	八個（*はっこ）	八回（*はっかい/はちかい）
9	九つ（*ここのつ）	九人（きゅうにん）	九個（きゅうこ）	九回（きゅうかい）
10	十（*とお）	十人（じゅうにん）	十個（*じゅっこ）	十回（*じゅっかい）
?	いくつ	何人（なんにん）	何個（なんこ）	何回（なんかい）

→日本語訳は別冊 p.16

	long thin objects/ benda panjang dan kecil / สิ่งของที่มีลักษณะเรียวยาว / những thứ thon, dài	drinks in cups or glasses/ cangkir, atau minuman dalam gelas / เครื่องดื่มในถ้วย หรือแก้ว / đồ uống đựng trong ly, cốc	machines, vehicles / mesin, kendaraan / เครื่องจักรหรือยานพาหนะ / máy móc và xe cộ	thin flat objects / benda tipis / สิ่งของที่มีลักษณะแบน บาง / những thứ mỏng
Examples/ contoh/ ตัวอย่าง Ví dụ	umbrellas, bottles, pens, etc./ payung, botol, pensil, dll. เช่น ร่ม ขวด ปากกา / ô, lọ, bút v.v..	coffee, beer, etc. / kopi, bir, dll. เช่น กาแฟ เบียร์ / cà-phê, bia v.v..	bicycles, automobiles, mobile phones, etc. / sepeda, mobil, HP, dll. / เช่น จักรยาน รถยนต์ โทรศัพท์มือถือ / xe đạp, ô tô, điện thoại di động v.v..	T-shirts, tickets, etc. / kemeja, tiket, dll. เช่น เสื้อยืดคอกลม ตั๋ว / áo phông, vé v.v..
1	一本（*いっぽん）	一杯（*いっぱい）	一台（いちだい）	一枚（いちまい）
2	二本（にほん）	二杯（にはい）	二台（にだい）	二枚（にまい）
3	三本（*さんぼん）	三杯（*さんばい）	三台（さんだい）	三枚（さんまい）
4	四本（よんほん）	四杯（よんはい）	四台（よんだい）	四枚（よんまい）
5	五本（ごほん）	五杯（ごはい）	五台（ごだい）	五枚（ごまい）
6	六本（*ろっぽん）	六杯（*ろっぱい）	六台（ろくだい）	六枚（ろくまい）
7	七本（ななほん）	七杯（ななはい）	七台（ななだい）	七枚（ななまい）
8	八本（*はっぽん）	八杯（*はっぱい）	八台（はちだい）	八枚（はちまい）
9	九本（きゅうほん）	九杯（きゅうはい）	九台（きゅうだい）	九枚（きゅうまい）
10	十本（*じゅっぽん）	十杯（*じゅっぱい）	十台（じゅうだい）	十枚（じゅうまい）
?	何本（*なんぼん）	何杯（*なんばい）	何台（なんだい）	何枚（なんまい）

Let's have a look at time expressions.
Berikutnya, mari kita lihat cara mengungkapkan waktu!
ลำดับต่อไปได้แก่ การบอกเวลา ซึ่งมีรายละเอียดดังต่อไปนี้
Tiếp theo, hãy xem cách diễn đạt về thời gian

	minute(s) / ～menit / นาที / phút	hour(s) / ～jam / ชั่วโมง / tiếng	day(s) / hari ～ / วัน / ngày
1	一分（*いっぷん）	一時間（いちじかん）	一日（いちにち）
2	二分（にふん）	二時間（にじかん）	二日（*ふつか）
3	三分（*さんぷん）	三時間（さんじかん）	三日（*みっか）
4	四分（*よんぷん）	四時間（*よじかん）	四日（*よっか）
5	五分（ごふん）	五時間（ごじかん）	五日（*いつか）
6	六分（*ろっぷん）	六時間（ろくじかん）	六日（*むいか）
7	七分（ななふん）	七時間（ななじかん / しちじかん）	七日（*なのか）
8	八分（*はっぷん）	八時間（はちじかん）	八日（*ようか）
9	九分（きゅうふん）	九時間（*くじかん）	九日（*ここのか）
10	十分（*じゅっぷん）	十時間（じゅうじかん）	十日（*とおか）
?	何分（*なんぷん）	何時間（なんじかん）	何日（なんにち）

	week(s) / ～minggu สัปดาห์ / tuần	month(s) / ～bulan เดือน / tháng	year(s) / tahun ～ ปี / năm
1	一週間（*いっしゅうかん）	一か月（*いっかげつ）	一年（いちねん）
2	二週間（にしゅうかん）	二か月（にかげつ）	二年（にねん）
3	三週間（さんしゅうかん）	三か月（さんかげつ）	三年（さんねん）
4	四週間（よんしゅうかん）	四か月（よんかげつ）	四年（*よねん）
5	五週間（ごしゅうかん）	五か月（ごかげつ）	五年（ごねん）
6	六週間（ろくしゅうかん）	六か月（*ろっかげつ）	六年（ろくねん）
7	七週間（ななしゅうかん）	七か月（ななかげつ / しちかげつ）	七年（ななねん / しちねん）
8	八週間（*はっしゅうかん）	八か月（*はっかげつ / はちかげつ）	八年（はちねん）
9	九週間（きゅうしゅうかん）	九か月（きゅうかげつ）	九年（きゅうねん）
10	十週間（*じゅっしゅうかん）	十か月（*じゅっかげつ）	十年（じゅうねん）
?	何週間（なんしゅうかん）	何か月（なんかげつ）	何年（なんねん）

＊ Difficult reading / Cara baca yang sulit / หมายถึงเสียงอ่านที่ยาก / Cách đọc khó.

"一か月" can be spelled like "一カ月" and "一ヶ月". It is not very difficult to write the amount of things and the duration using kanji, however, their reading is challenging in many cases. You will be able to type, with a computer, those words correctly in addition to pronouncing them appropriately once you master their readings.

Untuk kata 'ikkagetsu' (satu bulan) ada kalanya ditulis dengan 「一カ月」atau 「一ヶ月」. Untuk bilangan atau waktu, jika ditulis dengan kanji menulisannya tidak begitu sulit, tetapi mengenai cara banyanya banyak yang sulit. Akan tetapi, sekali kita menguasainya, bukan hanya bisa mengucapkannya dengan benar saja, melainkan bisa juga mengetiknya dengan komputer secara tepat.

คำว่า 「一か月」บางครั้งเขียนเป็น 「一カ月」หรือ 「一ヶ月」จำนวนสิ่งของหรือเวลา มีหลายคำที่การเขียนด้วยอักษรคันจินั้นไม่ยาก แต่ยากที่วิธีอ่าน อย่างไรก็ตามหากเรียนรู้จนคล่อง ไม่เพียงแต่ช่วยเรื่องการออกเสียง เวลาใช้คอมพิวเตอร์ยังสามารถพิมพ์ออกมาเป็นภาษาญี่ปุ่นได้อย่างถูกต้องด้วยเช่นกัน

"一か月" cũng có khi được viết là "一カ月" "一ヶ月". Viết số lượng đồ vật, sự vật và thời gian bằng chữ Hán không khó, nhưng có nhiều trường hợp cách đọc lại khó. Tuy nhiên, một khi nắm vững được, các bạn không những có thể phát âm đúng mà còn đánh máy chính xác nữa.

あとがき

本冊の執筆担当は、以下のとおりです。

岩崎陽子…第 5, 6, 7, 8, 13, 14, 15, 16 回、まとめ 5-8、まとめ 13-16、特集 4, 5

古賀裕基…第 1, 2, 3, 4, 9, 10, 11, 12 回、まとめ 1-4、まとめ 9-12、特集 1, 2, 3

　このワークブックを準備するにあたり、韓国・釜山大学の学生さん数名に課外活動として漢字学習クラスに参加していただきました。彼女たちの楽しそうに学ぶ姿から、いろいろな構想を得ることができました。また、Nicholas Pinkerton さんには、ワークブックの試案を実際に解き、的確なフィードバックをいただきました。この場をお借りしてお礼申し上げます。

　また、くろしお出版の市川麻里子さんには、本冊に続きワークブックでも長きにわたり大変お世話になりました。本冊に続き、かわいらしく、手にとってうれしい作品が仕上がりました。深く感謝申し上げます。

岩崎陽子・古賀裕基

参考文献

国際交流基金・日本国際教育支援協会（2006）『日本語能力試験出題基準［改訂版］』凡人社

国際交流基金・日本国際教育支援協会（2011）『新しい「日本語能力試験」ガイドブック概要版と問題例集 N4, N5 編』凡人社

国際交流基金・日本国際教育支援協会（2012）『日本語能力試験　公式問題集 N4』凡人社

国際交流基金・日本国際教育支援協会（2012）『日本語能力試験　公式問題集 N5』凡人社

国際交流基金・日本国際教育支援協会「日本語能力試験」公式ウェブサイト　http://www.jlpt.jp/

社団法人　日本語教育学会（2010）『新版日本語教育事典』大修館書店

スリーエーネットワーク編（2012）『みんなの日本語　初級Ⅰ』（第 2 版）スリーエーネットワーク

スリーエーネットワーク編（2013）『みんなの日本語　初級Ⅰ　翻訳・文法解説　英語版』（第 2 版）スリーエーネットワーク

スリーエーネットワーク編（2013）『みんなの日本語　初級Ⅱ』（第 2 版）スリーエーネットワーク

文化庁「公用文における漢字使用等について」（平成 22 年内閣告示）
http://www.bunka.go.jp/kokugo_nihongo/kokujikunrei_h221130.html

著者紹介

岩崎　陽子（いわさき　ようこ）
早稲田大学大学院日本語教育研究科修士課程修了
元早稲田大学日本語教育研究センター　インストラクター（非常勤）
著書に、『ストーリーで覚える漢字300　英語・韓国語・ポルトガル語・スペイン語版』『ストーリーで覚える漢字301-500　英語・韓国語・ポルトガル語・スペイン語版』『ストーリーで覚える漢字300　英語・インドネシア語・タイ語・ベトナム語版』『ストーリーで覚える漢字301-500　英語・インドネシア語・タイ語・ベトナム版』（くろしお出版・共著）がある。

古賀　裕基（こが　ひろき）
早稲田大学大学院日本語教育研究科修士課程修了
現在、早稲田大学日本語教育研究センター　インストラクター（非常勤）

翻訳者

英語：小室リー郁子（Ikuko Komuro-Lee）
　　　Peter Lee（ピーター・リー）
インドネシア語：Dedi Sutedi（デディ・ステディ）
タイ語：ยุพกา ฟูกุชิม่า（Yupaka Fukushima）
ベトナム語：Nguyễn Thanh Vân（グェン・ティン・ヴァン）

ストーリーで覚える漢字300 ワークブック
Learning 300 Kanji through Stories Workbook

英語・インドネシア語・タイ語・ベトナム語版〈English・Indonesian・Thai・Vietnamese〉

2015年 6月15日　第1刷発行
2024年11月 5日　第2刷発行

著者	岩崎陽子・古賀裕基
発行	株式会社 くろしお出版 〒102-0084　東京都千代田区二番町4-3 TEL 03-6261-2867　FAX 03-6261-2879 URL http://www.9640.jp E-mail kurosio@9640.jp
印刷所	シナノ書籍印刷
翻訳者	小室リー郁子・Peter Lee（英語） Dedi Sutedi（インドネシア語） ยุพกา ฟูกุชิมา（タイ語） Nguyễn Thanh Vân（ベトナム語）
イラスト	須山奈津希
装丁	鈴木章宏

© IWASAKI Yoko, KOGA Hiroki 2015, Printed in Japan
ISBN 978-4-87424-666-5 C0081

● 乱丁・落丁はおとりかえいたします。本書の無断転載・複製を禁じます。

ご案内

Yomujp
日本語多読道場(にほんごたどくどうじょう)

音声付(おんせいつ)き読(よ)み物教材(ものきょうざい)
Reading and Listening materials

虫(むし)　パン(ぱん)　日本のまち「仙台」(にほんのまち「せんだい」)

学習者(がくしゅうしゃ)が興味(きょうみ)を持(も)つトピックについて、読(よ)み物(もの)をレベル別(べつ)に掲載(けいさい)したウェブサイト。PCやスマホで気軽(きがる)に読(よ)める。自習用(じしゅうよう)や、日本語(にほんご)の授業(じゅぎょう)に。

ストーリーで覚える漢字300
English, Indonesian, Thai, Vietnamese
ワークブック Workbook

Learning 300 Kanji through Stories Workbook
Buku Kerja Belajar 300 Kanji dari Asal-Usulnya
หนังสือแบบฝึกหัด เรียนรู้คันจิ 300 ตัวผ่านเรื่องสนุก
Học 300 chữ Hán qua các mẩu chuyện Sách bài tập

別冊

解答 Answers / Kunci Jawaban / คำตอบ / Đáp án

コラム 日本語訳

第1回

練習問題 (p.2)

1 ①男 ②女, 二 ③田んぼ ④木, 休 ⑤一, 三, 木

2 ①一, 二, 三 ②山, 川, 田, 木 ③口, 目

3 ①b ②c ③d ④a

4 ①2 ②4 ③3

5 ①ひとり ②ついたち ③いちにち ④いっぽん ⑤ふたつ ⑥にがつ, ふつか ⑦さんがつ, みっか ⑧さんねん ⑨やま ⑩ふじさん ⑪かわ ⑫がわ ⑬めうえ ⑭もくてき ⑮くち ⑯いりぐち ⑰じんこう ⑱ひと ⑲にんぎょう ⑳にほんじん ㉑き ㉒もくようび ㉓やすみ ㉔きゅうじつ ㉕やまもと ㉖ほん ㉗からだ ㉘たいじゅう ㉙ちから ㉚たいりょく ㉛おとこ ㉜だんせい ㉝ちょうなん ㉞じょせい ㉟おんなのひと ㊱やすい ㊲あんしん

6 [A] ①山田, 彼女 ②川, 一 ③目, 人 ④安心
  [B] ⑤一つ目 ⑥休みました ⑦安い

7 [A] ①三さつ ②人, 目 ③女 ④東口
  [B] a.二本 b.一つ c.山 d.東口 e.女性 f.彼女

8 ①山田 ②男, 体力 ③安全な ④山 ⑤木 ⑥人

9 ①木が ありました。
  ②まちや 田んぼや きれいな 川などが みえました。
  ③いいえ、安くなかったです。

能力試験対策 (p.7)

[よみ]
N5 ①3 ②1 ③2 ④2 ⑤4 ⑥2
⑦1 ⑧2 ⑨2 ⑩1 ⑪4 N4 ⑫1 ⑬3

[かき]
N5 ①3 ②1 ③4 ④4 ⑤1 ⑥2 ⑦1
⑧1 ⑨1 ⑩2 ⑪1 N4 ⑫3 ⑬2

第2回

練習問題 (p.9)

1 ①上 ②下 ③中 ④a.四つ b.五つ c.九つ ⑤a.大 b.小 ⑥a.入る b.出る

2 ①五, 十, 七, 八, 六, 九 ②中, 大, 小 ③中, 上, 下

3 ①d ②c ③b ④a

4 ①3 ②4 ③2

5 ①うえ ②あがる ③じょうず ④した ⑤さがりました ⑥ください ⑦へた ⑧だいがく ⑨おおきい ⑩おとな ⑪すこし ⑫すくない ⑬たしょう ⑭はいって ⑮いりぐち ⑯いれます ⑰でました ⑱だして ⑲でぐち ⑳だいがく ㉑がっこう ㉒よっつ ㉓よにん ㉔よんさい ㉕しがつ ㉖やっつ ㉗はちがつ ㉘ようか ㉙じゅうがつ, とおか ㉚はつか ㉛はたち ㉜じゅうじ, じゅっぷん ㉝じゅうぶん ㉞ちゅうこしゃ ㉟ふるい

6 [A] ①中 ②中学, 大学 [B] ③八つ

7 ①子供 ②太り ③下 ④六つ

8 ①上, 小さく ②出口, 入口
  ③a.お子さん b.五人 c.男の子 d.大学 e.四
  ④a.下 b.下

9 ①四月です。 ②七時半に おきます。
  ③九時からです。
  ④二十分 かかります。
  ⑤安くて 大きい 自転車です。
  ⑥中古車です。／古いですが すてきな くるまです。

10 ①a.いっかげつ b.よんじゅう c.おおきい d.だいがく e.ちいさい
   ② 1)a 2)b

能力試験対策 (p.14)

[よみ]
N5 ①1 ②2 ③4 ④1 ⑤3 ⑥2 ⑦3
⑧1 ⑨1 N4 ⑩3 ⑪2 ⑫3 ⑬2

[かき]
N5 ①2 ②3 ③2 ④2 ⑤1 ⑥2 ⑦1
⑧3 ⑨4 ⑩1 ⑪1 N4 ⑫3 ⑬2

第3回

練習問題 (p.16)

1 ①三千八百 ②月 ③花火 ④左, 右 ⑤音楽

2 [A] ①千, 百, 万 ②日, 火, 土, 木, 水, 月, 金
  [B] ①右 ②暗

3 ①c ②b ③d ④a

4 ①1 ②2 ③2

5 ①ひゃくえん ②さんびゃくえん ③ろっぴゃくえん ④せん ⑤さんぜん ⑥ようび ⑦いつか ⑧まいにち ⑨にっき ⑩にほん／にっぽん ⑪きのう ⑫きょう ⑬あした／あす ⑭つき ⑮はちがつ ⑯こんげつ ⑰あかるい ⑱せつめい ⑲たって ⑳こくりつ ㉑りっぱ ㉒おと ㉓はつおん ㉔くらい ㉕あんき ㉖ひ ㉗かじ ㉘はなび ㉙みず ㉚すいどう ㉛おかね ㉜きんようび ㉝つち ㉞どようび ㉟おみやげ ㊱くに ㊲がいこく ㊳ともだち ㊴ゆうじん

6 [A] ①音楽 ②外国, お金 ③水 ④友達 ⑤全然
  [B] ⑥明るい ⑦立てます ⑧暗い

7 [A] ①一千万円 ②国 ③月 ④工学部, 外国 ⑤八百屋

[B] a.花火 b.暗い c.明るく d.音 e.お土産
⑧ a.友 b.人 c.工学 d.国際 e.二か月 f.左側 g.国
   h.右 i.来月 j.国立 k.音楽 l.全然
⑨ a.あした／あす b.よにん c.よんひゃくえん
   d.すいえい e.いっかげつ f.さんぜん
   g.はっぴゃく h.いちまん
⑩ ①六十円です。 ②千六百円つかいました。

能力試験対策 (p.21)

[よみ]
N5 [1]2 [2]3 [3]3 [4]2 [5]1 [6]1 [7]2
[8]2 [9]2 N4 [10]4 [11]2 [12]2 [13]2

[かき]
N5 [1]1 [2]4 [3]2 [4]2 [5]2 [6]3 [7]1
[8]2 [9]2 [10]1 N4 [11]1 [12]3 [13]2

第4回

練習問題 (p.23)

① ①手,足 ②半／三十分 ③歩 ④夜 ⑤起
② [A]①手,足 ②歩,走,止,起 ③夕,夜 [B]④多
③ ①d ②c ③b ④a
④ ①2 ②1 ③3
⑤ ①なにじん ②なんにん ③うんてんしゅ
   ④てがみ ⑤じょうず ⑥へた ⑦きります
   ⑧きって ⑨たいせつ ⑩わかります ⑪ごはん
   ⑫にじゅっぷん／にじっぷん ⑬はんぶん ⑭いま
   ⑮けさ ⑯こんばん ⑰ことし ⑱しょうがつ
   ⑲ただしい ⑳せいかく ㉑あるきます ㉒さんぽ
   ㉓ほこうしゃ ㉔あし ㉕にそく ㉖たりません
   ㉗はしります ㉘そうこう ㉙そと ㉚ほか
   ㉛かいがい ㉜おおい ㉝たぶん ㉞なまえ
   ㉟ゆうめい ㊱よる ㊲こんや ㊳うまれました
   ㊴いきる ㊵せんせい ㊶たんじょうび
⑥ [A]①何番 ②切手 ③今夜 ④中止
   [B]⑤起きます ⑥歩きます ⑦走ります
      ⑧手伝って ⑨止めて ⑩多い
⑦ [A]①名前 ②学生 ③半 ④起きます
      ⑤夜 ⑥走ります
   [B]a.手 b.歩いて c.止まれ d.お金
      e.足りる f.不足
⑧ ①学生,生活 ②分けます ③夜 ④多い
   ⑤切って ⑥歩き
⑨ ①a.ゆうはん b.がいこくじん c.なんにん
   d.なにじん e.じん f.ひと g.きって
   h.じょうず i.おしょうがつ j.はんぶん
   ②夕ごはんの ときです。

③外国の 切手や お金です。
④(チョコレートを たべて)おなかが いっぱいでした から。

能力試験対策 (p.28)

[よみ]
N5 [1]3 [2]1 [3]4 [4]2 [5]2 [6]4 [7]4
[8]3 N4 [9]2 [10]1 [11]1 [12]2 [13]1

[かき]
N5 [1]1 [2]2 [3]2 [4]4 [5]4 [6]1 N4 [7]3
[8]1 [9]1 [10]1 [11]3 [12]3 [13]1

第1回〜第4回 ● 練習・まとめ問題 (p.30)

① [A]　　上
      左　中　右
         下
   [B] 入,出,立,切,止,歩,走,起
   [C] ①下 ②右 ③女 ④出 ⑤多 ⑥明
   [D] ①十＞九＞八＞七＞六＞五＞四＞三＞二＞一
      ②万＞千＞百 ③大＞中＞小
   [E] 月→火→水→木→金→土→日
② ①2 ②4 ③2 ④1 ⑤3
③ ①おんなのひと,すずき ②はちじ,あるきます
   ③よる,ほん ④しがつ,だいがく
   ⑤いっかげつ,よんかい ⑥さんびゃくえん
   ⑦がっこう,がくせい,ろくせんろっぴゃくにん
   ⑧がいこく,きって ⑨あした,きります
   ⑩ゆうはん,はんぶん ⑪ふとい,ちから
   ⑫ふるくて,くらい ⑬いま,あかるい
   ⑭しょうがつ ⑮こうがく
④ ①男,友だち,四人 ②一回,四百円
   ③今日,人,少ない ④国,人
   ⑤大学,外国人,何人 ⑥中,明るい,音楽
   ⑦体,手 ⑧日本,左,走ります ⑨小さくて
   ⑩名前 ⑪歩きました,足 ⑫本,全部,三百
   ⑬止めて ⑭正しい ⑮十万円
⑤ a.下 b.分 c.田んぼ d.目 e.小さい f.外国
⑥ [A] a.大学 b.今 c.本 d.三百 e.友だち
      f.分からない g.中古
   [B] a.人 b.日本 c.月よう日 d.金よう日 e.土よう日
      f.日よう日 g.男 h.子 i.生かつ j.分からない
      k.山田ぶちょう l.五人
⑦ [A]①ブラジル人です。 ②あきはばらに いきます。
      ③百円から 二百円ぐらいです。
      ④お金を 入れて レバーを 右に まわします。
   [B]①日本の おいしい たべものの 本を よみます。

3

②日本人です。
③ご主人の おかあさんです。
④はい、多少はわかります。
⑤日本の マンガを よんで べんきょうしました。

第1回〜第4回 ● 能力試験対策・まとめ問題 (p.37)

[よみ]
N5 ①3 ②1 ③1 ④3 ⑤4 ⑥4 ⑦2
⑧2 ⑨3 ⑩4 ⑪3 ⑫3 ⑬4 ⑭4 ⑮3 ⑯3
N4 ⑰1 ⑱4 ⑲4 ⑳3 ㉑1 ㉒2 ㉓1 ㉔3
㉕1 ㉖4

[かき]
N5 ①4 ②2 ③4 ④2 ⑤4 ⑥1 ⑦3
⑧2 ⑨4 ⑩3 ⑪2 ⑫2 ⑬3 ⑭4 ⑮2 ⑯4
N4 ⑰4 ⑱2 ⑲2 ⑳1 ㉑3 ㉒1 ㉓2 ㉔3
㉕1 ㉖3

第5回

練習問題 (p.41)

1 ①目, 耳, 口 ②聞 ③門, 入 ④父, 母 ⑤間
2 ①東, 南, 西, 北 ②父, 母 ③行, 聞, 見
3 ①c ②d ③b ④a
4 ①1 ②4 ③2
5 ①みつけました ②はいけん ③さきに ④せんげつ
⑤おとうさん ⑥ちち ⑦おかあさん ⑧はは
⑨いきます ⑩おこないます ⑪ぎんこう
⑫うみ ⑬かいがい ⑭ひがし ⑮とうきょう
⑯にし ⑰せいよう ⑱かんさい ⑲みなみぐち
⑳なんぼく ㉑きた ㉒ほくべい ㉓ほっかいどう
㉔みみ ㉕じびか ㉖ききます ㉗しんぶん
㉘あいだ ㉙じかん
6 [A] ①天気, 元気 ②南門 ③西田, 北田
　　　④東田, 南田
　[B] ⑤毎日, 聞きます ⑥海, 見えます
　　　⑦先生, 文 ⑧先に, 行って
7 [A] ①毎日, 聞こえます ②北 ③耳
　　　④お母さん, 見せて
　[B] a. 先週 b. 間 c. 行きます
8 a. 天気 b. 海 c. 行きません d. 東口 e. 間
9 ① a. いきました b. げんき c. みなみ
　　d. みました e. きき
②コーヒーが 650円ですから。
③土よう日の ドライブの はなしを しました。／
　かまくらに 行く はなしを しました。

④いいえ、月に 1かいぐらいです。／
　いいえ、月に 1かいぐらい 山田さんの
　カフェに 行きたいと おもっています。

能力試験対策 (p.46)

[よみ]
N5 ①3 ②4 ③2 ④3 ⑤4 ⑥4 ⑦2
⑧3 N4 ⑨4 ⑩1 ⑪3 ⑫2 ⑬2

[かき]
N5 ①1 ②2 ③3 ④3 ⑤2 ⑥4 ⑦4
⑧2 N4 ⑨3 ⑩4 ⑪1 ⑫1 ⑬4

第6回

練習問題 (p.48)

1 ①牛乳 ②高 ③前, 後ろ
2 [A] ①銀, 青, 赤, 白 ②飲, 食, 言, 話
　[B] ①後 ②高
3 ①a ②d ③b ④c
4 ①4 ②1 ③4
5 ①うし ②ぎゅうにゅう ③とし ④ことし
⑤いちねんせい ⑥まえ ⑦ごぜん ⑧うしろ
⑨あとで ⑩ごご ⑪たかく ⑫こうこう
⑬たべます ⑭しょくどう ⑮のみません
⑯いんりょうすい ⑰しろい ⑱はくば ⑲あか
⑳せきじゅうじ ㉑あおくて ㉒せいねん
㉓いいます ㉔げんごがく ㉕はなします
㉖でんわ ㉗うります ㉘ばいてん ㉙よむ
㉚どくしょ ㉛かいて ㉜しょてん
6 [A] ①半年前, 語 ②銀行, 午後 ③年上, 話
　[B] ④飲み, 読みます ⑤牛乳, 売って
　　　⑥名前, 書きます ⑦夕飯, 白い
　　　⑧赤ちゃん, 話しません
7 a. 牛乳 b. 飲んで c. 前 d. 銀行 e. 白い
　f. 後ろ g. 語
8 a. ご飯 b. 食べ c. 牛 d. 書いて e. 飲みもの f. 少し
9 ① a. あおかった b. しろく c. たかかった
　　d. あかく e. ごご f. はなし g. いいました
②×, ○, ×
③かまくらに 行きたいと 言いました。

能力試験対策 (p.53)

[よみ]
N5 ①3 ②3 ③3 ④4 ⑤3 ⑥3 ⑦4
⑧1 **N4** ⑨2 ⑩4 ⑪4 ⑫4 ⑬3

[かき]
N5 ①4 ②3 ③2 ④1 ⑤2 ⑥4 ⑦1
⑧3 ⑨1 ⑩4 ⑪3 **N4** ⑫4 ⑬4

第7回

練習問題 (p.55)

① ①魚, 食 ②雨 ③電車, 駅 ④馬, 走

② [A] ①米, 魚 ②来, 会, 待
　　[B] ③新 ④内 ⑤来

③ ①b ②d ③c ④a

④ ①1 ②1 ③4

⑤ ①あたらしい ②しんぶん ③うま ④ばしゃ
　⑤おこめ ⑥なんべい ⑦きません ⑧こない
　⑨らいしゅう ⑩くるま ⑪しんしゃ ⑫そら
　⑬くうき ⑭うちだ ⑮しゃない ⑯ながい
　⑰しゃちょう ⑱あいます ⑲かいわ ⑳おてら
　㉑とうだいじ ㉒まって ㉓きたい ㉔ときどき
　㉕じかん

⑥ [A] ①気分, 会社 ②小学校, 校長先生 ③電話, 元気
　　[B] ④白い, 馬 ⑤社外, 新しい ⑥社会, 話し
　　　　⑦来年, 来ます ⑧魚 ⑨長い間, 会って

⑦ a.時間 b.来て c.会いたい d.来年
　e.五時 f.駅 g.待って

⑧ a.電車 b.駅 c.空 d.お寺 e.新しくて
　f.電気 g.6時／六時 h.電話 i.雨
　j.車 k.学校 l.会えました

⑨ ① a.あいました b.てんき c.さかな
　　d.おこめ e.くうき f.きぶん g.あたらしい
　② 学校の中／大学の中です。
　③ 大学で さんぽを すると 気分が いいです。
　④ a.電車／ちかてつです。
　　b.ちかてつの ろせんには いろが ありますから
　　　外国人にも かんたんです。

能力試験対策 (p.60)

[よみ]
N5 ①1 ②1 ③2 ④1 ⑤4 ⑥3 ⑦4
⑧4 ⑨2 **N4** ⑩2 ⑪1 ⑫4 ⑬1

[かき]
N5 ①1 ②2 ③3 ④4 ⑤4 ⑥4 ⑦3
⑧2 ⑨3 **N4** ⑩2 ⑪4 ⑫1 ⑬2

第8回

練習問題 (p.62)

① ①店員 ②a.首, b.手首, c.足首 ③花見 ④茶

② [A] ①花, 草 ②週, 早 ③店, 買 [B] ④閉 ⑤買

③ ①a ②c ③d ④b

④ ①3 ②2 ③2

⑤ ①おみせ ②てんない ③あいて
　④ひらきます／あきます ⑤かいてん ⑥しめて
　⑦とじて ⑧へいてん ⑨といあわせ ⑩しつもん
　⑪くび ⑫しゅしょう ⑬みち ⑭すいどう
　⑮おもい ⑯たいじゅう ⑰うごきます
　⑱じどうしゃ ⑲はたらいて ⑳ろうどう
　㉑はな ㉒かびん ㉓くさ ㉔そうげん

⑥ [A] ①道 ②会社員, 教員 ③来週, 北海道
　　[B] ④持ち帰り ⑤店員, 待ちました
　　　　⑥毎週, 買いもの ⑦草, 天ぷら, 食べられます

⑦ [A] a.働いて b.社員 c.週 d.花見 e.自分
　　[B] a.働いている b.会社員 c.一週間 d.早く
　　　　e.開けます f.売ります g.お茶 h.重い i.首

⑧ a.お金持ち b.買い c.持って d.問題 e.質 f.自動
　g.開け h.閉め i.働いて

⑨ ① a.しつもん b.かいたい c.いいました
　　d.きもちいい e.とくに
　②「日本から ベルギーまで いくらですか。」「どんな きせつが いいですか。」などです。
　③大学のあとで、山田さんの お父さんの りょ行会社に いっしょに 行きます。

能力試験対策 (p.67)

[よみ]
N5 ①2 ②3 ③4 **N4** ④4 ⑤3 ⑥3 ⑦1
⑧4 ⑨1 ⑩1 ⑪4 ⑫1 ⑬3

[かき]
N5 ①3 ②2 ③1 **N4** ④2 ⑤3 ⑥3 ⑦4
⑧2 ⑨1 ⑩2 ⑪2 ⑫2 ⑬3

第5回〜第8回 ● 練習・まとめ問題 (p.69)

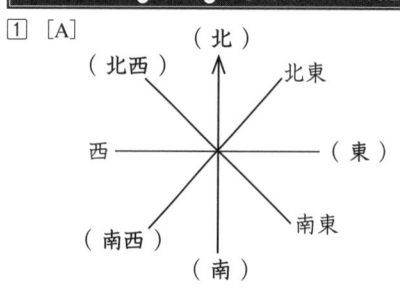

① [A]

```
        (北)
(北西)  ↑   北東
         \ | /
西 ←─────┼─────→ (東)
         / | \
(南西)    |   南東
        (南)
```

[B] ①北海道 ②東北 ③関東 ④関西

[C] ①来 ②閉 ③後 ④新 ⑤売
[D] ①赤ちゃん→子ども→青年→大人
　　②小学校→中学校→高校→大学
　　③先々週→先週→今週→来週→再来週
[E] ①食べます ②読みます ③飲みます ④聞きます

② ①1 ②3 ③3 ④2 ⑤4

③ ①みせます ②ゆうはん, じかん ③ぶんがく
④おかあさん, せんせい ⑤はは, はたらいて
⑥ぎゅうにく, たべられ ⑦でんわ, はなしました
⑧おてら, いきます ⑨あおいそら, しろい
⑩さきに, えき ⑪ながいあいだ, うちだ, あって
⑫がいこくご, かいわ ⑬でんき
⑭しつもん, て ⑮みせ, はな, うって

④ ①車, 見つかり ②午前中, 天気 ③午後, 雨
④毎月, 行います ⑤南門, 前 ⑥耳, 動きました
⑦今年, 小学校 ⑧元気, 言いました
⑨米国, 書いて ⑩早く, 気持ち ⑪道, 名前
⑫店員, 草 ⑬お茶, 特に, 高い
⑭七時, 会社員 ⑮働いて, 首

⑤ a.働いて b.行って c.後で d.待って
e.高い f.読む

⑥ [A] a.一時間 b.電車 c.先月 d.新しい
　　e.見つけ f.聞こえ g.毎日
[B] a.馬 b.魚 c.お米 d.会社 e.社長

⑦ [A] ①日本語の教科書 三つです。
　　②カバンが 重い ときは たいへんですから。
　　③リサイクルショップで 買いました。
　　④赤色の 自転車ですから。
[B] ①いいえ、きょう はじめて 会いました。
　　②九月の 夏休みか 三月の 春休みです。
　　③いいえ、行きません。
　　④富士山に 行きます。

第5回〜第8回 ● 能力試験対策・まとめ問題 (p.76)

[よみ]
N5 ①1 ②2 ③4 ④3 ⑤1 ⑥3 ⑦1
⑧2 ⑨4 ⑩3 ⑪4 ⑫2 ⑬4 ⑭3 ⑮4 ⑯4
N4 ⑰3 ⑱2 ⑲3 ⑳4 ㉑1 ㉒4 ㉓4 ㉔2
㉕4 ㉖2

[かき]
N5 ①3 ②1 ③4 ④4 ⑤4 ⑥2 ⑦4
⑧1 ⑨4 ⑩2 ⑪3 ⑫4 ⑬1 ⑭4 ⑮4 ⑯3
N4 ⑰4 ⑱3 ⑲4 ⑳1 ㉑4 ㉒3 ㉓3 ㉔4
㉕3 ㉖2

第9回

練習問題 (p.80)

① ①朝, 昼, 夜 ②台 ③自転車

② [A] ①夜, 朝, 昼 ②習, 始, 押, 運, 転 ③姉, 妹
[B] ①軽 ②引 ③強 ④姉

③ ①a ②d ③c ④b

④ ①1 ②3 ③1

⑤ ①ころんで ②じてんしゃ ③はこびます
④うんてんしゅ ⑤かるい ⑥けいしょく
⑦あさごはん ⑧ちょうしょく ⑨けさ
⑩ひるやすみ ⑪ちゅうしょく ⑫かぜ
⑬かぜ ⑭ようふう ⑮おふろ ⑯つよい
⑰べんきょうして ⑱よわい ⑲じゃくてん
⑳ならいます ㉑がくしゅう ㉒にだい
㉓たいふう ㉔はじまります ㉕かいし
㉖しちょう ㉗いちば ㉘あね ㉙おねえさん
㉚いもうと ㉛しまい ㉜あじ ㉝いみ
㉞すき ㉟こうぶつ

⑥ [A] ①毎朝, 自転車 ②昼 ③姉, 妹 ④味
[B] ⑤運転します ⑥軽い, 運びます ⑦引きます
⑧習います ⑨始めます ⑩勉強します

⑦ [A] ①自転車 ②運動 ③風, 弱い
④風邪, 引き ⑤朝, 市場
[B] a.姉 b.妹 c.姉 d.妹 e.姉妹 f.勉強
g.味 h.好き i.台所 j.練習 k.強い l.弱点

⑧ a.強い b.始まります c.重い d.軽い e.弱い
f.押します g.転ぶ h.好き

⑨ ①a.し b.ひっこし c.はじめました d.すき
e.かるい f.はこぶ g.おもかった h.おひる
i.ならいました j.あじ
②パクさんです。
③九時です。／九時に 始めました。
④山田さんです。／山田さんが おしえて くれました。

能力試験対策 (p.86)

[よみ]
N4 ①3 ②2 ③1 ④4 ⑤5 ⑥2 ⑦3
⑧2 ⑨2 ⑩4 ⑪3 ⑫2 ⑬1

[かき]
N4 ①1 ②3 ③2 ④3 ⑤1 ⑥1 ⑦1
⑧2 ⑨1 ⑩2 ⑪1 ⑫3 ⑬4

第10回

練習問題 (p.88)

① ①a.春, b.夏, c.秋, d.冬
②a.父, b.母, c.兄, d.姉, e.弟, f.妹

② a.①冬,夏,秋,春 ②晴,寒,暑 ③親,兄,弟
b.①暑 ②晴 ③兄

③ ①d ②b ③c ④a

④ ①2 ②3 ③1

⑤ ①こころ ②しんぱいします ③おもいます
④しそうか ⑤いそぎましょう ⑥きゅうこう
⑦わるい ⑧さいあくな ⑨あっか ⑩あに
⑪おにいさん ⑫おとうと ⑬きょうだい
⑭でし ⑮ははおや ⑯したしい ⑰しんせつ
⑱おもな ⑲もちぬし ⑳ごしゅじん
㉑そそぎます ㉒ちゅういします ㉓すんで
㉔じゅうしょ ㉕はる ㉖しゅんぶん
㉗なつやすみ ㉘しゅんかしゅうとう ㉙あき
㉚しゅうぶん ㉛ふゆやすみ ㉜とうみんします
㉝さむい ㉞かんぱ ㉟あつい ㊱ざんしょ
㊲はれ ㊳せいてん

⑥ [A] ①心 ②春 ③兄,弟 ④親 ⑤意味
[B] ⑥急に ⑦悪い ⑧住んで ⑨暑い
⑩冬,寒い ⑪晴れ

⑦ [A] ①意味 ②急に ③晴れる ④ご主人 ⑤住んで
[B] a.両親 b.兄弟 c.父 d.母 e.お父さん f.兄
g.注意 h.悪かった i.夏 j.安心 k.弟 l.冬
m.暑さ n.親切

⑧ a.好き b.春 c.冬 d.花 e.寒くない f.意見
g.夏 h.海 i.暑い j.秋 k.本 l.意見

⑨ ①「親」です。
②いいえ、「親に とても ちかい」と いう いみです。
③大学の 先生に 聞きました。

能力試験対策 (p.94)

[よみ]
N4 ①3 ②1 ③3 ④4 ⑤3 ⑥1 ⑦1
⑧3 ⑨2 ⑩3 ⑪3 ⑫2 ⑬2

[かき]
N4 ①3 ②4 ③1 ④2 ⑤1 ⑥2 ⑦3
⑧2 ⑨4 ⑩2 ⑪3 ⑫2 ⑬1

第11回

練習問題 (p.96)

① ①鳥,犬 ②近い ③遠い

② a.①鳥,犬 ②終,送,通,回 ③紙,肉,服
b.①遠 ②低,安 ③終

③ ①b ②d ③a ④c

④ ①2 ②1 ③3

⑤ ①おわります ②しゅうてん ③かみ ④てがみ
⑤ひょうし ⑥ひくい ⑦ていかします ⑧とりにく
⑨はくちょう ⑩ためします ⑪しけん ⑫ちかい
⑬きんじょ ⑭とおい ⑮えんそく ⑯おくります
⑰そうりょう ⑱まわします ⑲さんかい
⑳かよいます ㉑とおる ㉒こうつう

⑥ [A] ①和食,洋食 ②犬 ③鳥肉,牛肉 ④紙,三回
⑤服
[B] ⑥終わります ⑦低い ⑧近い ⑨遠い,不便
⑩送ります ⑪回します

⑦ [A] ①終わった ②洋食 ③牛肉 ④用意 ⑤見送り
⑥開会式 ⑦不親切
[B] a.和式 b.洋式 c.和式 d.和食 e.和服
f.和風 g.洋風

⑧ a.紙 b.鳥 c.犬 d.手紙 e.試験 f.用紙 g.不安
h.東洋 i.西洋 j.終わった

⑨ ①a.しけん b.おわりました c.しちゃく
d.きゅうよう e.ためしました f.しゅうでん
g.とおまわり
②買う 前に いちど 着て みる ことです。
③急用が できましたから。
④とんこつ味です。
⑤いいえ、少し 遠回りして かえりました。
⑥自転車を 押して 歩いて かえりました。

能力試験対策 (p.102)

[よみ]
N4 ①2 ②1 ③3 ④3 ⑤2 ⑥4 ⑦1
⑧3 ⑨3 ⑩2 ⑪4 ⑫2 ⑬1

[かき]
N4 ①4 ②2 ③2 ④3 ⑤1 ⑥3 ⑦1
⑧3 ⑨3 ⑩1 ⑪4 ⑫2 ⑬2

第12回
練習問題 (p.104)

① a.家族, b.親, c.父, d.母, e.兄, f.姉, g.妹, h.弟
②医者 ③野菜

② [A] ①市, 町, 村, 区 ②有, 無
[B] ①有 ②短 ③黒 ④死

③ ①c ②a ③b ④d

④ ①1 ②4 ③2

⑤ ①ない ②むり ③ぶじ ④のはら ⑤やさい
⑥ぶんや ⑦くろい ⑧こくばん ⑨まち
⑩ちょうちょう ⑪むら ⑫そんちょう ⑬かた
⑭ゆうがた ⑮ほうほう ⑯いっぽう ⑰たび
⑱りょこう ⑲みじかい ⑳たんじかん
㉑しって ㉒ちしき ㉓もの ㉔がくしゃ

⑥ [A] ①仕事, 料理 ②野菜 ③町, 村 ④旅行
⑤家族, 大事 ⑥方, 有名, 医者 ⑦料金
[B] ⑧黒くて, 短い ⑨知って

⑦ [A] ①旅行 ②区役所 ③用事 ④無料
⑤黒い ⑥短く ⑦村
[B] a.仕事 b.事 c.無かった d.医者
e.医者 f.死ぬ g.大事な h.家族

⑧ a.旅行 b.仕事 c.食料品 d.野菜 e.医者
f.家族 g.料理 h.作り方 i.食事

⑨ [A] ① a.まち b.やさい c.ちしき d.しって
e.しょくじ f.りょうり g.つくりかた
h.くろい i.しごと
② 1.○ 2.○ 3.× 4.×

⑩ ①病気に なりましたから。
②くすりを 飲んで 休めば もんだいないと
言いました。
③ペットも 家族ですから。

能力試験対策 (p.110)
[よみ]
N4 ①3 ②2 ③1 ④2 ⑤2 ⑥3 ⑦2
⑧1 ⑨3 ⑩4 ⑪2 ⑫3 ⑬3

[かき]
N4 ①3 ②1 ③2 ④3 ⑤1 ⑥4 ⑦4
⑧1 ⑨2 ⑩3 ⑪1 ⑫2 ⑬3

第9回～第12回 ● 練習・まとめ問題 (p.112)

① [A] ①家族 ②親 ③父 ④母 ⑤子 ⑥兄 ⑦姉
⑧弟 ⑨妹
[B] 運, 転, 試, 送, 通
[C] ①軽 ②弱 ③暑 ④低 ⑤遠 ⑥短 ⑦引
⑧終 ⑨死 ⑩黒
[D] ①父 ②母 ③姉
[E] 朝→昼→夕→夜
[F] 春→夏→秋→冬

② ①3 ②3 ③2 ④4 ⑤1

③ ①せんせい, ならいます ②ぶんがく, しけん
③みち, とおって ④じてんしゃ, つうがく
⑤くやくしょ, よう ⑥むら, そんちょう
⑦わるい, いしゃ ⑧ひくい, たかさ
⑨ひいて, あけて ⑩かよって ⑪おやこ, しんせつ
⑫ははおや, てがみ, おくります
⑬かた, ゆうめい, がくしゃ ⑭ゆうがた, あめ
⑮たいふう, こくどう, ふつう

④ ①ご主人, 医者 ②黒い, 犬 ③花, 弱い
④兄弟 ⑤勉強, 心, 思います ⑥遠い, 送ります
⑦昼, 鳥肉 ⑧仕事, 終わった ⑨妹, 習って
⑩弟, 悪い ⑪夏, 暑い ⑫今朝, 軽い, 運動
⑬道, 通行止(め) ⑭親, 書き方 ⑮駅, 近い, 住んで

⑤ a.町 b.軽い c.遠い d.急用 e.有名な
f.やき鳥 g.野菜

⑥ [A] a.食事中 b.和式 c.洋式 d.無理 e.風 f.紙
g.強さ h.女性用 i.近づける j.押さ k.無い
l.不便
[B] a.兄 b.春 c.風 d.旅行 e.秋 f.運動 g.仕事
h.姉 i.暑い j.黒く k.台風 l.強い m.野菜
n.冬 o.犬 p.服 q.注意 r.短い s.料理 t.肉

⑦ [A] ①4 ②3
③AもBも 車は 道を 通る ことが
できません。
④A歩行者は 通る ことが できます。
B車も 歩行者も 通る ことが できません。

第9回～第12回 ● 能力試験対策・まとめ問題 (p.119)

[よみ]

N4 ①2 ②4 ③3 ④1 ⑤3 ⑥1 ⑦4
⑧3 ⑨1 ⑩3 ⑪3 ⑫1 ⑬4 ⑭4 ⑮3 ⑯3
⑰3 ⑱3 ⑲2 ⑳2 ㉑4 ㉒2 ㉓4 ㉔3
㉕3 ㉖1

[かき]

N4 ①2 ②1 ③3 ④2 ⑤1 ⑥2 ⑦2
⑧2 ⑨1 ⑩1 ⑪2 ⑫2 ⑬4 ⑭3 ⑮3 ⑯3
⑰2 ⑱2 ⑲4 ⑳1 ㉑3 ㉒1 ㉓1 ㉔4
㉕1 ㉖3

第13回

練習問題 (p.123)

1 ①池, 魚 ②家 ③代

2 ①民 ②所 ③県 ④地

3 ①b ②d ③c ④a

4 ①1 ②2 ③2

5 ①おなじ ②どうじに ③あいません ④ごうけい
⑤がっしゅく ⑥こたえた ⑦かいとう
⑧うち／いえ ⑨かぞく ⑩ばあい ⑪こうじょう
⑫ところ ⑬だいどころ ⑭じゅうしょ
⑮かわりに ⑯だい ⑰あらって ⑱せんたく
⑲ひかって ⑳かんこう

6 [A] ①会場, 近所 ②犬, 世話 ③市民, 場所
④時代, 京都
[B] ⑤試合, 間, 合いません ⑥答え, 同じ
⑦地理, 貸して ⑧都合, 合いません

7 [A] a.家族 b.三世代 c.同じ d.家 e.世話
[B] a.貸して b.お手洗い c.台所 d.代わりに

8 a.洗います b.光って c.答え d.場所 e.池

9 ①a.けん b.とうきょうと c.ほっかいどうみん
d.とみん
②北海道に 住んで いる 人です。
③「都民の日」です。
④大学の 学生は 都民だけ じゃないですから。

能力試験対策 (p.127)

[よみ]

N4 ①3 ②4 ③4 ④3 ⑤3 ⑥4 ⑦1
⑧3 ⑨4 ⑩2 ⑪3 ⑫2 ⑬2

[かき]

N4 ①1 ②3 ③3 ④2 ⑤2 ⑥3 ⑦2
⑧2 ⑨2 ⑩1 ⑪4 ⑫3 ⑬2

第14回

練習問題 (p.129)

1 ①a.木, b.林, c.森 ②歌, 歌
③世界地図 ④薬, 飲

2 ①使, 作, 歌 ②林, 森 ③物, 品

3 ①c ②a ③b ④d

4 ①3 ②4 ③1

5 ①うつりません ②えいがかん ③うた ④こっか
⑤たのしい ⑥らくな ⑦おんがく ⑧くすり
⑨やっきょく ⑩うみました ⑪さんぎょう ⑫はやし
⑬りんぎょう ⑭もり ⑮しんりん ⑯もの
⑰せいぶつ ⑱しなもの ⑲しょくひん
⑳たてられました ㉑けんちくか ㉒ず
㉓としょかん ㉔つかいかた ㉕しようちゅう
㉖かります ㉗しゃっきん ㉘つくりました
㉙さくひん

6 [A] ①世界, 生産 ②産業 ③見物 ④駅, 不便
⑤英語, 作文 ⑥犬, 動物
[B] ⑦買い物, 楽しい ⑧お土産屋, 旅館

7 [A] a.映画 b.館 c.音楽 d.歌って e.英語
[B] a.図書館 b.建てられ c.使って d.建物 e.便利

8 a.林 b.森 c.薬 d.使う e.建てる f.産

9 ①a.のみもの b.たべもの c.かりて
d.つくりました e.うたいました f.たのしい じかん
②300円 借りました。
③インドネシアの おかしの「ピサンゴレン」を 作りました。
④みんな いっしょに インドネシア語の 歌を
歌った ときです。／みんなで 一つの ことを
した ときです。

能力試験対策 (p.134)

[よみ]

N4 ①2 ②4 ③2 ④4 ⑤1 ⑥1 ⑦4
⑧4 ⑨1 ⑩4 ⑪2 ⑫1 ⑬1

[かき]

N4 ①1 ②4 ③1 ④5 ⑤2 ⑥1 ⑦1
⑧2 ⑨2 ⑩3 ⑪3 ⑫3 ⑬2

第15回

練習問題 (p.136)

1. ①魚屋 ②電車,乗 ③病院 ④時計 ⑤着物,着
2. a.①本屋,肉屋 ②教室,研究室
   b.①教 ②着 ③広
3. ①d ②a ③b ④c
4. ①2 ②1 ③2
5. ①ひろい ②こうこく ③わたし ④しりつ
   ⑤やおや ⑥おくじょう ⑦おしえかた
   ⑧きょうしつ ⑨きて ⑩つきます ⑪ちゃく
   ⑫のった ⑬じょうしゃけん ⑭はかります
   ⑮ごうけい
6. [A]①洋服屋,下着 ②大学院,科学（化学）
   ③計画,説明 ④発,京都着 ⑤教室,時計
   ⑥映画,小説
   ⑦病気,薬,研究
   [B]⑧私,教えて ⑨一度,乗った
7. [A]①広い ②魚屋 ③発音
   ④去年,入院,病院 ⑤今度
   [B]a.説明 b.作って c.病院 d.一度 e.研究室
8. a.研究室 b.私 c.文学 d.出発
   e.着きます f.計画
9. ①a.× b.× c.○ d.×
   ②a.大学の 北門です。
   b.食べほうだいです。／食べたいだけ 食べられます。
   c.18時半に／18時30分に 着きます。

能力試験対策 (p.141)

[よみ]
N4 ①2 ②2 ③4 ④1 ⑤2 ⑥3 ⑦4
⑧3 ⑨4 ⑩2 ⑪2 ⑫1 ⑬3

[かき]
N4 ①1 ②1 ③3 ④2 ⑤1 ⑥1 ⑦4
⑧2 ⑨1 ⑩3 ⑪1 ⑫2 ⑬3

第16回

練習問題 (p.143)

1. ①a.顔, b.頭 ②写真 ③曜日 ④家,帰
2. a.①進,集,帰 ②顔,声 ③屋,店,堂
   b.①＞ ②＜
3. ①a ②d ③b ④c
4. ①4 ②4 ③1

5. ①あたま ②ずつう ③かお ④せんがん
   ⑤こえ ⑥せいゆう ⑦いろ ⑧けしき
   ⑨とくしょく ⑩うつして ⑪しゃしん
   ⑫かんがえました ⑬こうこがく ⑭まんなか
   ⑮しんじつ ⑯あつまり ⑰しゅうごう
   ⑱すすめて ⑲しんがく ⑳かえります
   ㉑きこくする ㉒わかれました ㉓とくべつな
   ㉔もうします ㉕しんこく
6. [A]①小説,題名 ②上着,茶色 ③以上,質問
   [B]④顔,洗って ⑤写した,問題
   ⑥写真,真ん中 ⑦集めた ⑧進みました
7. [A]a.税金 b.食堂 c.税込み d.以上
   e.以内 f.特別な
   [B]a.写真 b.別れる c.集合写真 d.集まって
   e.色々な f.頭 g.顔色 h.声 i.込んで
8. a.進学 b.考え c.申し込もう d.金曜日
   e.写真 f.漢字 g.字
9. ①a.かお b.なんようび c.もんだい
   ②こわい 日本人の 校長先生と 英語の 先生の サラさんです。
   ③ぜんぶで 六人です。
   ④はい。ときどき パクさんや 山田さんに 英語に ついて 聞かれるので 教えるのには なれて います。

能力試験対策 (p.148)

[よみ]
N4 ①1 ②3 ③4 ④3 ⑤1 ⑥3 ⑦3
⑧4 ⑨2 ⑩2 ⑪3 ⑫2 ⑬2

[かき]
N4 ①1 ②4 ③4 ④3 ⑤1 ⑥3 ⑦1
⑧1 ⑨3 ⑩1 ⑪1 ⑫3 ⑬3

第13回～第16回 ● 練習・まとめ問題 (p.150)

1. [A]①館 ②場 ③室 ④屋 ⑤所
   [B]①店 ②所 ③回 ④物 ⑤作
   [C]①借 ②習 ③発 ④元
   [D]①おととし→去年→今年→来年→再来年
   ②2015年 12月 7日 月曜日
2. ①3 ②1 ③4 ④3 ⑤2
3. ①くすり,ばしょ ②えいが,さんぎょう
   ③うた,たのしい ④つくりかた,おしえて
   ⑤りょこう,けいかく ⑥すいどうだい,ぜいこみ
   ⑦もうします ⑧こんど,しょくどう

⑨しょうせつ, だいめい ⑩かんじ
⑪わかれて, かえりました ⑫せかい, ちず
⑬しょくひん, うりば ⑭ちゅうもん, しなもの
⑮しゅっぱつ, つきます

4 ①歌い, 声 ②税金, 使われて ③土地, 考えて
④顔, 洗って ⑤発音, 作文 ⑥研究, 進めます
⑦県内, 映画館 ⑧自動車, 工業
⑨以下, 借りられません ⑩森, 音楽会 ⑪画家, 光
⑫頭, 病院 ⑬時代, 不便 ⑭帰り, 乗りました
⑮色, 合って

5 a.市民 b.教えて c.特別 d.着て e.頭 f.顔 g.声

6 [A] a.入院 b.病院 c.同じ d.一度 e.科学
　[B] a.広い b.所 c.写真 d.林 e.池 f.写しました
　　　g.建物 h.集めて i.世界 j.都道府県

7 [A] ①火曜日の 夕方です。
　　　②大学生と 60さいぐらいの 男性です。
　　　③いいえ、学校から 借りて います。
　　　　／いいえ、学校が 貸して くれます。
　　　④生徒の 質問が むずかしい とき、
　　　　答えを しらべに 行きます。
　　[B] ①4500円ぐらいです。
　　　②いいえ、使って いません。
　　　③「家族割」と「学割」です。
　　　④トムさんも 分かりません。

第13回〜第16回 ● 能力試験対策・まとめ問題 (p.156)

[よみ]
N4 ①2 ②2 ③2 ④1 ⑤3 ⑥4 ⑦2 ⑧4
⑨4 ⑩2 ⑪3 ⑫1 ⑬3 ⑭2 ⑮3 ⑯1 ⑰4
⑱3 ⑲2 ⑳2 ㉑2 ㉒4 ㉓1 ㉔2 ㉕2 ㉖4

[かき]
N4 ①3 ②4 ③1 ④4 ⑤1 ⑥2 ⑦3 ⑧4
⑨2 ⑩2 ⑪1 ⑫4 ⑬4 ⑭2 ⑮4 ⑯4 ⑰1
⑱4 ⑲1 ⑳2 ㉑2 ㉒4 ㉓1 ㉔2 ㉕1 ㉖3

N5 能力試験対策・まとめ問題 (p.160)

[よみ]
N5 ①3 ②2 ③3 ④2 ⑤3 ⑥3 ⑦2 ⑧4
⑨3 ⑩2 ⑪2 ⑫4 ⑬4 ⑭1 ⑮2 ⑯4 ⑰2
⑱4 ⑲1 ⑳4 ㉑3 ㉒2 ㉓1 ㉔3 ㉕2 ㉖2

[かき]
N5 ①3 ②3 ③4 ④1 ⑤4 ⑥3 ⑦1 ⑧2
⑨1 ⑩4 ⑪4 ⑫1 ⑬4 ⑭2 ⑮1 ⑯2 ⑰3
⑱3 ⑲1 ⑳2 ㉑2 ㉒3 ㉓2 ㉔2 ㉕3 ㉖1

N4 能力試験対策・まとめ問題 (p.164)

[よみ]
N4 ①4 ②3 ③3 ④2 ⑤4 ⑥3 ⑦2 ⑧2
⑨3 ⑩4 ⑪1 ⑫2 ⑬1 ⑭4 ⑮3 ⑯2 ⑰4
⑱3 ⑲1 ⑳2 ㉑4 ㉒3 ㉓4 ㉔4 ㉕3 ㉖1

[かき]
N4 ①4 ②2 ③3 ④1 ⑤4 ⑥2 ⑦3 ⑧2
⑨4 ⑩1 ⑪1 ⑫3 ⑬3 ⑭2 ⑮1 ⑯2 ⑰3
⑱1 ⑲3 ⑳2 ㉑2 ㉒1 ㉓1 ㉔4 ㉕3 ㉖4

COLUMN 1　▶日本語能力試験（JLPT）で必要な漢字とは？

　日本語能力試験（以下、JLPT）にはN5からN1までレベルがあります。N5が一番やさしく、N1が一番むずかしいです。本書では、基本的な漢字300字を扱っており、その内容はJLPTのN4レベルの出題範囲に準拠しています。N5の場合は、そのうちの約100字の漢字を知っている必要があります。（注）

　JLPTでは、以下の2点が問われます。

1) 日本語の文字や語彙、文法についての知識
2) その知識を利用してコミュニケーション上の課題を遂行できる力

　1)は言語知識（文字、語彙、文法）を扱う問題で問われ、2)は読解問題、聴解問題として問われます。以下の表のように、N5レベル、N4レベルともに三種類のテストがあります。テスト①では、文字・語彙、テスト②では文法・読解、テスト③では聴解問題が出ます。

　特に漢字と関係があるのは（表内○で示したところ）、テスト①文字・語彙です。N5、N4レベルともに、漢字の読み、書きの出題があります。また、N4レベルでは、語彙、文法や読解の文章にも、ルビ（ふりがな）がない漢字が使用されます。その漢字の読み方が分からなくても、意味が理解できる必要があります。

		テストの種類	N5	N4
言語知識	文字	テスト①	○読み（12問）・書き（8問）	○読み（9問）・書き（6問）
	語彙		×漢字表記なし	○漢字交じり・ルビ無し
課題遂行	文法	テスト②	×漢字交じり・ルビ有	○漢字交じり・ルビ無し
	読解		×漢字交じり・ルビ有	○漢字交じり・ルビ無し
	聴解	テスト③	×漢字表記なし	×漢字交じり・ルビ有

○＝漢字の知識が必要　　×＝漢字が分からなくても問題が解ける

　試験のためには、まず、漢字の概念、読み、書きなどの知識を身につける必要があります。加えて、漢字まじりの文章を読み、内容を理解し、設問に答える力も求められます。
　このワークブックのJLPT対策問題は、実際の「読み」「書き」問題の模擬問題です。また、各回の練習問題やまとめ問題にある読解問題は、JLPTの読解問題に役立ちます。第1回から第8回まではN5、N4対策で、第9回以降はN4対策になります。

....

（注）
　JLPTのN5、N4の出題基準は公開されていません。ですが、N5は、旧日本語能力試験の4級に相当、N4は3級に相当するとされています。『ストーリーで覚える漢字300』および、本ワークブックでの級表示は、すべて旧日本語能力試験の4級と3級の出題基準（国際交流基金・日本国際教育支援協会（2006）『日本語能力試験出題基準［改訂版］』凡人社）にのっとったものです。

COLUMN 2

▶日本語能力試験(JLPT)の「読み」「書き」問題の出題傾向

　JLPTの言語知識（文字・語彙）の試験は、4つの選択肢の中から適切なものをひとつ選ぶという形式で出題されます。「読み」「書き」では問われやすいポイントは異なります。

「読み」では、以下のような問題がよく出ます。
　1) 特殊音「っ」、「ん」、のばす音（長音）を問う
　　　例）一本　ください。
　　　　　1 いぽん　　②いっぽん　　3 いっぽ　　4 いちぽん
　　　例）高校へ　いきます。
　　　　　1 こうこ　　2 ここう　　③こうこう　　4 こっこ
　2) 清濁音を問う
　　　例）大学で　べんきょうします。
　　　　　1 たいがく　　②だいがく　　3 たいかく　　4 だいかく
　3) 音読み・訓読みの組み合わせを問う
　　　例）入口は　どこですか。
　　　　　①いりぐち　　2 いりこう　　3 にゅうくち　　4 にゅうこう
　4) 助数詞で正しいものを選ぶ
　　　例）一人で　いきます。
　　　　　①ひとり　　2 ふたり　　3 ひとつ　　4 いちにん
　5) 概念が似ている選択肢から、正しいものを選ぶ
　　　例）川で　あそびました。
　　　　　1 やま　　②かわ　　3 うみ　　4 まち
　6) 形が似ている別の字（人、入）の読み方が混ざっている選択肢から正しいものを選ぶ
　　　例）人口が　おおいです。
　　　　　1 いりぐち　　②じんこう　　3 じんろ　　4 ひとくち

「書き」では、以下のような問題がよく出ます。
　1) 正しい形を問う（実在しない字が選択肢に混ざっている場合）
　　　例）やまへ　いきます。
　　　　　1. 凵　　2. 凵　　③山　　4. 屮
　2) 正しい形を問う（形が似ている字が選択肢に混ざっている場合）
　　　例）うちで　やすみます。
　　　　　①休みます　　2. 体みます　　3. 本みます　　4. 伐みます
　3) 概念が似ている選択肢から、正しいものを選ぶ
　　　例）めが　おおきいです。
　　　　　1. 顔　　2. 耳　　3. 口　　④目
　4) 同音の読みがある字から、正しいものを選ぶ
　　　例）きょうは　てんきが　よくて、あついです。
　　　　　1. 熱い　　②暑い　　3. 厚い　　4. 圧い

　また、1.～4.が混合した問題も出題されます。漢字を学習するときに、上に書いた点に意識を向けておくと適切な答えがすぐ選べるようになります。

COLUMN 3

▶むずかしい読み方

　漢字は表意文字ですから、漢字が持っている意味がわかれば読み方が分からなくても、伝えたいことを読み取ることができます。しかし、読み方が正しく分からないと、こんな時に困るかもしれません。

　○ことばの意味を電子辞書やパソコンで調べたい
　○スマートフォンやパソコンで文章を書きたい

　また、正しい読み方が分からないと、発話したときに正しく伝わらない可能性もあります。
　読み方が難しいことばには、以下のようなものがあります。

●連濁：二つのことばが合わさって一つのことばになるとき、うしろのことばに「゛」がつくことがある

　棚（たな）　→本（ほん）　＋　棚（たな）　　＝　本棚（ほんだな）
　箱（はこ）　→靴（くつ）　＋　箱（はこ）　　＝　靴箱（くつばこ）
　北（ほく）　→南（なん）　＋　北（ほく）　　＝　南北（なんぼく）
　紙（かみ）　→手（て）　　＋　紙（かみ）　　＝　手紙（てがみ）
　方（かた）　→夕（ゆう）　＋　方（かた）　　＝　夕方（ゆうがた）
　所（ところ）→台（だい）　＋　所（ところ）　＝　台所（だいどころ）

●促音化：「く」「つ」などが「っ」に変わる

　北（ほく）　　北海道：ほくかいどう→ほっかいどう
　学（がく）　　学校：がくこう　　　→がっこう
　出（しゅつ）　出発：しゅつはつ　　→しゅっぱつ

●無声化：無声子音にはさまれたり、文末にある母音が弱く発音されてあまり聞こえないことがある

　音楽（おんがく）：　ongaku̶
　私（わたし）：　　　watashi̶
　計画（けいかく）：　keikaku̶
　来月（らいげつ）：　raigetsu̶
　机（つくえ）：　　　tsu̶kue

　連濁や促音化がすでに定着したものは、表記も発音の通りに書きます。「北海道」の文字を得るためには、「ほっかいどう hokkaidou」と入力しなくてはいけません。「hokukaidou ほくかいどう」と入力すると、正しい漢字表記が出てきません。
　一方、無声化は発音には影響しますが、表記には影響しません。「ongak」と聞こえますが、入力する場合には「ongaku」と最後の母音まで書いて初めて「おんがく／音楽」という文字が取得できます。なお、無声化は、地域差があります。
　読み方には、音読み、訓読みだけでなく、上のような特殊な読み方もあります。大変ですが、一つひとつしっかり学んでいきましょう。

COLUMN 4

▶いつでも漢字を使う？

　漢字をがんばって勉強していると、できるだけたくさんのことばを漢字で書きたくなります。しかし、漢字表記が存在しても、ひらがなで書かれる語も多くあります。たとえば、

「時間が<u>あります</u>」（△有ります）
「食べて<u>みます</u>」（△食べて見ます）
「食べる<u>こと</u>が好きです」（△食べる事）
「ゆっくり話せる<u>ところ</u>は、ありますか。」（△所）

などがそうです。

　ほかにも、「<u>あとで</u>」（△後で）、「テニスが<u>できます</u>」（△出来ます）、「<u>いろいろな</u>」（△色々な）、「帰る<u>とき</u>に」（△時に）、「<u>わかります</u>」（△分かります）、「<u>ときどき</u>」（△時々）などもあります。
　漢字を使うか、ひらがなを使うかには、個人差があります。漢字で書かれていても読むのに困らないよう、本書の練習問題では、上に挙げたような語をあえて漢字表記にしている場合があります。

　では、数字は、どうでしょう。横書きのときは、ふつうアラビア文字を使います。

2015年12月7日（木）午後2時40分
大人4人、子ども2人
大人は1人280円、子どもは140円。
ぜんぶで1,400円です。

　たて書きのときは、漢数字を使うことがあります。小説、新聞、そば屋、おすし屋などの和食レストランでは漢数字が多く見られます。

COLUMN 5

▶ ものをどう数える？

日本語の学習で大変なもののなかに、ものの数え方があります。ものの形や、数える対象によって、数え方が変わったり、個数によって発音が変わったりします。整理してみましょう。

	もの	人	小さいもの	回数
例	オレンジ、カギ、ハンバーガー、など	人、おとな、こども、ともだち、など	けしごむ、クリップ、など	京都へ行った回数、など
1	一つ（*ひとつ）	一人（*ひとり）	一個（*いっこ）	一回（*いっかい）
2	二つ（*ふたつ）	二人（*ふたり）	二個（にこ）	二回（にかい）
3	三つ（*みっつ）	三人（さんにん）	三個（さんこ）	三回（さんかい）
4	四つ（*よっつ）	四人（*よにん）	四個（よんこ）	四回（よんかい）
5	五つ（*いつつ）	五人（ごにん）	五個（ごこ）	五回（ごかい）
6	六つ（*むっつ）	六人（ろくにん）	六個（*ろっこ）	六回（*ろっかい）
7	七つ（*ななつ）	七人（しちにん / ななにん）	七個（ななこ）	七回（ななかい）
8	八つ（*やっつ）	八人（はちにん）	八個（*はっこ）	八回（*はっかい / はちかい）
9	九つ（*ここのつ）	九人（きゅうにん）	九個（きゅうこ）	九回（きゅうかい）
10	十（*とお）	十人（じゅうにん）	十個（*じゅっこ）	十回（*じゅっかい）
？	いくつ	何人（なんにん）	何個（なんこ）	何回（なんかい）

	細長いもの	カップやグラスに入っているのみもの	機械や車両	薄いもの
例	かさ、びん、ペン、など	コーヒー、ビール、など	自転車、車、携帯電話、など	Tシャツ、チケット、など
1	一本（*いっぽん）	一杯（*いっぱい）	一台（いちだい）	一枚（いちまい）
2	二本（にほん）	二杯（にはい）	二台（にだい）	二枚（にまい）
3	三本（*さんぼん）	三杯（*さんばい）	三台（さんだい）	三枚（さんまい）
4	四本（よんほん）	四杯（よんはい）	四台（よんだい）	四枚（よんまい）
5	五本（ごほん）	五杯（ごはい）	五台（ごだい）	五枚（ごまい）
6	六本（*ろっぽん）	六杯（*ろっぱい）	六台（ろくだい）	六枚（ろくまい）
7	七本（ななほん）	七杯（ななはい）	七台（ななだい）	七枚（ななまい）
8	八本（*はっぽん）	八杯（*はっぱい）	八台（はちだい）	八枚（はちまい）
9	九本（きゅうほん）	九杯（きゅうはい）	九台（きゅうだい）	九枚（きゅうまい）
10	十本（*じゅっぽん）	十杯（*じゅっぱい）	十台（じゅうだい）	十枚（じゅうまい）
？	何本（*なんぼん）	何杯（*なんばい）	何台（なんだい）	何枚（なんまい）

次に、時間の表現を見てみましょう。

	～分	～時間	～日
1	一分（*いっぷん）	一時間（いちじかん）	一日（いちにち）
2	二分（にふん）	二時間（にじかん）	二日（*ふつか）
3	三分（*さんぷん）	三時間（さんじかん）	三日（*みっか）
4	四分（*よんぷん）	四時間（*よじかん）	四日（*よっか）
5	五分（ごふん）	五時間（ごじかん）	五日（*いつか）
6	六分（*ろっぷん）	六時間（ろくじかん）	六日（*むいか）
7	七分（ななふん）	七時間（ななじかん / しちじかん）	七日（*なのか）
8	八分（*はっぷん）	八時間（はちじかん）	八日（*ようか）
9	九分（きゅうふん）	九時間（*くじかん）	九日（*ここのか）
10	十分（*じゅっぷん）	十時間（じゅうじかん）	十日（*とおか）
?	何分（*なんぷん）	何時間（なんじかん）	何日（なんにち）

	～週間	～か月	～年
1	一週間（*いっしゅうかん）	一か月（*いっかげつ）	一年（いちねん）
2	二週間（にしゅうかん）	二か月（にかげつ）	二年（にねん）
3	三週間（さんしゅうかん）	三か月（さんかげつ）	三年（さんねん）
4	四週間（よんしゅうかん）	四か月（よんかげつ）	四年（*よねん）
5	五週間（ごしゅうかん）	五か月（ごかげつ）	五年（ごねん）
6	六週間（ろくしゅうかん）	六か月（*ろっかげつ）	六年（ろくねん）
7	七週間（ななしゅうかん）	七か月（ななかげつ / しちかげつ）	七年（ななねん / しちねん）
8	八週間（*はっしゅうかん）	八か月（*はっかげつ / はちかげつ）	八年（はちねん）
9	九週間（きゅうしゅうかん）	九か月（きゅうかげつ）	九年（きゅうねん）
10	十週間（*じゅっしゅうかん）	十か月（*じゅっかげつ）	十年（じゅうねん）
?	何週間（なんしゅうかん）	何か月（なんかげつ）	何年（なんねん）

*むずかしい読み方です。

「一か月」は、「一カ月」「一ヶ月」などと書くこともあります。ものの数や時間は、漢字で書くのはそんなに難しくありませんが、読み方が難しいものが多くあります。しかし、いちどマスターすると、正しく発音できるだけでなく、パソコンでも正確に文字を入力することができます。

17